北京大學《儒藏》編纂與研究中心　編

《儒藏》精華編選刊

文定集

〔南宋〕汪應辰　撰

石璥　校點

北京大學出版社
PEKING UNIVERSITY PRESS

圖書在版編目(CIP)數據

文定集 /（南宋）汪應辰撰；北京大學《儒藏》編纂與研究中心編. —北京：北京大學出版社，2023.11

（《儒藏》精華編選刊）

ISBN 978-7-301-34567-2

Ⅰ. ①文… Ⅱ. ①汪…②北… Ⅲ. ①雜著－中國－南宋－選集 Ⅳ. ①Z429.44

中國國家版本館CIP數據核字（2023）第202589號

書　　名	文定集 WENDINGJI
著作責任者	〔南宋〕汪應辰 撰 石瑊 校點 北京大學《儒藏》編纂與研究中心 編
策劃統籌	馬辛民
責任編輯	周　粟
標準書號	ISBN 978-7-301-34567-2
出版發行	北京大學出版社
地　　址	北京市海淀區成府路205號　100871
網　　址	http://www.pup.cn　　新浪微博：@北京大學出版社
電子郵箱	編輯部 dj@pup.cn　總編室 zpup@pup.cn
電　　話	郵購部 010-62752015　發行部 010-62750672 編輯部 010-62756449
印 刷 者	三河市北燕印裝有限公司
經 銷 者	新華書店
	650毫米×980毫米　16開本　29.5印張　320千字 2023年11月第1版　2023年11月第1次印刷
定　　價	120.00元

目録

文定集卷九……一一四

文定集卷十

文定集卷十一

文定集卷十二

文定集卷十三

文定集卷十四…………一八七

書…………一八七

文定集卷十五…………二〇一

書…………二〇一

文定集卷十六……二二一

文定集卷十七……二四三

文定集卷十八

文定集卷二十

附録

校點説明

《文定集》，南宋汪應辰撰。汪應辰（一一一八—一一七五），字聖錫，信州玉山（今江西省玉山縣）人。紹興五年（一一三五）進士第一人，年僅十八。初名洋，嫌其名與姓連，乞改名，詔賜今名，丞相趙鼎字之。授鎮東軍僉判，召爲秘書省正字，以論事忤秦檜出，乞祠。後歷判袁州、静江府、廣州。檜死，召爲吏部郎官，遷右司。以親老乞外，出知婺州。服闋，遷權吏部侍郎兼祭酒。頃之，兼權吏部尚書，又權户部侍郎兼侍講。乞外，歷知福州、成都府，爲四川制置使。入覲，除吏部尚書、翰林學士修國史兼侍讀。尋以端明殿學士出知平江府。淳熙二年（一一七五）致仕，年底卒於家，終年五十八歲，謚文定。

汪應辰天資甚高，少以能文名，然自厭之，遂改習《書》。先後受教於喻樗、吕本中、張九成等，張栻、吕祖謙深器許之，而對朱熹有提攜之恩。立朝剛方正直，敢言不避，遇事特立不回，史傳稱其「學術精醇，尤稱骨鯁」。其文純粹典雅，温平正大，深得王言之體，朱熹稱爲近世第一。著有《二經雅言》、《唐書列傳辨證》、《石林燕語辨》等，後人編其文集五十卷，《宋史》卷三八七有傳。

汪應辰文集，宋代目録未見著録，而《宋史》本傳及其行實、謚議等亦不見提及，當是後世所編刻。《文淵閣書目》卷九載「汪應辰《玉山文集》一部十三册，全」，《内閣書目》同，稱「凡四十三卷」。程敏政云：「《玉山汪文定公集》五十卷，舊有刻本。」是汪應辰文集在明初已有刻本流傳。元蘇天爵《端明書院記》述元至正十年（一三五五），玉山監縣修端明書院，「訪求公之世孫衍祖，得遺文一襲」。遺文一襲，不云卷數，應是尚未經編訂刊刻。據此，汪應辰文集似當刻在元末，而其初名「玉山文集」。

弘治（一四八八——一五〇五）間，程敏政以《玉山文集》流傳漸稀，而秘閣本獨存，嘗請閲之，手摘鈔爲十二卷，題以「汪文定公集鈔」。嘉靖二十五年（一五四六），汪應辰之同鄉夏浚據此鈔本重加編次，首冠以廷試策一卷，又附以行實等文一卷，刻爲《汪文定公集》十四卷。此本今國家圖書館、上海圖書館、重慶圖書館、南京圖書館、廣東省立中山圖書館均有收藏。《四庫全書存目叢書》據中山圖書館藏本影印出版，但此藏本與南圖所藏均闕失書後的附録。此後，又有玉山後學董思王、夏九州、徐自定、王元祉等據夏浚本重加校刻，《中國古籍善本書目》著録爲「明萬曆夏九州等刻本」，杜澤遜《四庫存目標注》根據此本中「校」避諱作「較」，認爲當刻於天啓、崇禎間。夏九州本今僅上海圖書館有藏。除此之外，

《汪文定公集》國内所存，還有國家圖書館藏清鈔本二種（其一經翁心存校並跋），遼寧圖書館藏清乾隆間鈔本一種。

清乾隆間，四庫館臣利用《永樂大典》另輯《文定集》二十四卷。先以聚珍版行世，而後收入《四庫全書》。《四庫全書總目》稱：「今考《永樂大典》所載，爲程本不載者幾十之四五。蓋姚廣孝等所據之本，即敏政所見之内閣本。而敏政取便鈔録，所採太狹，故鉅製鴻篇，多所挂漏。謹以浙江所購程本與《永樂大典》互相比較，除其重複，增所未備，勒爲二十四卷。較五十卷之舊，業已得其大半。計其精華，亦約略具於是矣。」而《四庫全書總目》又將《汪文定公集》收入存目。

《文定集》收文二十三卷，詩一卷。其中所收文章依類編排，又分奏議五卷，狀劄、表共一卷，策論一卷，制一卷，序、記、説、銘共一卷，題跋三卷，書四卷，啓三卷，祝文、祭文、誌銘共四卷。此輯本存在兩方面問題。首先，《文定集》並非如《總目》所云，比對了《汪文定公集》，而增所未備。後者尚有文二篇、詩七首，在《文定集》之外。其中詩七首，因《全宋詩》整理時，將兩本對照使用而得以收入。另在二者相同的篇目中，《汪文定公集》所載亦多有可取之以補正前者處。此外，《汪文定公集》附録内所收行實、敕文、謚議等不見於他處的稀見資料，更對研究汪應辰生平事迹有重要價值。其次，四庫館臣所輯仍有遺漏。陸心源曾據《五百家播芳大全文粹》輯得佚文五篇。後繆明貴又據《永樂大典》殘卷輯佚。這方面的工作以《全宋文》成效最大，共輯得佚文三十九篇，而《全宋詩》亦輯得詩二首，佚句一句。

二〇〇九年學林出版社曾出版由江西省玉山縣政協組織人員整理的《文定集》，收入《三清旅遊文化叢書》。此本以商務印書館一九三五年《叢書集成》本爲工作底本，簡化字排印。本次整理，底本選用武英殿聚珍版《文定集》二十四卷，校本採用影印文淵閣《四庫全書》本（簡稱「文淵閣本」）和明嘉靖二十五年夏浚刻《汪文定公集》（簡稱「夏本」），相關詩文今見於《永樂大典》殘卷者，亦取以校勘。四庫館臣在輯佚時，對「夷狄」等違礙字句所作的改動，一仍原貌，有原文可據者則出校。

《文定集》未收詩文，輯爲《詩文補遺》。其中吸取《全宋文》、《全宋詩》的輯佚成果，皆予注明並覆核原書。《汪文定公集》附録所收行實、敕文等，並書末程敏政集鈔序、書前夏浚刻書序，輯爲「附録」。

校點者　石　瑊

文定集目録　武英殿聚珍版

臣等謹案，《文定集》一名《玉山集》，宋汪應辰撰。應辰字聖錫，信州玉山人。初名洋，紹興五年登進士第一，高宗特爲改名。初授鎮東軍僉判，後官至敷文閣學士、四川制置使知成都府，事蹟具《宋史》本傳。應辰少從喻樗、張九成、吕本中、胡安國諸人游，後與吕祖謙、張栻相善，于朱子爲從表叔，恒相與商搉往返。其授敷文閣待制也，舉朱子以自代，契分尤深，故其學問具有淵源。又官秘書省正字時，以上書迕秦檜，外謫建州通判，困頓州郡者凡十七年，史稱其直言無隱，于吴芾、王十朋、陳良翰諸人中最爲骨鯁，立身亦具有本末。《宋史·藝文志》載其集凡五十卷，明初已罕流傳。弘治中，程敏政于内閣得其本，以卷帙繁重，不能盡録，乃摘抄其要，編爲廷試策十卷，奏議二卷，内制一卷，雜文八卷。嘉靖間，其鄉人夏浚刻之，又附以遺事、志傳等文，凡二卷。今世所行，皆從程本傳録，不見完帙者，已二三百年。今攷《永樂大典》所載，爲程本不載者幾十之四五，蓋姚廣孝等所據之本即敏政所見之内閣本，而敏政取便抄録，所採太狹，故奏議長篇多所缺遺。謹以浙江所購本與《永樂大典》參互比較，除其重複，增所未備，勒爲二十四卷。雖未能復五十卷之舊，而業已得其大半，精華亦約略具是矣。乾隆四十五年十月恭校上。

總纂官内閣學士臣紀昀
光禄寺卿臣陸錫熊
纂修官翰林院編修臣沈孫璉

文定集卷一

宋汪應辰撰

奏議

輪對論和議異議疏❶ 原註 紹興八年五月。

臣伏見日者敵使在庭，❷中外洶洶，朝廷之上，號令紛然。内則患和議之不諧，外則患異議之不息。臣雖疎遠，有以見聖意之勤止也。然臣私憂過計，竊謂和議不諧非所患，和議既諧矣，而因循無備之可畏；異議不息非所患，異議既息矣，而上下相蒙之可畏。正孟軻所謂「入則無法家拂士，出則無敵國外患」之時也。

議者往往以今日和議決不可成，其成也或不能久，臣獨以爲不然。昔秦之謀楚也，固嘗與之地，借之兵，而結爲兄弟，又爲婚姻矣。然則今日所謂還我梓宫，歸我母兄，復我輿地者，安知其不然也？及秦之謀

❶ 此文又見於夏本卷二，題作「轉對論和戎失計及群臣阿蔽劄子」。
❷ 「敵」，夏本作「虜」。

齊也，與齊通和凡四十餘年，未嘗交兵，又安知今日和好之成不如是之久耶？至若謂敵人有悔過效順之意，❶則臣雖至愚，不敢以爲信也。臣聞王倫之行，未嘗一詣其庭，❷是必有詭謀密計，而畏吾使者之或能覘之也，是豈能洞然無疑于我哉？又聞敵之遷而北也，❸竭取財物，盡驅其丁壯而往，下至雞豚狗彘，靡有遺者，是豈能有愛于我而不取哉？是豈誠有悔過效順之意哉？夫非誠有悔過效順之意，而飜然以與我和，是何故也？陛下誠能以此思憂，以此思危，則將不遑暇食而謀之矣。臣謂敵使既去，❹所宜申戒執事，交修庶政，陰飭邊吏，厚爲守備。今乃肆赦中外，厚賞士卒，褒賞帥臣，動色相賀，以爲休兵息民自此始矣。縱一朝遂忘積年之恥，獨不思異時意外之患乎？此臣所以言因循無備之可畏也。

方朝廷患異議者之不已也，大則竄逐，小則罷黜，至有一言迎合，則不次擢用。是以小人窺見間隙，輕躁者阿諛以希寵，畏懦者循默以自固，淺謀者遂謂無事，而忠臣正士乃無以自立于羣小之間。今者事既少定，陛下必以出于獨斷，益輕天下之士矣。夫事是而專之，❺猶卻衆謀，況其非乎？導人使諫，猶恐不至，況拒之乎？子思言于衛侯曰：「君之國事將日非矣。君出言自以爲是，而卿大夫莫敢矯其非。卿大夫出

❶「謂敵」，夏本作「以謂虜」。
❷「其」，夏本作「虜」。
❸「敵」，夏本作「虜」。
❹「敵」，夏本作「虜」。
❺「專」，夏本作「臧」。

言自以爲是，而士庶人莫敢矯其非。如此，則善安從出？」孟子曰：「訑訑之聲音顔色，拒人于千里之外，則讒諂面諛之人至矣。與讒諂面諛之人居，國欲治，可得乎？」此臣所以言上下相蒙之可畏也。

臣願陛下痛心嘗膽，以圖中興。勿謂和好之可以無虞，而思患豫防，常若敵人之至；勿恃獨斷之可以成務，而虚己從衆，常恐下情之不盡也。兢兢業業以承天，心德日新，萬邦惟懷。臣且親見于聖世，何至以中國之大，爲讎人役哉？取進止。案《宋史》本傳云：「疏奏，秦檜大不悦，出通判建州，遂請祠以歸。」

應詔言弭災防盗事 原註紹興三十一年，權吏部侍郎上。❶

臣愚不肖，❷陛下過意，使備侍從。方陛下宵衣旰食、焦勞圖治之時，而臣曾無片言補助萬一，竊位素餐，死有餘罪。今者，陛下祗畏天戒，惟懷永圖，親發德音，賜以清問，臣猶不言，罪益大矣。謹昧死上愚對。

所謂消弭災異之術者，臣不足以知天，然理之所在，有可得而見者。夫天地與人均一氣爾，上下流通，初無間斷，故天地之災祥與人之善惡，常往來相應而無窮。聖人以人配天地而謂之「三才」，且曰：「人者，天地之心也。」腹心之于五官，宜若不相爲用。然疾病之作，其必藴積于内者既久，然後一旦發見于外。善

❶ 「上」，夏本無此字。

❷ 「臣」上，夏本有「臣準尚書省劄子三省樞密院同奉聖旨比來久雨有傷蠶麥及盗賊間發雖已措置未至詳盡可令侍從臺諫條具消弭災異之術防守盗賊之策各以己見實封奏聞者」六十六字。

醫者察脉觀色，知其所從來，治其内而外症去矣。今者，淫而過節，❶物被其害，是病之發見于外者也。豈非腹心之間，或有所疾痛而不寧者乎？或有所鬱塞而不伸者乎？以臣所見，此二者今皆有之。欲止其疾痛，則莫若卹民力；欲解其鬱塞，則莫若通下情。何謂卹民力？臣聞國之所恃以爲本者，民也。民之所恃以爲命者，財也。取于民者過制，則民失其所以爲命矣。臣竊攷之古今財賦所入，名色猥衆，未有如今日之甚者。昔漢至武帝始有鹽鐵、榷酤之法，唐至德宗始有兩税、榷茶之法。當時議者紛然以爲民害，後世既已兼而用之矣。蓋唐之初，其取于民者曰租、曰庸、曰調。天寶以後，軍旅數起，凡非法賦斂如急備、供軍、折估、宣索、進奏之類，後皆收入兩税，以爲常賦，今之税是也。❷則賦斂之重，至于兩税極矣，不可以有加矣。所謂茶税者，其初所得僅四十萬緡而已，亦甚非今日比也。今江浙州縣財賦名色，臣之可得而見者曰經制、曰總制、曰糴本、曰僧道免丁、曰州郡寬剩、曰大軍月樁、曰和買折帛。名爲不取于民，而其實陰奪民利；名爲漕司移用，而其實責辦于州縣；名爲州郡之餘，而其實不足；名爲與之以本錢，而其實無有。陛下試詔有司，以此數者校之往昔，其所增加，又不知幾倍也。至于州郡空虚，諸所誅求，又有未易數者。如春冬軍衣錢，昔之出于官庫者，今則斂之民矣。軍器物料，昔之和市者，❸今則不復與之直矣。茶引所以通商，今則

❶「而」，夏本作「雨」。
❷「税」上，夏本有「兩」字。
❸「昔」，夏本作「謂」。

賈用不售，亦等級而使之輸錢也。雖有廉平之吏，違冒法禁而不暇恤；雖有嚴明之監司，知州縣之無可奈何而不復問。況又有臣所不能盡見者。陛下以此推之，則今日之民力蓋可知矣。夫取于民者如此其多，則宜其財聚于上而不可勝用矣，而户部之用度乃常患其不足，其故何哉？此中外之所以疑焉，而不得其説也。臣竊以爲國計之重，民事之煩，要須通知其本末源流，然後可以爲之制節。唐元和間，宰相李吉甫始爲《國計簿》，本朝景德、皇祐、治平、元祐，皆嘗爲《會計録》，元豐間又爲《中書備對》。今宜依倣其書爲《紹興會計録》，使天下財賦之出入，皆可得而究見。然後取祖宗之時出入之數以相參較，其浮冗之費有溢于舊者，必求其所以然之故，合衆人之議，酌時勢之宜，可罷者罷之，可減者減之。視其所省者幾何，然後財賦之所入，其害民之甚者，可以次第而議矣。如經制、總制未能遽罷，勿拘以一定之額可也。如和買、折帛未能遽罷，裁損其倍取之價可也。觸類而推，不一而足，庶幾困敝之民猶可以少蘇。不然，則日削月朘，未知其所終極。陛下雖惻怛于上，降丁寧之詔，立煩悉之法，初無益于民病也。昔仁宗皇帝即位之初，翰林學士李諮言兩邊寢兵二十餘年而邊餽如故，他用寖廣，宜裁損浮冗費以寬厚斂。于是詔近臣同議，以景德較天禧，計所省得什三。其後西夏用兵，御史中丞賈昌朝建請度經費，省諸不急。亦詔近臣議之，歲省緡錢百萬。及夏人請盟，樞密副使龐籍言陝西用兵以來，用度太廣，請遣使者減省邊費。仁宗從之，所省逾半。籍又以近世兵多而不精，故國用困竭，與中書合議大加簡閲，凡省八萬餘人，三司賜糧始有餘矣。此皆祖宗已行之事也。雖然，節用以愛民，理固然矣，此特道其常爾。君子安不忘危，治不忘亂。今名爲兵革不用，而百姓猶不免于困敝，有如興師十萬，日費千金，其將何以給之乎？恭惟太祖皇帝創制内藏，當時平定僭僞，親祀郊丘，所費巨萬，皆出于内，而民不知。真宗皇帝詔近臣作記，以述祖宗愛民力之意，且謂宰臣曰：「所貯金帛，備軍國之用，非自奉也，特外廷不知耳。」自是累朝或以師旅，或以水旱，輒發内庫錢以賜三司，此亦祖宗已行之事也。惟陛下以祖宗之心爲心，則仁政可得而行矣。

何謂通下情？臣聞言路廣然後下情通，凡自古明君所以求言納諫，與夫祖宗所以貽謀垂裕者，陛下既已知之，而又躬行之矣，臣不敢廣引以煩聖聽。頃者臣下進見，陛下每諭以言雖切直，或有過當，皆能容納，仰見陛下之意，惟恐下之有所不盡也。既而秦檜用事，專權自恣，惡天下之議己而陛下得聞之也，乃始嚴刑峻罰以箝天下之口。詞色之間，稍涉疑似，進退之際，或被顧盼，輒皆有不測之禍，長告訐之俗而親戚爲仇，起羅織之獄而道路以目。人不自保，導諛成風，稱之者以爲聖人，尊之者以爲恩父。凡投匭之章，造庭之策，不謀而同歸美于一德元老。至于輪當面對者，託疾而丐免；奏事殿上者，皇遽而夙退。聖問所及，則恐懼而不敢對；風旨所至，則遷延而不敢行。四方餽獻，畢集于相府，而尚方所無有也；郡國便宜，取稟于三省，而九重不之聞也。當此之時，中外人情爲何如哉？原檜之所以至此者，彼其爲説，必不自以爲拒諫也。以爲不如是，則國論不一，君上不尊。由今觀之，豈其然乎？陛下奮發英斷，一新政化，天下之人始得拭目引領，以瞻天日之光。招徠多士，不問新舊；開納衆論，不遺疏遠，德意至渥也。然而士風頹敝，非一朝夕，非大有以矯正而振起之，未易變也。奈何議論之臣不能廣推聖德，明示中外，反假秦檜之餘術以艱梗言路，摧沮士氣。陛下因星變而求言，彼則曰恐姦人以天變爲幸也。大理少卿論及刑法，彼則曰不當言而言，是犯分也。凡士之獻言者，固未必其心迹相應也。然而有言則受之，有善則行之，豈必問其他哉？今或逆探其隱伏之情，或追究其平素之行，或指以爲好名，或目以爲好異。此等説行，雖不必加以刑罰，而士止于千里之外矣。昔公孫戍諫田文而得寶于外，文表而出以勸來者。司馬光以爲文可謂能用諫矣。苟其言之善也，雖懷詐諼之心，猶將用之，況盡忠無私以事其上乎？然則何必逆探其隱伏之情也？裴矩佞于隋而忠于唐，司馬光以爲君惡聞其過則忠化爲佞，君樂聞直言則佞化爲忠。然則何必追咎其平素之行也？慶曆間，諫官包拯上言大臣顓政，惡才能之士，有所開建，則議其近名。夫羣下雖衆，然有志于國家者甚少。其能處心積慮圖補于上，又困于近名之説，是志士仁人終無以施矣。則夫指之以爲好名者，是不欲其爲善也。君子和而不同，小人同而不和，故晏嬰謂和與同異，則夫目之以爲好異者，是欲其爲同也。伏望陛下戒權臣欺罔之害，而知其説之爲邪；察今日風俗之弊，而思所以救其失。覽士大夫是非之論而斷之以理，進用忠讜，斥遠諛佞，使天下知好惡所在，則中人以下皆化而爲忠矣。其或狂妄而不知大體，迂闊而不適于用，亦置之而已，勿輕加以罪也。如此則民庶之疾苦，臣下之情僞，庶政之闕失，皆畢陳于陛下之前，又孰有鬱塞而不伸之嘆哉？

至于防守盜賊之策，臣竊以爲今日之計，内之所以立國，外之所以備患。雖曰時巡江左，而規模事體，實與六朝不同。民心愛戴，有死無二，立國之勢，賴以爲固，此則非六朝之所敢望也。邊境之上，經理防察，常若寇至，此則六朝之所以自固，而今日所未及也。六朝之君往往乘時崛起，初無積累之業。其繼承統緒，號爲中興者，特東晉而已。方元帝徙鎮建康，居月餘，吴人莫有至者，假王導兄弟爲之重，引顧榮、賀循爲之先，然後人稍歸附。既而王敦、蘇峻、祖約相繼稱兵，宗社危疑，不絶如綫，重之以桓温父子，而國非其國矣。

恭惟陛下總戎河朔，四方聞風，雲合響應，竭蹷奔走，惟恐居後。上下有常分，中外無異志。分閫之重臣，握兵之大將，尺一號召，則朝聞命夕引道，是豈東晉所敢望哉？然而勉就和好，確守信約，城郭不修，器械不備，堠障不立，烽燧不設。憔悴之民，襁負繫道而不之納也；閒曠之土，莽蒼極目而未之耕也。使六朝之君而弛備如此，不有外虞，且有内患，將不能以一朝居。然則民心之爲邦本亦大矣。故臣區區前説，以卹民力、通下情爲先務，蓋所以繫斯民之心，使之固結而不解也。雖然，六朝之所以備患，又安可忽而不講哉？大抵國于江左，必保兩淮，必據上流。然孫氏之吴，未嘗有淮南尺地也，亦僅足以自守。魏文兵至瓜步，❶則淮已不守矣，而卒不能渡江。至于上流之地，萬一敵據之，則鮮有不得志者。蓋其順流而下，通行無累，若高屋建瓴，而莫之禦也。今建業地闊，營伍相望，❷外論頗以爲得其人矣，而上流之備，尚有可慮者。《兵志》曰：「以一擊十，莫善于阨；以十擊百，莫善于險；以千擊萬，莫善于阻。」襄陽之地，平原廣野，非有險阻之限。所恃者，兵而已。今兵實不足，此其可慮者一也。與士卒同甘苦，然後可與之同死生。今田師中刻剥其下而奴隸使之，❸平居無事，藉藉嗟怨，一旦有急，彼能死其長乎？此其可慮者二也。捉募行旅，以補軍籍，至有斷截肢體以求免者，人情可見矣。其可敺而使用命乎？此其可慮者三也。夫貴極富溢而能以

---

❶「文」，夏本作「武」。按之史實，似當從夏本。

❷「伍」，夏本作「屯」。

❸「隸」，夏本作「虜」。

立功圖報爲志，此豪傑之士也。唐杜牧論用兵之弊，以爲爵命極矣，田宫廣矣，金繒溢矣，子孫官矣，焉肯勤于我哉？❶今師中不幾于是乎！此其可慮者四也。李道之于師中，故部曲也。師中怒其去己，予以羸卒而留其家貲。夫兩不相能，而欲望其彼此應援如左右手，其可得乎？此其可慮者五也。凡此數事，皆人所共知而竊以爲憂者，獨未聞執事者有所措畫，豈其知兩淮之重，而不知上流之爲尤重乎？陛下誠留意于此，使將足以用其兵，兵足以爲將之用，形勢相接，聲氣益振。至于疆埸之事，據險要，遠斥堠，遣間諜，察姦僞，諸如此類，皆可以付之其人，而聽其所爲。惟是備禦大計，所當有一定之説者。願陛下密詔諸將，悉意條具，使議臣參訂其可否，有未盡者，往復詰難，然後斷自淵衷，裁處其當，表裏相應，勠力而行之，非若率爾嘗試，而僥倖其或成者也。昔趙充國上《屯田奏》，宣帝輒下公卿議。諸臣初是充國計者什三，中什五，最後什八，于是始詔報從之。慶曆中，經畫西事，亦詔帥臣議攻守二策以上，而裁擇焉。近世以來，舉事興爲，議論不一，政令數改，是以玩歲愒日，迄無所成。使其審之于初，奠而後發，豈復有紛紛之患乎？

凡臣之所欲言者，既已陳其大概矣，而惓惓之誠，猶有不能自已者，敢遂言之。今天下所望，以爲忠義純正而可以任今日之事者，張浚是也，而臣竊有疑焉。陛下收拾人才，孜孜如不及，寸長片善惟恐失之。有臣如此，陛下豈肯置之謫籍耶？古人有言曰：「知臣莫如君。」❷非必君而後知臣也。蓋其左右奉侍，朝夕

❶「肯」下，夏本有「搜奇外死」四字。
❷「如」，夏本作「若」。

親近，其志趣之所尚，才力之所能到，所以察之者熟矣，非如他人之想望而傳説也。然則陛下之意，其必有超然獨覽，而非天下之所知者矣。雖然，法正言于蜀先主曰：「天下有虛名而無實用者，許靖是也。然天下之人，不可户曉。宜加崇重，以慰遠近之望。」今浚之名不下于靖，至于實用之有無，惟陛下知之爾。使其無也，猶當以人望見重，況其不止于靖耶？夫用一人而用以慰天下之望，解天下之疑，則雖曰虛名，乃所以爲實用也。且臣聞：「人恒過，❶然後能改。動心忍性，然後增益其所不能。」浚之得罪，二十年矣。臣不知其所改悟、增益者，止于陛下昔日之所知耶？其亦有未易知耶？古之聖人，不以己之獨智而廢衆人之論，不以人之一眚而掩終身之善。每以知人爲難者，蓋在于此。惟陛下加察焉。臣不勝懇切之至。

論軍中功賞不實

案原本未註年月，據《宋史》本傳，奏駁李顯忠冒具安豐軍功賞，在權户部侍郎之前。李心傳《繫年要録》，紹興三十二年閏二月，應辰由權吏部侍郎改權户部侍郎，仍兼國子祭酒。則是疏爲閏二月以前所上。

右臣伏見，比者指揮令李顯忠開具實立功人保明，申三省、樞密院，取旨推恩。今來李顯忠保明，到安豐軍正陽西迎見番賊，獲捷立功，官兵五千二百五人，仍各開具合補轉官資。朝廷不待核實，即從其請。雖賞不踰時，固當如此，而事失其實，人所共疑。蓋自去冬以來，中外之論皆以爲將帥擁兵境上，敵騎奄至，不能一戰，惟是望風奔避而已。如顯忠其一也，而臣亦有不能不信者。誠使官軍果能迎遏其鋒，大敗其衆，掩

❶「恒」，夏本作「常」。

襲追擊，至于再三，如今來功狀所謂然，而敵數敗則宜退矣。縱使其堅忍而未肯退，亦不應遂能徑進也。我師數勝則宜進矣，縱使其持重而未欲進，亦不應至于遽退也。今敵人長驅突入，蹂踐數郡，而我將帥之臣自以爲戰勝者，已棄淮而歸南矣。此所以中外之論紛然，而臣亦不能不信也。今乃反以爲功，列上五千餘人，率加以不次之賞，其可謂之實乎？王權亦嘗以安豐之捷入報矣，自今觀之，果何如也？近日言者論劉光輔之罪，如妄冒功賞乃其一事，況至于五千餘人者乎？其他士卒聞之，亦將以此而望于其帥，帥必不能抑也。又如是而推賞也，則所謂五千餘人者，將至于數倍而未止也。將帥無所忌憚則益驕，士卒無所勸沮則益惰。冗濫者衆，則國用益屈，民力益困，末流之弊將有不可言者，此臣所以甚懼也。真宗皇帝巡幸澶淵，契丹通和，大將李繼隆、石保吉、葛霸以戰功止加階封；内侍文質以射殺敵將，自高品遷殿頭高品而已。富弼以爲諸將不能大破敵人，卒至和好，真宗以是爲恥；主既恥，則將何功焉！所以薄其賞也。若無功而和，則將帥可罪而賞亦不行矣。臣竊以爲時異事異，今固不能盡如祖宗時，然愛惜名器，甄别功勞，則當以祖宗爲法，從而斟酌損益可也。其安豐軍功賞，望聖慈宣諭三省、樞密院，更加詳酌，取旨施行。干冒威嚴，臣無任戰灼之至。

文定集卷二

宋汪應辰撰

奏議

應詔陳言兵食事宜原註紹興三十二年五月二日。

臣伏見，❶上天助順，元惡殄滅，金主新立，❷畏天之威，遣使通和，辭甚勤篤。陛下方且不自暇逸而豫爲防秋之備，不自聖賢而博盡羣臣之謀，天下幸甚。蓋自近日以來，❸傳報不一。或以爲金主寬厚能得衆者；或以爲懦弱不立者；或以爲急于和親、欲復還河南地者；或以爲彼方厚立賞格以勸戰士，如唐、鄧、陳、蔡之類，失而復取，其志蓋未已者；或以爲河朔羣盜擾其南，而契丹之遺種攻其北者。昔漢光武初定天下，

---

❶ 「臣」上，夏本有「右臣準尚書省劄子三省樞密院同奉聖旨以防秋事不遠事貴預備足食足兵宜有長策可令臺諫侍從各以所見條具奏文者」五十字。

❷ 「金主」，夏本作「虜酋」，下文「金主」同。

❸ 「近」，原作「今」，今據夏本改。

臧宫、馬武皆以匈奴衰亂，時不可失。光武答以北邊尚强，❶而屯田儆備。傳聞之事，常多失實，古今通患，實在于此。要之，爲國者不當問敵人之盛衰，❷顧吾自治何如爾。東晉之季，苻堅以百萬之師，戰勝之威，長驅入寇，自謂投鞭于江，足斷其流。至于淝水之戰，❸敵衆奔潰，❹首尾不支，卒以亡國。然則敵人雖盛，❺未足爲中國患也。晉之謀臣，皆欲乘苻氏敗亡，開拓中原，王師一出，盡得兖、青、雍、豫之地，然而君臣宴安，無復顧慮。以謝安之勳勞，猶不見容，而道子、元顯之流，❻出而用事。晉之不振，皆自此始。❼然則敵人雖衰，❽未必爲中國福也。臣故曰，不當問敵人之盛衰，❾顧吾自治何如爾。

今詔旨以足食、足兵爲慮，此二者皆自治之要也。臣請先言足食之説。昔人以爲縣官當食租衣税，然

---

❶「邊」，夏本作「狄」。
❷「敵人」，夏本作「夷狄」。
❸「至」上，夏本有「晉人凜凜有吾其左衽之嘆」十一字。
❹「敵」，夏本作「虜」。
❺「敵人」，夏本作「夷狄」。
❻「子」，原作「之」，今據夏本改。
❼「皆」，夏本作「實」。
❽「敵人」，夏本作「夷狄」。
❾「敵人」，夏本作「夷狄」。

漢文景之盛，或賜民田租之半，或盡除之，或三十稅一。武帝窮極奢侈，❶有鹽鐵酒酤之禁。❷昭帝即位，一切罷之。至于後世，或用或否。唐至德宗，用楊炎之説，盡取軍興以來暴斂横賦，合而爲兩稅。又用張滂之説，始有茶禁。凡漢唐之所征取榷禁者，今皆不能易矣。然劉晏號爲善榷鹽，其始至也，鹽利歲纔四十萬緡。至大曆末，乃六百餘萬。天下之賦，鹽利居半，宫闈、服御、軍饟、百官禄俸，皆仰給焉。今止以淮浙計之，歲收一千三百四十萬。貞元八年榷茶，歲得四十餘萬緡，今則歲收二百四十萬矣。世固未有善理財之人也，獨不知劉晏復生，其于今日財利尚能有所增加否乎？至于其他所取，名色猥衆，曰經制，曰總制，曰無額上供，曰折帛，曰州郡寬剩，曰僧道免丁，曰寺觀寬剩，曰大軍月樁，曰贍軍酒息，曰糴本，總其所得，又什倍于兩稅而不翅也。然則今日利入之厚，漢唐之時與吾祖宗之盛，皆所不及也。宜其財聚于上不可勝用矣，而大農無經旬之儲，至于仰貽宵旰之慮，此其故何也？臣嘗以爲：取之多則宜有餘，而或以不足；取之寡則宜不足，而或以有餘。以文景輕徭薄賦而貫朽粟陳，以武帝籠天下之財而用度常不繼。唐王仲舒觀察江西，奏罷榷酤錢九十萬；既三年，錢餘于庫，粟餘于廪。孔戣節度嶺南，盡除他名之稅，免屬州逋負之緡錢二百萬，而公藏私蓄，上下俱足。❸由此觀之，不在乎取之多，而在乎用之有節也。今日財賦，自其外而

---

❶「帝」下，夏本有「征伐四夷」四字。

❷「有」上，夏本有「於是」二字。

❸「俱」，夏本作「與」。

言之，左藏一歲所出，比于紹興之初，其多已增倍矣。臣不敢遠引前古，姑以陛下之初政爲率，則其間所當裁節者，固不少矣。仁宗至和中，諫官范鎮乞明詔中書、樞密大臣，攷求祖宗朝、天聖中官吏、兵數與天下賦入之數，斟酌損益，立爲條章，上下遵守，則國用有常而民力有餘矣。此亦微臣所望于陛下也。凡百官有司浮冗之費，可以參酌舊制，一切減省。惟是軍旅之用，日以增廣，因循寖久，遂爲成例，一旦更革，固亦未易。然而賞典之冗濫，獨不可以甄別乎？尺籍之僞冒，獨不可以攷覈乎？此特在陛下指麾之間爾。又自用兵以來，中外争言便宜，往往出于希功徼幸之意。❶如措置營田，如結集民兵，如招納歸附之類，錢糧器械，一皆取足于朝廷，曾無毫髮之效，亦莫知其何用也。熙寧間，韓絳以大臣宣撫陝西，所費十八萬緡，終無成功，衆議沸騰，以爲大咎。今所謂十八萬緡，不知其幾矣。況其事之初，行議者固疑其不可，故臣願朝廷之上，有所興爲，與衆共之，使可否之論畢陳于前，然後擇而從之。如漢宣帝使公卿議屯兵利害，反覆詳盡，庶幾無輕舉妄動之失矣。雖然，此特言其外者而已，至于内府之財，則有非外廷所知者。《周官》太宰以九式均節財用，有匪頒之式、好用之式。然則王之用度，雖曰不會，要不出乎式也。太府掌九賦、九功之貳，受其貨賄之入，其頒財則以式法授之，而式貢之餘財，則以供玩好之用。元豐更定官制，以金部左藏案主行内藏之出納，而奉宸庫則隸于太府，所以示天子至公，無内外之異也。自紹興十三年始詔内庫不隸户部，太府有司輒敢會問，與供報者皆坐之。中外之人，不知所以然者何也，疑詞異説，無所不有。臣竊觀陛下，清心省事，

---

❶「往往」下，夏本有「多」字。

仁民愛物，一皆出于天性。宫掖使令既已不備，又從而出之；教坊音樂既已不聽，又從而罷之。此豈以外物爲樂哉？比以戎事暴露，備邊犒師，招軍市馬，率從中出，此豈以多藏爲利哉？而臣猶有不能已者。竊恐賜予之間，或過爲豐厚而失于撙節；出納之際，或習爲寬縱而失于攷察；雜色供奉，冗食無用之人，或雖澄汰而未盡也。今陛下恭儉于上，而左右近習與夫貴戚之家，第宅池館，窮極華美，田園邸舍，連亘阡陌，❶此固不能使人之無疑也。夫有不忍人之心，斯有不忍人之政。有仁心、仁聞而民不被其澤者，蓋有之矣。願陛下推其所爲，損之又損，始自宫掖，次及外廷，如此則聖德日新，人心悦服，而實惠及于天下矣。先王所不可儉者，祭祀也。至于當損之時，則二簋可用享，況于匪頒、好用之類乎？且臣聞之，有國家者，未嘗不以人心爲安危。惟我祖宗，覆育天下，斯民愛戴，有隕無二，尤見于艱難之時。陛下誠以東晉觀之，❷國于江左，❸中原分裂，❹變故内起，岌岌乎，無終日之安。所患者，王敦也。敦既死，而蘇峻、祖約連衡犯順。所患者，桓温也。温既死，而王恭、殷仲堪稱兵内向。所患者，孫恩也，而盧循、徐道覆相繼擾亂。蓋其基本尚淺，人心易摇，故姦邪得以肆行而無所畏也。自建炎以來，金人之役甚于東晉。❺然而户口雖或流離，而無

❶「亘」，原作「互」，今據夏本改。
❷「誠」，夏本作「試」。
❸「國」上，夏本有「方晉之」三字。
❹「裂」下，夏本有「夷狄自相攻擊故邊境始得以少寬而」十五字。
❺「金人之役」，夏本作「夷虜之禍」。

背叛之志；盜賊雖或竊發，而無響應之助。强悍之將不能以使其下之爲非，暴虐之敵不能以禁其民之向化。❶此皆祖宗德澤之所固結，陛下仁心之所感動，相與扶持扞蔽以至今日，豈曰小補之哉！趙簡子使尹鐸爲晉陽令，謂曰：❷「以爲繭絲乎？抑爲保障乎？」簡子曰：「保障哉。」尹鐸損其户數。既而智伯攻晉陽，決水灌之，沈竈産蛙，民無叛志。凡今日之所以取諸民者，臣已具陳于前矣，願陛下思民心所繫之甚重，憫方今民力之已竭，而求所以賑救惟在節省無益之費，使財用充足，然後賦斂之不得已者，可以次第蠲除，庶幾疲瘵之民得以蘇息，則其爲國家之保障者，豈有已哉！

臣請言足兵之説。昔陸贄有言：「克敵之要，在乎將得其人；馭將之方，在乎操得其柄。將非其人者，兵雖衆不足恃；操失其柄者，將雖材不爲用。兵不足恃，與無兵同；將不爲用，與無將同。固不在益兵以生事，加賦以殄人也。」至和中，朝廷招募新兵，諫官范鎮以爲財用不足、民力凋敝，而又欲募兵，是何異欲救火而益以薪，流之濁而復撓其源也。兵不在衆，在練之與將何如耳。方儂智高寇嶺南之後，遣將不知幾輩，遣兵不知幾萬，死亡奔北不可勝紀，然狄青所以取勝者，番落數百騎耳。此兵不在衆，近事之效也。臣以爲陸贄、范鎮之説，切中今日之病。自講和以來，諸將坐擁重兵，初無尺寸之功，而高爵厚禄，極其富貴，安享優佚，養成驕惰，無復激昂奮勵之志。兵籍雖多，初不閲習，或拘之以爲工匠，或敺之以爲商賈，或抑之以爲僕

❶「敵」，夏本作「虜」。
❷「謂」，夏本作「請」。

厠之役。既虐使之以不當爲之事,又侵奪其所當得之食。行路之人皆知其不可用也。已而敵騎奄至,❶曾不一戰,望風遁逃,浹辰之間而兩淮之地,蹂踐幾遍。方且恬不忌憚,恣爲誕謾,列上戰功,誑惑羣聽。急危之際,被旨應援,乃或游辭詭計,顧望不進。陛下雖嘗取其不用命者治之,終未足以震服中外。且鈞是罪也,而罰有輕重,人猶不能無詞,況于或罰之、或賞之乎? 故其免于罪而蒙賞者,不知愧怍,而反謂朝廷之可欺,偃蹇傲睨,日以滋甚。陛下捐金帛以賜士卒,適以資其刻剥之計。至于怨讟並興,無以自解,乃復奏功第賞,超越資級,動以數萬。唐李愬平淮西,奏請將佐以下官凡百五十員,憲宗謂裴度曰:「愬誠有奇功,然奏請過多,使如李晟、渾瑊,又何如哉?」遂留中不下。以此較之,今日之事無乃太甚乎! 方無事時,朝廷有所使令,率以詔旨行下,或陰爲遷延,或公肆欺玩,或直抗執而不行,不知一旦有急,能惟命是聽以徇國家之難乎? 四方之人,何所觀望? 三軍之士,何所勸沮? 雖有貔虎百萬,將誰用之? 故臣之所憂,不在乎兵之不足,而在乎軍政之不修也。且今中外之兵,其老弱强壯不可得而分也,其逃匿死亡不可得而見也,然則雖欲益兵,亦不知其所以益矣。諸葛亮出師無功,或勸以益兵者,亮曰:「大軍在祁山、箕谷皆多于賊,而反爲賊所破者,則此病不在兵少也,在一人耳。今欲減兵省將,明罰思過,校變通之道于將來。若不能然者,雖兵多何益? 自今以後,有忠慮于國者,但勤攻吾之闕,則事可定、賊可死、功可蹻足而待矣。」由此觀之,亮非徒不肯益兵也,又欲減省之。蓋勝敗在將,不在兵。兵多而冗,不若少而精也。臣願陛下内自省

❶「敵」,夏本作「虜」。

察，以前日之失爲在己，奮發英斷，力行大公至正之道，而不牽于異説之私，賞善罰惡，無偏無黨，示天下以好惡所在；使人皆洒心易慮以聽陛下所爲，然後兵籍之多寡、人材之高下，皆可以按見其實。謹其訓練之法，號令必行，等級必明，技藝必精，心志必一，周旋進退，將無所不可者矣。昔人論兵，蓋有一可以當十者，亦有十不當一者，此顧用之何如耳。竊聞朝廷方簡閲州縣之兵，取其半以待不虞之備，此誠有不得已者。去冬固嘗發諸郡弓弩手什之七矣，彊之使行，驚擾狼顧，州郡有調發之費，室家有離散之怨。既至軍中，大率奴隸使之。❶初不藉以爲戰鬭之用也，❷大敵在前，何嘗得一夫之力？且所謂正兵者，技止于此，况其下者乎？而又有甚不便者。夫盜賊之作，常生于細微。州縣之兵雖不可施之于大軍，而追胥討捕，防護鄉井，蓋所以銷患于未萌也。晉武帝罷州縣兵，山濤、陶璜皆以爲不可。及永寧以後，盜賊羣起，州郡不能制，此往事之鑒也。去冬既取所謂弓弩手者，州郡無備，則或發諸縣尉司弓手以守禦城郭；縣又無備，則或抽差編户以代弓手之乏。貪猾之吏，夤緣爲姦，無所不至，或差或否，均被其擾。夫天下之事，順人情而行之，則如水之就下；咈人情而行之，則有挾山超海之難。故聖王之政，山者不使居川，而渚者不使居中原。此非有神奇巧妙也，亦曰順之而已。今民之在田里者，則拘之于縣；縣之巡捕者，則執役于州；州之守衛者，則分隸于諸軍，豈所以爲順哉？議者患州縣之空虚也，則請各置四隅之官，而以其土人爲之。强宗富室，

❶「隸」，夏本作「虜」。
❷「用」，原作「地」，今據夏本改。

平日挾其財力以武斷于鄉曲，今又假以尺寸之柄，公行賄賂，明報仇怨，有甚于盜賊者。朝廷知其不便，尋即寢罷。蓋凡所以開闔動摇，至于數四，公私煩費，騷然不寧，而迄不得其道理者，皆起于州郡之無兵也。今者，詔旨止令選其强壯就各州教閱，則固未必調發也，惟陛下精思熟慮，于不得已之中，有所裁酌，使州縣不至于無備，田里不至于重擾，則州縣安而朝廷安矣。臣仰惟陛下臨政願治，于兹有年，國宜益富，兵宜益强，而顧以不足爲憂，凡在臣子，莫不惶恐。臣竊以爲，自古人君當艱難之際，其能積微而致著、革弊而爲治者，要必以至誠爲本，以力行爲要，不尚虚文，專取實效，用其人必責以功，聽其言必驗以事，使欺僞者有所不敢爲，而忠臣義士皆得自盡以奉其上，則天下無不可爲之事矣。《詩》曰「秉心塞淵，騋牝三千」，又曰「思無邪，思馬斯徂」。夫馬之蕃息，何預于人君之心思？蓋物無小大，苟非以誠心持之，則所行之事，其施于外也必苟簡；所用之人，其應于上也必滅裂，又安能旋至而有效乎？今日之事，特在陛下加之意而已。臣竊觀今之風俗，大率以欺罔爲尚。夔路帥臣，訓練精兵二萬，及監司核實，初無一卒。東南鑄錢，祖宗時歲不下百萬緡，比來止以四十萬爲額，又盡收天下之銅，有司以爲可鑄三十萬，則是七十萬也。去年所納，僅及五萬，而乃以六萬爲羨餘而獻。夫以欺罔如此，豈不以爲罪？或又從而賞之，亦何憚而不爲欺罔乎？此風不革，則天下之事所以仰勞聖慮者，何時而已也？臣不勝惓惓，獻其愚衷，惟陛下裁赦，幸甚。

論敵情當爲備海道未可進❶

臣猥以庸陋，待罪近侍，無所補報，朝夕愧恐。今者遇有見聞，❷思欲罄竭，不敢頻數請對，輒具畫一奏聞如後。

臣比者面對，伏蒙聖慈，諭以近日探報皆不敢信，但只沿邊嚴兵爲備。臣竊歎仰，以爲聖慈高遠，非常所及。今者復聞金國遣人至盱眙，❸喻吾使者以國有内亂，❹則非特如探報者之道聽塗説而已。蓋自古楚靈王、吴夫差、齊湣王皆勞民于遠，而變生于内。今敵人荒淫侈汰，❺暴戾苛虐，兼此三君而又有甚焉。❻以天人之理、往古之事觀之，其不免必矣。然而有識之士猶有私憂過計者。夫不足者示人有餘，❼此人情之常也。漢高帝使人使匈奴，匈奴匿其壯士、肥牛馬，徒見老弱、羸畜。使者十輩來，皆言匈奴易擊，獨奉春君

---

❶ 此文又見於《永樂大典》卷一〇八七六，題作「論虜情當爲備海道未可進劄子」。

❷ 「遇」，《永樂大典》作「偶」。

❸ 「金國」，《永樂大典》作「虜中」。

❹ 「内亂」，《永樂大典》作「萌古達靼之亂」。

❺ 「今敵人」，《永樂大典》作「所謂虜酋者」。

❻ 「三君」下，《永樂大典》有「之罪」二字。

❼ 「示」，《永樂大典》作「視」。

婁敬以爲「兩國相擊，此宜矜夸，見所長。今臣往，徒見羸瘠、老弱，此必欲見短，伏奇兵以争利。愚以爲匈奴不可擊也」。其後卒如奉春言。夫差方與晉侯争長于黄池，越人乘虚而入其國。夫差惡其聞也，自剄七人于幕下以絶口。今敵有内變，❶所宜蔽匿避忌，惟恐人知，而遽自振暴其短于我，此殆非人之情意者，復如奉春之言乎？或以爲事已藉藉，彼自度其不可掩也，故不若以情告我。此固或有之。竊怪其于所諱言之事，何其前後諄復，得已而不已也？此其可憂者一也。使誠如敵人之言，❷國有内變，彼能討伐以平之，則其爲强盛，固未可輕也。有如不勝，❸則中國之所當思患而豫防者，❹無乃或甚于今日乎？此其可憂者二也。臣願陛下懋昭聖德，如近日罷教坊、出宫人之類；增修國政，如近日選任大將、斥逐憸人之類。兢兢業業，長慮却顧，務爲自治之策、不可勝之備，不使有毫釐之差、窾隙之闕。雖事變之來，❺靡有終極，而吾常有以待之，則終于不足慮也。

仰惟聖策先定，皆有成算，而臣猶復有言者，蓋不勝惓惓之誠，惟陛下幸赦其罪。竊聞温州有王憲者，自謂習于海道，又謂已招誘團結二千餘人，更乞朝廷應付人船器械，欲以直擣登、青。以臣愚慮，未見其可。

---

❶ 「敵」，《永樂大典》作「虜」。
❷ 「敵」，《永樂大典》作「虜」。
❸ 「勝」下，《永樂大典》有「則萌古達靼之於女真亦猶昔日女真之於契丹矣」二十字。
❹ 「思」，原無，今據《永樂大典》補。
❺ 「雖」下，《永樂大典》有「夷狄荒忽未易測度」八字。

誠如其説，于彼固未有甚損，而在我初無益也。奈何以不貲之費而爲無益之舉哉！熙寧初，命宰臣韓絳宣諭陝西，所費纔十八萬緡，時論沸騰，以爲大咎。比年以來，只以諸州措置海道事論之，其所謂十八萬緡者，不知其幾倍也。今憲之行又當厚有所費，亦無怪乎公私之困乏也。且非徒無益而已，使敵勢尚强，❶則勝負未可知也。有如一夫被執，必且提掖搜索，窮問其所從來，是趣其生不肖之心，而自我致寇也。使敵無能爲也，❷山東之地必有起而割據者，亦豈肯束手受斃哉？又使如前所慮，幸而萬一無之，可以恣其所如，❸往而無所滯礙，然小民之心，惟利是視，必且肆情極力鹵掠蹂躪，以充其欲，亦豈中原赤子所望于父母者哉？臣以事之利害，理之是非，反復思之，無一而可。昔孫權時，江邊諸將多陳便宜，有所掩襲。權以訪顧雍，雍曰：「兵法戒于小利。此等所陳，欲邀功而爲其身，非爲國也，宜加禁制。苟不足以耀威損敵，所不宜聽也。」吴之與魏，固已顯爲仇敵，然猶不肯爲掩襲之計，況今日之于敵人，❹猶且羈縻不絶哉。臣以爲諸如此類，皆不當爲。所謂王憲者，或尚未行，猶可及止。如以臣言爲然，伏乞速賜裁處。

❶「敵」，《永樂大典》作「虜」。
❷「敵」，《永樂大典》作「虜」。
❸「所」，原無，今據《永樂大典》補。
❹「敵」，《永樂大典》作「虜」。

措置海道回奏

臣伏見，比者敵人既退，海道宜若無可慮者。然臣被旨出使，職當詢究利害，以歸報于上，庶幾不虞之戒、將來之備，或有取焉。竊惟兵興以來三十餘年，講究指畫，防括之計無遺策矣。而臣愚，猶有疑。

蓋今明州之分屯于海上皆水軍也。舟楫之于海，其所因者風爾。順風而行，則瞬息之頃，已數百里；不然則寸步不能進也。彼其所以能來者，其得風可知矣。我乃遡風而迎擊之，其難易、勞逸之勢，不侔甚矣。或以爲扼其後而襲之，則我之與彼皆順風也。夫均是順風，然彼先而我後，彼往而我隨，亦未見其必可勝也。況或者衆寡、强弱之不敵耶？臣以爲于舟楫之外，能據其便利，扼其要害，則用力甚省而功倍之，有不可同日語者。何則？敵人之來，非大舟不可以浮海，非乘潮不可以入港，非小舟不可登岸。今誠于明之定海，選練步兵，分列港岸，而又多設機械以隔閡敵所從入之路。彼雖僅能入港，而潮退之後，舟爲無用矣。岸上之兵，强弓勁弩，拳石火礮，乘間俱發，彼輾轉于泥塗之中，進則不能前，而退則吾以舟師邀之，可坐而斃也。如有縱之使去，雖復入于海，亦將安所爲哉？此萬全之計，甚易見也。夫捨堅而攻瑕，以逸而待勞，處高而臨下，此皆用兵之道。今專意于水軍，而岸上乃無一夫持兵而誰何者，此豈非有所未盡乎？然方國用匱乏而議欲益兵，此其勢又將有未易行者矣。伏見明州水軍，有選于諸寨土軍者，有選于本州禁軍者，有取于諸州弓弩手者。其間雖多强壯伉健，而海道則往往非其所習也。敺之登舟，掀簸敧仄，則悸眩而不能立，嘔逆而不能食。瀕海之人，類能言之。此正可以用之于陸也。至于見在海舟，以近降指揮，則例計之，其羨卒不下千人。舟之大小，自有分量，人數過多，適足爲累。而明州弓弩手五百人，名爲水軍，其實止就本州教閲。今若于軍中通選一千五百人，取其可用于陸者以爲步兵，如此則無益兵之費，而水陸之技，各盡其長，備禦之方，始得其要矣。

天下之事，必昔人所已行與今人所嘗試，乃能盡得其利害。海道用兵，自昔未有著其法者，而近年防海道，亦未嘗一用之也。是以因仍舊貫，不復他議。況舟師在海，乃曰備之于陸，其言若未易信，而理則有可見者。伏望聖明裁擇，幸甚。

文定集卷三

宋汪應辰撰

奏議

論士大夫敦尚節義❶ 原註 隆興元年三月。

臣比者進見，伏蒙聖諭如何得士大夫敦尚節義，臣雖率爾以對，卒遽之間未能究極本末，又蒙聖諭令臣陳其説者。

竊以風俗之邪正，未嘗不繫乎人君之取舍。所謂邪正者，雖曲折萬狀，要不出乎義與利而已。君子所知者，義也。故爲人臣，則盡心勠力而無所避，直言正論而無所隱。凡義之所當爲，雖死生禍福臨之而不顧也。小人所知者，利也。利在君上，則惟君上之從。外若柔順，而其實危險；外若恭謹，而其實欺謾。及其見利則逝，見便則奪，又何有于君上哉！　故傳曰：「未有好利而愛其君者，未有好義而忘其君者。」夫邪正

❶ 此文又見於夏本卷三，題作「論士大夫敦尚節義劄子」。

之分，其明白如此，而昔之人主常患不能辨别之者，蓋順從則取悦，違異則致疑，介特則無助，阿黨則多與，廉静則易退，巧佞則難遠，故以同異爲愛憎，以愛憎爲是非，而取舍皆失其真矣。恭惟陛下明智聰察，洞見幽隱，凡中外羣臣，其材分高下，皆無逃于聖鑒矣。然而風俗猶未能變者，臣竊謂當今之失在于取人不觀其行，用人不覈其實。今但曰是能辦事也，是能趨時也，則其他不必問也。夫天下之事，以忠信誠慤之心行之，猶懼不濟，況付之于無行之人乎？欺罔以售其説，刻剥以營其私，蓋將無所不至矣，而其益人之國者，果何在哉？此不觀其行之弊也。今有言曰，某利可興，某功可就，往往進之以爵禄，予之以事權。徐而攷之，則名實相反，績用不效，非特不治其罪，而爵禄事權猶之如故，而或有加焉。此不覈其實之弊也。

夫不觀其行，則頑鈍者無所愧恥；不覈其實，則誕謾者無所忌憚。是敺天下之人，使去義而就利，其積寖久，其流寖遠，將有不可勝言者。伏望陛下爲久安長治之計，思清源端本之道，于邪正、義利之辨，特留聖意。奬任忠厚正直之士，貴其和而不必其同，取其大節而不求其備。若其浮虚輕躁、前後反復者，則懲沮而差擇之，以明示好惡所在。行之以必，持之以久，則公論伸、正道明，人皆化而爲善，所得者皆實才，所行者皆實事矣，何患士風之不美，節義之不立也？取進止。

論講讀官進見希闊❶原註隆興元年十一月。

臣伏見近日以來，講讀之官進見希闊。蓋自昔人君，有所佚豫，或不留意經典；有所私昵，或不親近儒生。今陛下省覽庶務，不舍晝夜，非有所佚豫也；延接臣下，不間疎賤，非有所私昵也。特以勤勞政事，故不遑暇于此耳。然臣竊謂六經之典籍，祖宗之謨訓，此乃政事之本也。因其有所勸戒而省之于己，則可以致日新之益；因其有所損益而驗之于今，則可以得時措之宜。漢光武、唐太宗皆百戰以取天下，而與其臣下講論經理，往往夜分乃寐，蓋必不虚費日力而爲無益之舉也。仁宗皇帝詔雙日御經筵，而隻日亦詔侍臣講讀，足以爲萬世法。伏望陛下特留聖念，天下幸甚。取進止。

論總管鈐轄與帥守不相統臨

臣伏見慶曆間，西北二邊皆已和附，而韓琦、范仲淹同奏對，謂當以和好爲權宜，戰守爲實務。今敵方請和，而陛下長慮卻顧，益修武備，仰見聖明所以思患豫防之意，天下幸甚。然其施行節目，臣愚猶有未達者。反復思之，不能自釋，念欲以愚慮所及，冒昧奏陳。而臣身在遠外，則疑于出位；官爲帥守，則嫌于自私。欲發復止，至于累日。仰惟陛下以至公治天下，以至誠待羣臣，而臣蒙恩厚，任責重，乃復顧避世俗嫌

❶ 此文又見於夏本卷三，題作「論講讀官進見希闊劄子」。

疑，有所不盡，則非臣子之義矣。是以終不敢自默，惟陛下幸賜裁赦。

臣聞立國有體，治軍有法；體不可以不正，法不可以不嚴。何謂立國有體？夫自朝廷以至郡縣，其尊賤之勢殊矣，然而上下相維、表裏相濟，如網在綱，如臂使指，其實一體也。一縣之衆，必由于令；一郡之衆，必由于守。守之權必歸于按察，按察之權必歸于朝廷。以郡縣論之，令失其職則一縣之事廢矣，守失其職則一郡之事廢矣。凡在郡縣之内者，未有非守令之所當治也，如此而後有所統壹。昔范純仁知開封府襄邑縣，縣有牧地，衛士縱馬蹂踐民田，純仁執而治之。有劾其非法者，純仁詞不屈，乃詔畿縣兼主管牧地。既在縣境，不可以不聽于令，不然則非所以爲縣矣。唐憲宗時，横海節度使烏重胤奏：「河朔諸鎮所以能旅拒朝命六十餘年者，由諸州縣各置鎮將，收刺史、縣令之權，自作威福。向使刺史各得行其職，則雖有姦雄如安史，必不能以一郡獨反也。臣所領德、棣、景三州已舉牒，各還刺史職事，應任州兵，竝令刺史領之。」其後河北諸鎮，惟横海最爲順命。夫以天下之大而一縣令之微，亦必使之正其職，此祖宗所以久治也。以河朔諸鎮而刺史、縣令皆失其職，此唐自中葉以後所以亟亂也。惟是熙寧間朝廷經理西北，議者請于河北、陝西、河東、京西等路别置將官，專訓練士卒，知州、知縣皆不關預。司馬光言：「國朝置總管、鈐轄、都監押爲將帥之官，州縣長吏未嘗不同管轄，蓋知州則一州之將，知縣則一縣之將也。今爲州縣長吏，而于所部士卒不相統攝，將官與長吏抗衡，萬一有非常之變，長吏何以號令其衆禦姦宄哉？」于是始詔知州、知縣同行管轄。然當時守令所不預者，特將官一司爾，而鈐轄、都監之類所隸屬如故也。其不預將司之事者，特守令爾，而經略、安撫、都總管、鈐轄司所以統攝之職猶在也。司馬光猶以爲難，況乎悉以軍政付之武將，而帥臣、守臣不相統臨，此殆非所以明職守、存國體而爲永久之制也。何謂治軍有法？夫率土之濱，莫非王臣；鈞是人也，豈有異哉？而古人之論以爲，天有十日，人有十等，自王公以至輿、臺、皂、隸，皆分定而不可犯。賈誼亦謂古者聖王制爲等列，内有公、卿、大夫、士，外有公、侯、伯、子、男，然後有官師、小吏，延及庶人，等級分明，而天子加焉，故其尊不可及也。若曰莫非王臣也，混然一等，則豈所以尊天子哉？况于兵者，聚天下驍勇之徒，授之以不可嚮邇之器，而教之以戰鬬殺伐之事，其所恃以制御柔服之者，以有名分、紀律也。唐季之政，一切姑息，上下之分不明，士卒不知有偏裨，偏裨不知有將帥，禍亂繼起，兵革不息者凡二百餘年。我太祖皇帝始定軍制，使以階級相承，毫釐之間不容侵越。是以令行禁止，中外肅然，東征西討，無思不服，其貽謀遠矣。此萬世不可易之法也。今欲專任將臣，益修武備，則宜以名分、紀律爲先。而所任以領其事者，乃獨不用等級，既非所以尊朝廷，亦非所以率其下矣。或者以爲今帥守之職初不廢也，特教閲之際不相統臨，其餘則自依軍制也。臣竊以爲天下之事無本不立，無文不行。將教人以父子之義，則必制爲坐立拜跪之儀；將教人以兄弟之序，則必制爲徐行後長之節。蓋有文具而本未必然者，未有蕩然無文而以爲其本猶在也。今既已不相統臨矣，則所謂軍制者，其能以獨立哉？孔子爲政以正名爲先，蓋名正則言順而事成也。有其名然後可以責其實，今名爲不相統臨，則其實亦從而廢矣。此皆臣愚之所疑也，伏望陛下察臣芻蕘之言，斷自聖意，更賜詳酌施行。

論添差員缺

臣伏見議者欲將已罷員缺復行差置，臣雖不盡知其説，然反復思之，未見其可。蓋聞古者爲官擇人，後世爲人擇官。夫爲人擇官，固非治世之事，未聞爲人而設官也。祖宗之時，建官不多而事無不舉。元豐改定官制，雖號爲文物大備，然在京職事官不盡除足。至紹聖間，六曹郎官猶通輪宿直，此可見也。河北、河東、陝西、二廣帥府官屬，不過主管機宜、幹當公事各一員，亦有無幹當公事者。至熙寧間，悉罷帥司幹當公事。既而永興軍帥臣辟置主管機宜，神宗皇帝以永興近裏又無邊事，其主管機宜亦罷。以祖宗全盛之天下，關中重鎮而于帥司一官之辟置，其重惜如此，固未嘗有後來所謂參議官及準備差遣、準備差使之類。其他帥府止帶本路鈐轄，又未嘗有屬官也。太祖平定天下，革藩鎮之弊，州郡始置通判。然小郡往往不置，未聞又有添差通判官。慶曆間，詔天下州郡立學，後始聞有教授。如四川五十餘州，其有教授者成都、梓、夔三郡而已。崇寧間，蔡京用事，恢崇學校，廣置師儒，以文飾太平，猶以郡小或應舉人少，則令二三州學者聚于一州。大觀四年，復詔所在學生不及五十人者不置教授。推此類言之，他可知矣。今自艱難以來，諸路皆置安撫使，有參議、有主管機宜、有幹辦公事、有準備差遣、有準備差使，一官或三四員。諸州添差通判，有至三員者。州郡生徒僅有二三十人，或全無一生徒者，而皆置教授。太上皇帝聖明更化，屢降詔旨，固已去其弊之太甚者。陛下即位以來，博訪利病，燭見幽隱，凡無用冗贅之官，皆經有司講究，見其決可罷，然後罷之，無不合于古義，當于人心。昔漢光武併官省職，十置其一，費減億計。唐憲宗用李吉甫爲相，省官八百員，省吏千四百員。中外之士蓋望陛下因今日之已行者，推而廣之，以幸天下如光武、憲宗之政。竊料聖意必將慮之以審，爲之以漸，有所待而後發，奈何又取已罷之冗員而復置之乎？今之州郡凡百，費用蓋十倍于承平之時，如宫觀、如嶽廟，皆無定員。如離軍使臣、如養老軍員、如歸正、如歸明、如審官，其所創置員缺，未易悉數，又有特添差者。以此耗蠹益廣，窘迫益甚，遠方州縣至有公行科斂于民，名爲養老、添差錢者。官吏又或憑藉其名，夤緣爲姦，無所不至。掊克如此，而官兵請給有三四月或半年不支者。今所罷無用冗贅之官，雖未能大有所益，譬如羸弊之人，負百斤之重，若省其十之一二，亦足以少寬其力。

至于如前所陳離軍、養老之類，此皆事之不得已而未能免者，又足以使天下之人知聖主矜恤之意未嘗不在斯民，特勢有所未行爾。若復以前此冗員布列州縣，則是得已而不已，殆非所以明陛下聖意于天下也。又況比年以來，凡諸軍冗濫，多所釐正，今于文臣則明知其爲冗濫而特與之，何以使人心服乎？豈不亦起僥倖之意乎？或以謂方今士之未有差遣者，多非如此不足以處之，此則臣所謂爲人設官者也。士之守待堂除與夫體例之當得堂除者，臣所不得知，然以事理度之，似非甚多。于非甚多之中，其有氣力勢援者，必多于孤寒之士，而才能績效所當必與者，又亦有數，何至以此之故而更革政令，增置員缺，欲人人而悦之乎？凡臣所陳，特其大略。竊謂已罷冗員無可復置之理，伏望聖慈特賜詳酌，指揮施行。取進止。

又

臣輒有危懇，上瀆天聽。臣比見議者欲將已罷員缺復行差置，曾具劄子奏論以爲無可復置之理。今來伏覩敕命，指揮諸路參議官昨罷員數竝復置，又指揮通州、無爲軍各復置教官一員，又指揮依白劄子所乞復諸州添差釐務、通判、簽判、教授、屬官等缺，以處待缺職事官者。伏念臣承乏吏部，識見偏謬，議論輕妄，今敕命已下，臣于官守之義，無所逃罪。見今居家待罪，不敢赴部任職。伏望聖慈察其愚惷，特賜絀責以明典憲，臣無任惶恐，俯伏俟命之至。取進止。

又

所有已罷冗員無可復置之理，臣前已具奏外，今來指揮止令添差一次，則是朝廷知其冗贅不可復置，特出權宜，不爲定制。然臣竊謂權宜之政，必甚不得已而後行。如近日離軍使臣、歸正、歸明官之類，蓋苟以廩禄周之而已。故官雖冗而未能罷，費雖多而未能省，非以設官分職爲當然也。今待缺職事官，豈亦有所甚不得已乎？內外庶官，自朝廷進擢委使之外，或堂除、或銓選、或辟置，必取其情願，惟有罪送吏部者，乃始直註。今待缺職事官，豈亦與有罪者比乎？臣頃因進對，伏見陛下以如何得士人崇尚節義爲歎。聖訓及此，實天下之福。臣竊謂士風厚薄，亦在上之所以奬進激厲之者何如。賈誼曰：「人主之待其臣如遇犬馬，彼將犬馬自爲也；如遇官徒，彼將官徒自爲也。」今所謂在京職事官者，蓋亦朝廷所嘗簡拔而稍異于其等夷者也。若謂其間有不足以當在京之選，則公行汰斥，明示好惡。舉錯既當，孰不心服？今乃不問如何，一切示以厭薄之意，處之以添差，强之以直註，使其有識見廉恥，其肯强顔俯首以就升斗之禄、苟旦暮之活乎？甚非所以待士而厲其節也。臣雖愚陋，不足以論天下士，姑以臣所知者言之。如除樞密院編修官朱熹，家貧母老，飦粥不給，今缺期既到，朝廷屢促其供職而躊躇不進，使其聞朝廷所以待士者如此，其敢來乎？又新除太學博士呂祖謙，未嘗有求于朝廷，止欲就吏部射缺，而朝廷以其試中宏詞，特除博士，今又可令直註諸州添差教授乎？臣所知者如此，其不知者宜不少矣。然而名爲在京職事官，而守待遠缺有至八九年者，此誠前所無有。臣嘗試令契勘，除學官多是選人，例皆遠缺，及司農、太府寺主簿，亦係遠缺外，其餘者二三年、近或不及一年。方元祐全盛之時，吏部京朝官以上皆使一年以上缺，而堂除人有待缺及一年以上者；今吏部京朝官使四年缺，若堂除亦以此爲差，其過此者不復差除。不過三五年，則今之所謂遠缺者，亦無有矣，自不必爲此紛更也。

文定集卷四

宋汪應辰撰

奏議

御劄問蜀中旱歉畫一回奏

臣準御前金字牌降到御寶實封劄子，伏蒙聖慈以問蜀中缺雨不甚，有妨秋成否？倘爲旱甚，當作如何救濟？令臣詳具聞奏，臣遵稟聖訓，謹具畫一如後。

一、成都府路軍，惟成都府九縣今歲大熟，其他雖豐歉不齊，互相乘除，亦可僅得中熟。惟是綿州旱甚，田苗不實。臣曾問權綿州李蘩何以爲計，李蘩云本州有常平米一萬石、錢一萬貫，若更以錢糴米，可以添助賑濟。伏乞睿照。

一、諸州通判係主管常平官，正是奉行荒政。若官不得人，雖有錢米，未必實惠及民。契勘綿州通判鄧權以丁父憂去官，本路轉運司先擬差右朝散大夫王會替鄧權，吏部尚未放行；但王會不甚曉事，嗜酒多病，難以倚仗。竊見左奉議郎王惇詩，詳練世務，勇于爲義。頃者蕭振爲四川制置使，王之望爲總領，惇詩皆在幕中，多所補益。又右通直郎、雲安軍使兼知雲安縣任忠臣，清介有守，吏事疏通。又右宣教郎知成都府雙流縣史松老，精力强敏，奉公守法。伏望聖慈于此三人内除一員，充綿州通判，填鄧權缺，必能舉職愛民，仰稱聖明寬恤之意。如或吏部已差王會，即乞將王會别與差遣。

一、臣伏見利路、劍州旱歉又甚于綿州，目今米價每石錢引十二三道，如武連縣已自絶市無米。臣嘗問劍州通判宇文紹奕本州利害，❶紹奕爲臣言蜀中諸州如利、閬、綿、梓等處屯駐軍馬，並從官中應付錢糧，惟是劍州軍馬總領所令本州自行和糴，夏秋兩料糧六萬八千餘石，馬料二萬六百餘石，係以人户家業錢均敷。總領所支到糴本米每石錢引六道，馬料每石三道，又更高折絹估，以目今時值計之，民間不得半價。至于搬運輸納之費，又在其外。況劍州夏秋正税不過米、麥二萬四百餘石，而和糴乃加數倍，如今年民間乏食，雖使有錢亦無從得米。其劍州近處地名水口，係通水路，頃年曾于水口置廒收支。今若選委官員，以糴本錢就豐熟去處收糴米斛，于水口貯積支遣，可以寬減民力，贍給軍糧，實爲兩便。臣竊謂州縣災傷，雖合納常賦，亦當減賦，豈可重賦之外，更此重困？若不及時拯救，民何以堪？臣已爲新除總領查籥詳言之，若查籥到司之後，必有措置，伏望聖慈更賜行下總領所相度施行。

一、契勘縣令職在字民，劍州梓潼縣號爲繁劇，其知縣右宣教郎任劭瞻視不明，心力短淺，職事曠廢。臣曾問通判宇文紹奕，如何本州都不理會？紹奕云，本州累曾申轉運司，乞依條以縣之繁簡、令之能否隨宜

---

❶ 「奕」，原作「弈」，今據文淵閣本改，下同。

對換，轉運司久未行下。臣竊謂以繁簡對換，雖古人所常行，法令具載，然其實不通。只如雖是小縣，事簡而知縣有能，則州郡與百姓皆欲其留。若度衆人所欲留者，而以不能之人代之，亦于人情不順，是以所在往往難行。伏望聖慈將任劭別與差遣，令本路監司公共舉辟廉平强敏之吏，充梓潼知縣一次，或于王惇詩等三人中差一員知梓潼縣事，亦乞自聖裁。

一、契勘成都府路水田多、山田少，又有渠堰灌溉。其潼川府路多是山田，又無灌溉之利，今來秋收微薄，米價漸貴，民已艱食，伏乞睿照。

一、夔路最爲荒瘠，號爲刀耕火種之地，雖遇豐歲，民間猶不免食草木根實，又非潼川府路之比。今歲旱歉，如夔州每常米價止是錢引五道左右，今已是十道以上。内梁山軍、廣安軍雖頗豐熟，又不通水路，止可贍給本軍，伏乞睿照。

一、契勘四川州縣曲折不一，但得米穀流通，價值平和，可以接濟，待得來歲麥熟，庶幾不爲甚害。而所在往往患于無錢，束手坐視，莫知爲計，欲望聖慈特賜詳酌，支降度牒五六百道，委付官司出賣。于豐熟去處收糴米斛，卻量度多少；于荒歉州縣出糶，拘收價錢，聽候朝廷指揮發納。如此則既得米斛，可以平物價、濟民食，又爲朝廷變轉得度牒價錢。官無所損，民被其惠，實爲利便。緣若降度牒到得四川，已是三四月之後，不能及事，今來所請，如蒙施行，乞指揮于急遞中先次行下照會，即所委官司可以且將其他官錢支用，趁時收糴。

一、諸州常平司錢米，往往州縣缺乏，那移借兑，雖官司點檢，符移取會，止是文具，皆非實在之數。今欲分委曉事官員，體訪攷覆，取具的實見在之數，以備賑濟，伏乞睿照。

一、臣竊以州縣之事全在官得其人。其間有盡心職事，惠利及民者，爲朝廷所知，則益自勉勵，其餘亦皆向慕。所謂有功而見知則悦，舉善而教不能則勸也。臣竊見知果州趙不拙遇事不苟，見義必爲。到官承水旱之後，竭力撫字，發倉廩以賑之，作糜粥以會之，治療其疾病，收瘞其死亡。每事親臨，各有條理，在今日州縣中，未易多得。竊恐聖慈所欲知者，伏乞睿照。

一、臣今來所條具，止是以見聞所及先次具奏，若别有合行事件，臣當接續奏稟，伏乞睿照。右謹具如前，取進止。十月十三日奉聖旨，令户部于見拘收諸路未賣度牒内，給降四百道付汪應辰，專充糴本，措置賑濟，不得别將他用，餘依議。

再奏蜀旱歉

臣先準御前實封劄子，以蜀中缺雨，倘爲旱甚，當作如何賑濟？令臣詳具聞奏者。臣除已遵稟條具外，今有續次合奏聞事件，謹具畫一如後。

一、成都府路惟綿州旱歉最甚，臣前已具奏外，今得總領查籥書，云綿州屯駐將兵，歲支米五萬餘石，係總領所支錢，就本州糴買應付。今歲諸縣荒旱，自八月至今，絶無新米上市，官司雖追集牙人及賣米舖户多支本錢，勒令承買，例皆無米可賣。往往請錢而去，即便走竄，上下皇皇，無以爲計。今來總領所措置召募土豪自糴綿州米五萬石，更不于民間收糴，伏乞睿照。

一、利路惟劍州今歲旱歉最甚，臣前已具奏外，今得總領查籥書，云欲蠲免本州今年民間科糴一料。又得利路轉運判官王璠書，云已差官檢踏本州災傷，俟見合減放數目，即依條施行，伏乞睿照。所有劍州科糴曲折，臣前已詳悉具奏，今來更不再瀆聖聽。

右臣竊以綿、劍兩州若免得糴買軍糧，又依條減放災傷税租，將來更出糴常平米，可以接濟到麥熟，庶幾不爲甚害。臣又契勘得總領所累年敗壞之後，目今軍糧缺乏，若以常人處之，但應急取辦，豈暇恤民？而查籥尚未到司，乃能于此時隨事措置，救濟百姓，其處心行事，實爲過人。臣不敢不具奏知，取進止。臣竊以唐劉晏理財以養民爲先，今如查籥所爲亦使遠方監司、守令皆知聖意所在，有所勸慕。十一月十一日，三省同奉聖旨，查籥令學士院降詔奬諭。

第三次奏賑濟旱歉

臣準尚書省劄子，伏蒙給降度牒四百道，付臣專充糴本，措置賑濟，不得别將他用者。仰惟陛下軫念困窮，俯燭幽隱，惻怛之誠，特達之惠，遠方百姓無不感戴聖恩。臣猥以疎拙，獲奉詔旨，敢不罄竭，以仰稱德意萬一？緣度牒未到，已先兑那别色官錢，逐急收糴，斟量緩急，隨宜賑濟。所有體訪到諸州豐歉，米價低昂，及常平義倉見在米斛，已别狀奏聞外，目今諸處米價稍定，麥苗甚茂，氣候頗蚤，不過來春之末便有新麥，庶幾可以接濟。竊恐聖慈欲知，謹具奏聞，伏乞睿照。取進止。

御劄再問蜀中旱歉

臣準御前金字牌降到御寶實封劄子，伏蒙宣示蜀中今夏缺雨，未知秋成之後，即今歲事何如？民間不知艱食否？可具奏來者。契勘臣先準御劄，以蜀中倘爲旱甚，當作如何救濟，令臣詳具奏；續準尚書省劄子，三省同奉聖旨，給降度牒四百道，付臣專充糴本，措置賑濟，不得別將他用。臣凡三次具奏所有蜀中豐歉，米價低昂，及所以救濟之策，伏計悉已仰徹天聽。今契勘得旱歉州軍：成都府路則綿州、漢州、石泉軍，利路則劍州，潼川府路則渠州、果州、合州、廣安軍，其餘雖分數不等，未爲甚害。所有災傷去處已不住移文所屬，及時賑濟，務令實惠及民。雖據申到，竊恐其間曲折或尚有未盡，臣已選差成都府通判何耕往綿州、漢州、石泉軍，制置司幹辦公事程价往劍州，制置司準備差使謝中往渠州、果州、合州、廣安軍，令逐一體訪饑民數目，仍與各州軍守貳相度措置。內有缺乏錢米去處，即從制置司支撥應付，今畫一條具如後。

一、臣契勘綿州申到本府及外縣共管義倉米三萬七百餘石，前此以守臣未到，制置司選差隆州簽判李蘩權州事。李蘩自去年十月即行賑濟，抄劄到缺食人四萬五千九百餘口，既減價糴米，其老疾貧乏不能自存者，支與食米，無衣者給以紙襖。案紙，原本訛紙。今據《説文》「紙，絲滓也。從系，氏聲」改正。至十二月初十日，知州白麟到任，制置司復令李蘩通判綿州，勸誘富民，或糴米，或造飯，皆官爲主之。目今請飯者日二千九百八十九人，疾病者給藥醫治，死亡者差僧持課收瘞。李蘩又遍往諸縣，檢察措置，尤更詳悉。外縣乏米者，從本州搬運應付，委是得以均濟所有。總領查籥召募土豪自糴綿州軍糧，臣前已具奏外，總領所近又將綿州合支移，劍州税米與免支移，仍更不理納地理脚錢；又將先所兑糴綿州義倉米一萬石，依舊撥與本州通融賑濟；又將乾道四年正月、二月、三月每月合起糴本錢一萬一千四百餘道，令每月止先起一半。凡此數事，于州郡及民間實爲利便。

一、漢州及外縣共管義倉米五萬五千餘石，知州劉儀鳳竭力賑濟，與臣書云，凡事皆親自檢點，纖毫不容作弊。除減價糶米外，其造飯所給城中日計六千餘人，德陽縣三千五百六十一人，什邡縣六千二十四人，綿竹縣一萬三千三百九十人。又有鄉、村、鎮、市去縣稍遠者，分委土人，就近賑給。本州既令各縣截用合納税米，又以車乘載米分往諸縣，蓋漢州義倉米數目比他郡最多。又有富民相勸，率出米者，委是可以足用。

一、石泉軍三縣内，神泉、龍安兩縣不熟，共抄劄貧民二千九百二十人，日逐以義倉斛斗賑濟。

一、劍州舊以軍糧米于民户科糴，總領查籥自行措置，非惟民間免得科糴，又留得米斛在劍州境内。先據劍州申，赤米每石計錢引十一道半，緣住罷科糴之後，物價漸減，今赤米每石止計七八道左右。此可見其效矣。又宣撫司委官將梓潼、陰平兩縣災傷去處，每縣約三千户，每户三口，每口給米一升。又以米、麥、粟、豆共五千石應付劍州出糶。又本路轉運司據兩縣人户陳訴災傷，凡一千四百五十三狀，將上件人户合納秋税並行除放。所有除放過米斛，卻自轉運司措置收糴，應付支遣。又兩縣有每年依額合解赴轉運司省計錢物，亦權住催理。又宣撫司將兩縣上三等人户餘欠税，候麥熟日帶納，并四等、五等人户秋税權住催理。又制置司已將糴到米五千石從眉州水路搬載前去劍州，令專充賑濟支用。

一、果州連歲不熟，知州趙不拙到任之初，止有省庫錢引一百六道，倉米三千一石六斗，而趙不拙檢察欺弊，撙約冗費，于窘乏中措置賑濟，皆有條理。又積得錢引二萬道，收糴米斛以備緩急。此一州可以無慮。

一、廣安軍每歲缺軍糧米九千三百餘石，自來于管下三縣科人户隨税中賣。其在市米價，每石錢引五道左右，官中止支兩道，又每一石四斗方量得一石。制置司已行下本軍，日下住罷科糴，出榜曉示人户。仍牒本路轉運司從實計算，應付支遣，庶幾寬省民力。近又得本軍簽判李若愚書，以爲勸誘賑濟，不可以威令驅迫，不可以産業之簿書爲虚實，不可令飢民專聚于一處，不可使胥徒預其事。見今專委鄉里忠信之士，自知軍簽判，躬率在城，倚郭僚屬，各助錢糧；而鄉官亦以風誼敦勸大家、巨室不拘等第，止據見在物力，隨其高下，出備濟助。若是佃客，則使田主自給之餘，各歸其附近屯長。尋據本軍節次申到賑濟次第，臣亦令所差委官齎錢就廣安軍、渠州、合州糴米應付支用。緣目今各處米價較之常年不甚增長，渠、合州亦不缺米，但有錢收糴，即可濟用。

一、臣竊以《周官》：荒政，曰緩刑，曰除盗賊。蓋刑雖當緩，而除盗賊則在所急也。制置司先訪聞廣安軍、渠江縣界有强盗結黨，肆行刦掠，巡捕官司往往與爲表裏，又有形勢家爲之囊橐者。昨來果州捕得兩火賊人，已行斷配，其餘黨尚復出没，遂具人數、姓名，行下廣安軍，委知軍措置。續據申已捉到正賊七名，其餘見不住收捕，聞日來盗賊亦頗戢斂。

一、遂寧府民間雖稍缺食，不如他處之甚。臣得知府張震書，云在城及外縣抄劄到貧乏不能自存之人約二千名，或請米，或請飯，各隨其所欲去。冬差官齎錢于恭、瀘等州收糴，可接續糶賣以平價。

一、臣得夔路檢法官李德修書，云夔路秋收大約不均，總之可及五分，粟、豆可及七分。諸州米價每石止錢引五道上下，緣荆湖歲稔，米船多上至歸州、夔州，亦是一助。又云恭州飢民已近四百人，鄉村竊盜頗衆，制置司已行下委恭州通判趙汝明措置賑濟。

一、綿、劍州諸縣多有流民將幼小男女遺棄道路，緣力弱道遠，不能到州縣請領米飯。臣已備條行下綿、劍州措置收養賑濟，務在存活。仍牒四路提舉常平司疾速依條施行去訖。

一、四川田土無不種麥，今歲氣候頗早，大麥約三月半間收穫，小麥須至四月初間方熟。

一、先準尚書省劄子，備奉聖旨指揮，降支度牒四百道專充糴本，不得他用。緣度牒未到，諸州災傷遇有缺乏，臣即以制置司錢米逐急應付，他日更不于度牒錢内除破，庶幾可以存留，專充糴本，爲異時緩急之備。

右謹具如前，取進止。臣今來所奏，其間有與前奏不同者，緣州縣事宜逐時不一，又有續次體訪取會方見的實者。其賑濟飢民，止是各州截月終申到人數，此後又須別有增減，伏乞睿照。

謝御札

臣伏蒙聖慈，頒賜宸翰，以蜀中秋成如何？民間不至艱食否？仰惟陛下軫恤百姓，而以困窮爲先；照臨四方，而以遠外爲重。至誠惻怛，咨詢下逮，雖文王視民如傷，武王不泄邇、不忘遠，何以加此！臣以愚拙，蒙被使令，敢不夙夜罄竭，仰稱德意萬一？所有災傷州縣及措置賑濟次第，已別具劄子奏聞外，伏乞睿照。

又

臣伏蒙聖慈，俯賜宸翰，以蜀中旱歉令臣條具所以救濟者，臣除以別具劄子奏禀外，仰惟陛下端居九重之中，明見萬里之外，至誠惻怛，咨詢下逮，堯舜用心何以加此！臣得于此時，躬奉聖訓，布宣德意，竊不勝欣忭戰栗之至！

奉手詔奏邊事

臣伏讀手詔，陛下將親屈帝尊以勞六軍，中外臣子孰不感憤思奮，有敵愾雪恥之志！臣竊觀敵人雖以大舉爲詞，然如襄陽、川陝，不過欲擾我邊民，分我兵力，以僥倖萬一而已。自西和州相繼獲捷，敵即引遁。雖詭計或不可知，然其大勢可見矣。今者蜀中人情皆復安帖，伏恐聖慈欲知，謹具奏禀。取進止。

奏邊事

臣契勘近日累據沿邊申報探到北界事宜，皆云敵騎已去至平陽府，尋卻截住，復回陝西。目今積聚糧草，修蓋廒舍，聲言欲七八月間用兵。臣竊料之，蓋緣地界未定。一則敵人未測朝廷之意，勢須自作隄備；二則欲揚此聲勢，指望朝廷蚤降處分。其情不過如此。愚慮所及，不敢不具奏禀。取進止。

乞蚤差興元帥臣

臣契勘興元府，見缺帥臣，竊以興元都會，地望雄重，節制軍馬，鎮撫中外，邊防事宜，利害非一。而蜀道僻遠，奏報往復，動輒三四月。伏望陛下出自聖意，蚤賜選擇老成詳練、忠義謀略之臣，付以方面，庶幾上流增重，根本强固。臣苟有所見，不敢不具奏稟。取進止。

奏已分地界

臣契勘敵人先以地界未定，屯兵聚糧，外示聲勢。臣近準三省、樞密院劄子，備奉四月一日聖旨指揮，令四川宣撫制置司行下所屬，照應舊界施行，不得差錯。臣已遵稟行下外，候諸處申到，即時照應施行。竊聞金人師旅疲敝，皆欲休息，今來地界既定，必自引退。伏恐聖慈欲知，謹具奏稟。取進止。

文定集卷五

宋汪應辰撰

奏議

論薦舉攷限疏

臣契勘四川制置使司先舉指揮，選人磨勘改官，許從本司出給公據，申吏部施行。伏見紹興三十二年十月九日指揮，應在外合舉改官親民任使者，以每歲合舉員數，將一半舉已關陞或實歷三攷以上人，餘一半舉自歷任以來通及六攷以上人。如違令來攷限，舉官與被舉之人並行罷黜，雖去官勿原。又隆興元年三月初四日指揮改六攷作五攷者，竊想指揮之意，蓋恐初官未及三攷而夤緣請託多爲之備，收留舉狀以待異日磨勘，非獨長奔競之風，亦以妨寒畯之路，故立此條約以爲限格。然而其文有煩複而難明，其法有拘硋而難遵。選人于法，必實歷三攷或四攷，方得關陞。固有三攷以上而未關陞者，未有已關陞而非三攷也。然則謂之舉三攷以上人足矣，不必更云已關陞也。此臣所謂煩複者也。且薦舉之法，將以取人才、攷政績，非苟以充數而已。今且以一郡論之。假令郡守歲合舉二人，而偶無實歷五攷以上人可以應格者，則將至于闕而不舉矣。又如有三人焉，其二則三攷以上而其人材、政績皆當舉也，其一則五攷以上而其人材、政績爲不當舉也，則或將捨其所當舉而取其所不當舉以就一半之數矣。此臣所謂拘碍者也。伏望聖慈特降指揮，應在外合舉改官親民任使者，舉實歷三攷以上人，更不必以已關陞及五攷以上爲拘。如此則文理明白，簡而易從。既可以革去初官奔競之弊，而又不失所以取人才、攷吏績之本意。臣竊見祖宗之時，諸路使者薦所部吏未有限數，在京臺閣及常參官皆任知州、通判者，雖非所部吏皆得薦，其法至寬也。然而選人引見則有特旨，京官改轉則有定員，是以薦舉雖多而官不冗也。今法益密矣，而來者無窮。陛下攷祖宗之制，酌時世之宜，而有所損益焉。臣輒因職事所及而極言之，不勝惶恐俟罪之至。取進止。

論罷户長改差甲頭疏

臣竊以祖宗法令至于今日，嚴密詳備，所宜奉承遵守而勿失者也。比年以來，官吏推行，或非其人，至于事失其宜，民受其弊。議者不察其故，而往往歸咎于法，偏見率意，出奇立異，輕議改作，苟以求售其説，而不究法之本末，不顧民之利病，紛更紊亂，非徒無益，而又害之者，蓋不少矣。如近日臣寮有請欲罷催税户長改差甲頭，此但見户長之害而不思有以救之，不知所以害民者在人不在法也。民有産業則有常職，今免役條令每二百五十家差户長二名，以催理民所當納之賦，何復難者？然而户長不堪其役，而或至于破産者，豈有他哉？蓋物力有厚薄，役次有久近，使縣令親閲簿書，依公點差，則民自無詞。今胥吏舞弄作弊，至有差一户長至于四五而不定者，此其害一也。税租自有期限，追集比校，拘留勘罰，其害二也。官物已納而不即銷簿，往往重疊劃欠，其害三也。攬納人類多與公吏相表裏，亦有公吏自爲之者，攬而不納，反以殃及户長，其害四也。逃亡户絶，不復倚閣，而使户長代納，其害五也。形勢之户，稽慢苟免，官司不敢誰何，而惟責辦于户長，其害六也。不能檢察姦偷，撙節冗濫，而財賦失陷，用度空乏，則豫借税租，有併催兩科者，其害七也。此七者，特其大概耳。其他煩擾侵刻，豈易悉數！使縣令得人，則爲户長者無此害矣。苟非其人，則雖易置甲頭，而所以害民者，固自若也。大抵胥吏常態，利于生事以擾民，使其循常守舊，則無以濟其姦貪矣。故每朝廷政令之下，則竝緣假託，疑惑上下，肆爲不靖，名曰奉行，其實違戾。如臣僚所乞以甲頭催税一事，户部勘當下轉運、提舉司從長相度，如經久可行，即申請施行。蓋省部之意，本欲博盡中外異同之議，而審定其當，非便以爲可行也。而潼川府中江縣遂差甲頭八百六十二人，又以點追不到，決杖罪者四百餘人，支散甲帖，其納錢皆有定數。又懷安軍金堂縣差甲頭七百人，五日一次比校，則是此七百户者，奔走道路無虚日也。其行移曉示，皆以被奉朝旨爲詞。制置司因人户論訴，已行下住罷，令聽候朝廷指揮，仍牒四路轉運、提舉司照會外，臣竊以户長之法無可更易，伏望聖慈明降指揮，令州縣竝依見行條法施行，勿復他議。仰惟陛下軫念百姓，而于監司、郡守尤所加意，延見質問，攷察進退，此實致治之本也。監司得人則屬郡治矣，郡守得人則屬縣治矣。至于獻言之人，動欲改立法令，其紛紜而無益者，可以斷自聖意，置而勿問。真宗皇帝時，李沆爲相，嘗謂在相位無功可紀，惟中外所陳利害一切報罷之，以此少報國爾。朝廷防制，纖悉備具，或因所陳請施行一事，即所傷多矣。臣竊原沆之意，固非盡棄羣議也，蓋變更法令，古人所重，利未必興，害已先見，駸駸不已，流弊益甚，所以杜絶其漸，識慮遠矣。若其通達國體、切于世務者，又豈可一概論哉！臣敢因事而極言之，不勝戰栗之至。取進止。奉聖旨依奏，令户部行下，諸路依此。

論愛民六事疏❶原註乾道五年。

臣竊以自昔人君大有爲于天下，雖酬酢事變，不一而足，然皆以畏天愛民爲本。蓋「天視自我民視，天聽自我民聽」，愛民乃所以畏天也。未有不得乎天而可以成天下之務，亦未有不得乎民而能得乎天也。

自王者之迹熄，戰國之君務相傾奪，于是孫、吴之戰伐，儀、秦之縱横，申、韓之刑名法術，紛起更進，天下爲之騷然不寧。孟子于此時，獨力持仁義之説以救民濟世。齊，大國也。宣王，一時賢君也。宣王欲闢土地，朝秦楚，莅中國，撫四夷，其志亦大矣。孟子乃曰：「以若所爲求若所欲，盡心力爲之，後必有災。」其所以告宣王者，則在于反其本、養其民而已。夫以天下並争，詐謀奇計之所不能下，長戟勁弩之所不能克，區區養民之説，不幾于拱揖而救焚乎？故當時例以孟子爲迂闊，而莫之用。言既不用則亦莫見其效驗然。而後之能一天下者，漢高祖、光武也。高祖所任者蕭何，何之言曰：「願大王王漢中，養其民以致賢人，還定三秦，天下可圖也。」光武所任者鄧禹，禹之言曰：「方今人思明君，如赤子之慕慈母。古之興者，在德厚薄，不以地大小。」蕭何、鄧禹之言，即孟子之言也。世但見高祖、光武征伐四克，而不知其得天人之心，蓋在此而不在彼也。恭惟陛下宏規遠畫，將以紹復大業，底綏四方，而于愛養斯民尤致意焉。發于詞令，見于政

❶ 此文又見於夏本卷三，題作「論愛民六事劄子」。

事，勤勤懇懇，無所不用其至，固已合乎天矣。臣輒不自揆，思所以將順聖德之萬一者。其一曰：陛下雖有愛民之誠，而良法美意推而行之者，則在監司、郡守。今之監司、郡守多不實選，是以民未必皆被其澤。願陛下精擇其人，久任其職，攷覈其課而進退之。其二曰：獻言進計之人，類多捨循常而好紛更。蓋循常之功未必有可見之迹、可喜之事，而紛更之説，聽其言則美，施于事則悖。民受其弊，當在于此。❶故昔人謂：❷「康濟小民，率自中，❸詳乃視聽，罔以側言改厥度也。」其三曰：榷貨之利，今數倍于前代，❹州縣或科斂以取辦，雖未能蠲減，不宜有所增加，以重困民力。其四曰：州縣費用比承平時不翅十倍，豈復更有羡餘？貪猾之吏往往刻剥進獻，頃雖禁止，未能盡革，自今有犯令者，陛下必行絀罰，❺以明示好惡。其五曰：收糴糧儲、繕修器械之類，諸所費用，悉宜計其實直，給降本錢，無使州縣于百姓重賦之外，復有此等賠累，❻或更竝緣肆爲奸利。其六曰：民竭其財力以養兵矣，而又欲以民爲兵，恐其不足以禦盗，而適以爲盗也。今雖以籍定，若免其教閲，而約束州縣毋或非時追集，違法率斂，庶幾疲瘵之民得以安業。凡臣所陳，

❶「當」，夏本作「常」。
❷「謂」上，夏本有「以」字。
❸「率」上，夏本有「以」字。
❹「今」下，夏本有「皆」字。
❺「必」下，夏本有「出」字。
❻「賠累」，夏本作「陪賍」。

皆繫斯民之休戚爲甚切。臣之見聞、思慮所不及者，蓋亦不少。惟陛下特留聖念，使士之誠實之言，民之疾苦之狀，皆得畢陳于前，次第而施行之，❶以固邦本，以承天意。天人協應，相與爲一，則爲之而成，動之而功，將無不可者矣。取進止。

論欽宗配饗功臣疏

臣準尚書省劄子「太常寺官劄子：『欽宗皇帝廟庭配饗臣僚尚虚其位，當時官僚罕可稱述，而以身徇國，名節暴著者，迺有其人。雖其生前官品不應配饗之科，然事變非常，難拘定制，因循九載，宜以時定。欲望敷奏，特降明詔，令侍從、臺諫集議以聞。』三省同奉聖旨依」者。臣謹按《周禮・司勳》，凡有功者銘書于王之太常，祭于大烝。蓋以其有功，特褒異之，以示勸也。本朝一祖七宗，皆以宰輔配饗，名實俱稱，人無間言。恭惟欽宗皇帝，遭時艱難，其所圖任共政之臣，皆未有能稱其任者。非常之變，自古所無。今若欲應故事，苟令備數，必無以厭愜公論，上非所以尊宗廟，下非所以勸有功，誠如太常寺官所言也。至于當時死事之臣，前後非一，建炎以後皆已次第褒贈。今若欲令配饗欽廟，既典故所無，萬一創行之，又當攷究本末，差次輕重，有所取舍，尤不可以輕易。昔唐文宗、武宗、宣宗皆無配饗功臣，蓋配饗之意主于勸功，司勳掌之而名曰功臣，其意可見，非宗廟之禮必待此而後備也。伏見本朝建閣立名，以寶藏御集，獨太祖、英宗兩朝，既

❶「施」，夏本作「罷」。

無御集，閣亦不建。蓋雖崇奉祖宗，然必審其實，必當于理，不虚尚文飾以强塞人情而已。臣竊謂欽宗配饗功臣，無其人則當闕之。既合于《周禮·司勳》之義，又有唐故事，又有本朝建閣體例。如臣言允當，伏乞聖慈特降指揮，今更不議。取進止。

貼黄：臣伏見治平二年詔議濮安懿王典禮，元祐八年詔議郊祀，尋皆有指揮罷議。蓋或議或罷，惟其事之可否而已。伏乞睿照。

論金使名犯真宗舊諱疏❶

臣伏見金國所遣賀正旦副使，其名兩字係真宗皇帝藩邸舊名，竊謂合説諭令其回互，或兩字中止稱一字，仍移文對境照會。今若置而不問，萬一後來或犯宗廟正諱，愈更難處，不若防微杜漸于今日也。取進止。

貼黄：契勘金人所遣正使，其姓係犯欽宗皇帝嫌名，非正名之比。伏乞睿照。

同諸司請定寺觀納糶剩錢期限疏

臣等今相度上件糶剩錢，元降指揮係于次年上半年内起發。昨來諸州措置不一，或趁秋成起催，則有

❶ 此文又見於《永樂大典》卷一〇八七六，題作「虜使名犯真□舊諱劄」。

穀價正賤，輸過其數之費；或令四季分納，則有期會迫促，非時舉貸之患。蓋緣八州地利，所種早晚不同，寺觀大小，事力亦異，互有利害，難以概行。然必俟次年催理，則其間或以蕩爲他用，責之于無，反致勞擾。今欲乞令八州並自秋苗初限日起催，各隨土俗所宜接續送納，至次年上半年内取足。或有情願自于秋苗前者，亦聽從便，官司不得立限期。其自來係納本色米，或折價去處，皆依舊例，庶幾少寬寺觀之力，州縣亦不至闕誤。

論勘合錢比舊增重疏 原註 同兩運使奏。

右臣等仰惟陛下力行仁政，勤恤民隱，凡中外議論有以便安元元者，未嘗不嘉納聽從，此堯舜之心也。然而事有曲折，理有疑似，而利害頓殊，名實相反者，陛下雖有仁心、仁聞，非特民不被澤而愈更受害，此爲人臣者宜思所以將順聖德之美而不可以苟已也。伏見乾道二年九月二十四日聖旨「依臣寮所奏，『諸路州縣受納人户二税等，每鈔收勘合朱墨錢三十文，今欲每貫、石、匹、兩以上，隨數收勘合朱墨錢，比舊卻減作二十文。其下户錢不成百，米麥不成斗，紬絹不成尺，絲綿不及兩者，並免收納，庶得優潤下户』。已付户部施行」者。

竊以議者之説，以昔之取于民者三十，今減爲二十；昔之畸零，今盡除之。此利謂損利以予民，宜陛下之樂從也。而其實則大不然者。昔之三十，蓋以鈔計，今減爲二十，乃以貫、石、匹、兩計。且以錢論之，或十貫，或百貫，均是一鈔，昔日不過納錢三十而已，今則十貫則當納二百矣，百貫則當納二貫矣。參差不齊，絶長補短，總而計之，則其所多取之數，蓋有數十百倍而不翅者矣。謹按人户輸納官物，以錢陌取之者曰「頭子錢」，以鈔旁取之者曰「勘合錢」，此乃兩事也。頭子錢本起于除陌錢，蓋唐五代不得已之政。本朝因循，未能盡革，然舊法止于一十三錢，至紹興十一年增至四十三錢，乾道元年十月又增一十三錢。是頭子錢昔之十三者，今爲五十六錢矣。所謂勘合錢者，初因宣和間講議司措置，令人户從便寫鈔旁，輸納官庫，謂之合同印記錢，前此所未有也。至紹興四年，以軍興用度隨宜措置，改作勘合錢，令人户輸納税賦，將寫到文鈔每副收納勘合錢三十文。以此觀之，是頭子錢因貫陌而除，勘合錢因鈔旁而出。其制名之意，各自不同。今乃不究事因，一例增取，則併頭子、勘合之數，每貫爲七十六錢矣。頭子錢固已重矣，又舉勘合錢而增之，是一之爲甚而再焉者也。以鈔旁取之，而又計其貫陌，是名不正而言不順也。以減賦爲名，而其實增之，是以白爲黑也。取之以數十百倍之多，而于不成斗百尺兩者蠲之，謂之優潤，是放飯流歠而問無齒決也。而小民無知，藉藉嗟怨，但謂有司利于掊斂而以虚名欺之，豈復知陛下聖意所在？齊宣王以羊易牛，孟子曰：「是心足以王矣。百姓皆以王爲愛也，臣固知王之不忍也。」又曰：「王無異於百姓之以王爲愛也。以小易大，彼烏知之？」蓋百姓所見者，特其外之迹爾，宜其知之淺也。夫以蜀最僻遠，而陛下垂意加惠，無所不用其至，折估糴本之虚額則屢詔除放，白契税錢之積欠則一切蠲免，豈有他哉，凡以愛民而已。惟是建言之臣，失于詳審，使百姓有以輕議有司，甚非陛下愛民之意。漢文帝除肉刑，外有輕刑之名而内實殺人，其後更定律令，民乃得全活。天下之事，固有以善爲之而失其本指者，自昔聖賢所不能免。惟知其非而改之，不俟終日，則德意明白，民志自定矣。或恐議者謂勘合錢所取微細，未足以厲民。臣等以爲，軍興以來，百姓賦斂十倍于昔日，刻剥朘削至此極矣。譬如羸弱之人，負百斤之物，間關遠塗，不得休息，若減其一二，猶可少蘇；或稍增之，則輾轉疲乏，必斃踣而後已。一綫之溜，久而穿石；存亡危急，間不容髮，未可以爲無傷而弗去也。凡百姓疾苦，陛下固已盡知之，而臣等猶反復言之者，誠不勝惓惓之義，伏望聖慈俯賜詳酌，特降指揮，其勘合錢令依舊法施行，中外幸甚。

論左藏南庫疏

臣伏蒙聖慈，親賜手筆，令臣子細開具激賞庫見在錢物及諸處每歲供納數目奏來者。臣竊以自置激賞庫以來二十有七年，其間增損不一，費用亦異，今且開具紹興三十一年見在及所入之數，可以見其大概者。唐宰相李德裕奏請置備邊庫，歲入泉帛，皆有名數，以度支郎中判之。本朝更定官制，户部侍郎二人，分判左右曹，而右曹實主封樁。議者雖或以爲疑，然終不能易也。兵興以來，費用百出，封樁錢物其僅存者無幾，于是户部侍郎不復分職而治，其勢然也。陛下比詔有司以御前激賞庫歸户部，又詔以左藏南庫爲名，遇有軍期，方得支用，所以示天子不私其財，與夫備豫不虞之意。祖宗之制雖未可復，而唐之備邊亦不過如是而已。竊見近歲，如出賣官田、官告、度牒及進奉銀絹，雖皆已樁管，亦合撥入南庫，以見其爲有司存。遇有缺乏及緩急之費，須奏請得旨，然後可支。欲望指揮，更賜詳酌施行。

文定集卷六

宋汪應辰撰

狀　劄

除敷文閣待制舉朱熹自代狀❶

準令諸侍從官受訖，三日内舉官一員自代者。

右臣伏覩左迪功郎、監潭州南嶽廟朱熹，志尚宏遠，學識純正，不守章句而以自得爲本，不事華藻而以躬行爲用，尊其所聞，充養益厚，舉以代臣，實允公議。

授端明殿學士舉查籥自代狀

右臣伏覩某官查籥，稽古之學，可施于今，應變之才，皆適于義。奉使入蜀，跋涉七年，隨事便民，爲國

❶ 此文又見於夏本卷三，題下有「隆興元年」四字小注。

固本。使在要近，裨益必多，臣所不如，舉以自代。

薦尤袤劄子

臣竊以人才之難，自古所嘆，爲國家者，所當博訪詳試，以見其可用之實，則下無遺才，而人皆得效其所長，以協濟天下之務矣。伏見左從事郎、江陰軍軍學教授尤袤，學問該洽，富于文詞，議論詳明，通于世務，隨牒州縣，久安下僚。臣比者誤蒙恩除，法當舉代，輒以其姓名仰塞詔旨。又前此蔣芾、陳之茂、胡沂皆嘗舉袤自代，蓋公論所與，非獨臣知之也。而袤貌既不揚，性復静退，故久之未爲時用。臣謂貌非所以取人，而静退之士尤當獎進。區區報恩之誠，不能自已，伏望聖慈特賜詳察。取進止。

薦聞人阜民狀

臣伏見左迪功郎、福州州學教授聞人阜民，學博而知要，氣和而有守。福唐學校最盛，每春秋補試，常不下六七千人。奔競請謁，習以成風，是非毁譽，無所不有。而阜民持身謹嚴，守法堅確，人既不敢干以私，久之亦無間言也。士之癃老者安存之，敏秀者誘進之，偏長片善，必加獎厲，人自愛重，益勸于學。

薦鄭樵狀

臣聞舜之所以爲大聖者，以其聞一善言，見一善行，若決江河，沛然莫之能禦也。恭惟陛下與人爲善，如舜之德，凡爲臣子者，宜仰體聖意，有所見聞，皆以獻之于上。況臣蒙恩特厚，尤不宜以疎遠自外。伏見福州寄居鄭樵，自少篤學，無他嗜好，年踰七十，稱道不倦。所著《六書本義》，明古人制字之意，皆有證援，疑者闕之，不爲彊説，足以辨近世儒者私意穿鑿之失。又有《詩傳》，其攷究精密，多先儒所未悟，推測經旨，簡易明白。伏望聖慈，令福州取索繕寫投進，庶幾一經聖鑒，必有取焉，亦足以慰其記事纂言之勤。

薦于輗治狀

準都進奏院報，敕勘會累降指揮，令監司守臣保明知縣、縣令治狀顯著者，具名奏聞。九月二十四日，三省同奉聖旨，令吏部行下諸路監司，于部内各舉三兩人，不許連銜，守臣于屬邑各舉一二人，具姓名保明，令中書門下省籍記姓名，取旨甄擢者。右臣伏見左奉議郎、知成都府華陽縣、主管學事、勸農公事于輗，操心公正，遇事敏明。縣係倚郭，當紛華繁劇之會，姦猾出没，訟牒紛紜，蠹弊最多，紀綱難立。本官疏通無蔽，健決有守，吏畏民安，政平訟理，委是治狀顯著。臣保明詣實，謹録奏聞。

薦何耕充文章典雅科狀

檢準紹興二十六年五月四日敕節文，依臣寮所請，以六科薦舉，内文章典雅科，可備制誥；節操公正科，可備臺諫；法理該通科，可備刑讞；節用愛民科，可備理財；剛方愷悌、勞績著聞科，可備監司、郡守；知幾識變、智勇絶倫科，可備將帥。應文臣職事官，自觀文殿大學士至待制，並見任將帥，每歲須得于科内舉三人。右臣伏覩左承議郎、充成都府路轉運司幹辦公事何耕，富于學殖，蚤以文鳴，筆力敏贍，詞理精確，堪充文章典雅科。如蒙朝廷擢用，後不如所舉，及犯正入己贓，臣甘伏朝典不辭。今來所舉何耕係第一員，謹録奏聞。

薦蜀中人才劄子

臣近者上殿，伏蒙聖慈問及蜀中郡守。竊以比年朝廷所差監司、郡守，類皆出于選擇，雖非全才，要亦須有一長可取。而又明示好惡，公行黜陟，中人以下亦皆知所勉勵。惟是遠方人才沈伏下寮，無以自達于上。臣苟有所知，不敢隱默。伏見左朝散郎、通判眉州樊漢廣居家孝友，當官廉勤，可以爲奉法循理之吏。左承議郎、通判劍州宇文紹奕好古博雅，敏于吏事。頃四川總領所蠲除劍州和糴，以寬民力，實自紹奕發之。既而民間缺食，紹奕親至外縣，徧行山谷，隨事措置，皆有條理。右奉議郎、新通判成都府程价明敏彊濟，可以撥治繁劇，撫養凋瘵。左奉議郎、辟差充四州總領所主管文字于䩄材力優裕，從容治辦，聽獄訟，理財賦，皆得其要，今四川總領所實賴以濟。右通直郎、通判文州任忠臣公廉有守，内行謹飭，通曉民事，盡心不苟。左文林郎、新成都府府學教授謝中學問詳明，操履修潔，講究事務，常有捐軀徇國之志。左武大夫、成都府路副將、嘉州駐劄王价材勇忠樸而謹守法令，久歷行陳，屢立戰功。前此以不爲大將所喜，自乞離軍。若付之邊郡，必能安静。此皆臣所熟知者，伏望聖慈特賜裁酌。取進止。

薦張行成劄子

臣竊以牧養百姓，在于郡守；郡守之臧否，朝廷所當知；而在遠方者，尤不可不知也。昔太祖皇帝命錢文敏知瀘州，謂之曰：「知瀘州郭思濟、監庫郭重遷，掊斂不法，恃其遐遠，謂朝廷不知，爾至爲朕鞫之。」太宗皇帝時，殿中丞、知滎州李虛己因上表謝恩，太宗親批紙尾，有「良二千石」之褒，又賜其祖母錢五十萬，改知遂州。既有治迹，又賜詔奬諭，虛己卒爲名臣。夫以西蜀僻遠之地，而郡守之臧否，其細微曲折，太祖、太宗皆知之如此，則官吏無不聳懼，下情豈有壅蔽？治安之效，其要在此。臣以疎拙，誤蒙委寄之重，念欲罄竭駑鈍，以仰贊聖明萬一，耳目所及，不敢隱默。伏見左朝請郎、知漢州張行成通經博古，尤邃于《易》，才高識明，臨事能斷。紹興二十三年，王孝忠等謀叛于成都，帥臣曹筠閉閤不敢出，官僚往往逃避。行成時爲都鈐轄司幹辦公事，獨排闥見筠，邀請出廳，整兵授甲，指畫擒捕，尋即平定。今樞密王剛中作《成都續記》，實載其事。不然，則事有不可測者。其爲漢州，聰察彊敏，請謁不行，號令嚴明，盜賊屏息，豪彊退聽，措置財賦，倉庫充實。凡一境之内，修舊起廢，皆不擾而辦。臣攷其治行，參以衆論，實爲一路之最。今去替止在十月，伏望聖慈特賜旌異，或召對以攷察其人才，或令再任以慰民願，或别與遷擢以盡其所長，庶幾遠方官吏皆知聖明在上，燭見幽隱，莫不精進，以承休德，其所勸大矣。取進止。

薦吴撝劄子

臣伏見右朝散郎、直敷文閣添差四川制置司參議官吴撝質性厚重，表裏誠實，雖生于將門而更歷艱苦，被服儉素，人情物態，曲折通曉，謹守繩墨，安于淡泊，言不輕發，發必有常，有勉勵趨赴事功之意。雖任將作監丞，既而累歷外任，皆未能究其所長。其父玠精忠義勇，效死百戰，以保全蜀。既没幾三十年，蜀人廟祀之如一日。所有撝今任添差參議官已滿，伏望聖慈特除撝蜀中合入釐務差遣，既以慰蜀人甘棠之思，而撝亦得試用其才，稍自見于職業，必能奉法循理，仰稱使令，亦使將家子孫有所激勸。取進止。

薦吴洵充郡守劄子

臣仰惟陛下垂意民事，詳擇郡守，攷察試用，得人爲多。惟是四川去朝廷萬里，雖有人才，未易聞達。臣以疎謬，誤蒙委寄之重，苟有所知，不敢隱默，庶幾仰贊聖政萬一。伏見朝散郎、前通判永康軍吴洵和易而有守，沈静而有謀。其于民情吏事，究極本末，推見微隱。永康久闕守臣，洵兼權軍事，聽斷詳審，事無留滯，詞訟之至于諸司者，比他郡特爲絶少。禁約山林以限隔夷人，修治渠堰以疏導水利。隨事措畫，纖悉周密，皆有條理。若付以一郡，必能宣布德意，牧養小民。伏望聖慈，特賜指揮。冒瀆天聽，臣無任戰栗之至。取進止。

薦李蘩知邛州劄子

臣等契勘邛州號爲繁劇，所應辨贍軍錢物數目浩瀚。自知州何極到任之後，夙夜竭力，稍有倫緒。今來何極致仕僅及兩月，所虧欠逐月合納錢物已自不少。又緣邛州自舊以蒲江井鹽于税户處和買絹帛，出納之際，弊倖非一。本路轉運司措置，令賣鹽、買絹皆官自了辨。方事行之初，全在郡守得人，約束嚴明，防察周密，乃能革去積弊。

伏見左奉議郎、簽書隆州判官廳公事李蘩才識明敏，潔己愛民。向年彭州逋欠贍軍緡錢在一路爲最多，轉運司差蘩兼權彭州通判，解紛決滯，政修事舉。綿州屯駐大軍，間或侵擾居民，制置司差蘩兼權綿州，恩信著明，軍民安静。已試之效，皆有實狀，伏望聖慈差李蘩知邛州，填見缺，庶幾民受實惠，財賦亦辦。取進止。

薦時紫芝曆學劄子

臣竊以曆數之學，精通者寡。自古治曆，必得儒學之士與日官通共審訂，乃能成書。蓋日官徒能分部運算，至于索隱探賾，則或非其所及。漢更造《太初曆》，雖唐都、洛下閎各奏其技，而司馬遷、壺遂諸人實總之，是非始得堅定。今朝廷以乾道新曆測驗有差，别加攷正，雖責之日官，而久無定論。臣伏見左朝散郎時紫芝，問學淹貫而耽玩數象，用意詳密。著《曆書》五十卷，辨析異同，推究微隱，多先儒所未到。士人之明曆學者少見其比，伏望聖慈令都堂審察，如實有可取，乞與一在京差遣，仍令與太史官議定新曆，庶幾仰稱陛下欽崇天道之意。取進止。

應詔薦將帥辭免權宣撫劄子

臣伏準御前金字牌遞到參知政事魏杞等與臣咨目，宣示聖慈訓諭事件，臣謹具奏稟下項。

一、臣恭奉聖訓，以蜀中將帥能否、高下，朝廷無緣盡知，令臣于軍中公選材略、威望，衆所推服，不必材堪宣撫之人，但得可總興州大軍者，具職位、姓名一二人剡奏者。臣伏見捧日天武四廂都指揮使、安遠軍承宣使、知階州吴拱持身謹廉，御衆嚴整，家世忠義，常以捐軀徇國爲志，而詳審沈静，事不輕發，出入揚歷，名迹益著。其父吴玠，效死百戰，以保全蜀。蜀人懷其恩德，所在廟祀。而拱又能如此，非獨士卒樂爲用，百姓亦喜之。如隆興二年，金人大入，諸將皆出，獨拱祁山一戰之捷，人賴以安。而或者指爲怯懦選事，亦可見其不然矣。又伏見果州團練使、階成西和鳳州兵馬鈐轄、御前後軍統制、節制利州屯駐軍馬吴勝驍勇忠樸，處事平允，曉練軍政，善拊士卒，比之吴拱，可以爲次。又伏見降授郢州防禦使、充荆湖北路馬步軍總管姚仲世爲將家，關輔之人，素所信服。仲前後立功，多在川陝。紹興三十一年，原州之戰，蓋恃勇輕敵以致失利，然士卒初無間言，至今思之。其得罪閒廢，常有感慨發憤、刷恥自效之志。既而沈介爲湖北京西制置使，乞辟仲隨行，亦以緩急可使。此三人者，皆臣所知。伏乞睿照。

一、臣恭奉聖訓，萬一吴璘果不起，令制置司徑作得旨，一面收取印章，權行主管職事，申取指揮者。臣謹已遵稟外，伏念臣才力綿薄，制置一司，已懼不稱。比苦目疾，職事曠廢，陳乞宮祠差遣。方且踧踖，仰俟恩命，今復蒙此宣諭，尤非所堪。伏望聖慈俯賜矜察，擇力授任，庶幾緩急之際，不誤使令。

辭免户部侍郎奏狀❶原註紹興三十二年閏二月。❷

臣準尚書省劄子，三省同奉聖旨除臣權户部侍郎者。聞命震恐，不知所措。恭惟陛下以國計之重，慎擇所使，而猥以及臣。此正臣子奔走磨厲，以見于事功而求所以報稱之時，而臣竊自隱度，有所不敢默者。伏以國用匱乏，民力凋敝，至于今日極矣。以公私並困而欲爲均濟之策，以朝夕不給而欲爲經久之謀，自非宏才贍智，離倫絶類，未有能善其事者。如臣愚陋，技能無取。泉穀之事，初未之學。循常守職，猶爾救過不暇。今乃責之以其所不能，望之以其所甚重。苟貪恩命，冒昧而處，必且以曠敗獲罪。臣何足言，實恐累國！重念臣頃者自請治郡，嘗蒙聽許，幸今軍旅少息，非有前日避事之嫌。伏望聖慈收還新命，别除臣一外任差遣，庶安愚分，以叶公言。臣無任懇到激切之至。❸

---

❶ 此文又見於《永樂大典》卷七三〇三。
❷ 「閏二月」三字，《永樂大典》無。
❸ 「至」下，《永樂大典》有「閏二月二十七日三省同奉聖旨不允」十五小字注文。

再辭免户部侍郎奏狀[1]

臣準尚書省劄子，以臣辭免新除權户部侍郎恩命，三省同奉聖旨不允者。君父之命，敢或不從？而臣反復思慮，義難苟已，敢冒萬死而終言之。

竊以户部于今日爲尤重，臣于泉穀爲尤非所長。今舉所甚重而付之于初不練習通曉之人，此古人所謂「譬如田獵，若未嘗登車射御，則敗績壓覆是懼，何暇思獲」者也？今方愛惜分陰，修舉庶政，而于所甚重者，乃使如臣等輩嘗試爲之，迨其職業不修，過咎已著，然後有所廢置，則失時誤事固已多矣。此臣所以震恐失所而不敢苟已也。伏望陛下重國計，不使任非其人而至于曠廢；矜憫臣下，不使用過其量而至于顛隮。特賜指揮，檢會臣前奏，改除一外任差遣。臣無任瞻天望聖、激切惶懼之至。三月一日，三省同奉聖旨，依已降指揮，不允，不得再有陳請。

辭免兼侍講奏狀

臣準尚書省劄子，三省同奉聖旨差臣兼侍講者。聞命震恐，不知所措。竊惟《春秋》之作以俟後聖，陛下方將推先聖之志，措諸事業以幸天下，微言要義既自得之，又使承學之臣誦述所聞，庶幾或有取焉。而臣

[1] 此文又見於《永樂大典》卷七三〇三。

質性遲鈍，問學褊陋，雖獨抱遺經，曠日持久，訖不能有所發明，豈足以參備講勸，仰承顧問？伏望聖慈追還新命，而簡名儒，使得預于斯文，以稱陛下稽古圖治之意。臣無任激切惶懼之至。

辭免四川安撫制置使奏狀

右臣準行在入内内侍省降到御前金字牌御寶封送下三省、樞密院劄子，奉聖旨除臣敷文閣直學士、四川安撫制置使兼知成都府者。委寄之重，寵秩之優，決非綿薄所克負荷，震恐失措，不知其何以得之。臣聞天下之事，習之而後能知，察之而後能行，苟或彊所不能，擿埴索塗，冥行冒進，必至于顛仆而後已。伏念臣山林書生，涉世尤拙。質性愚樸，動與物忤。識見遲鈍，安在人後。奔走州縣，不過守法令，謹期會，然猶救過不給，況于去朝廷萬里之遠，統四路兵民之寄，當今自閫以外，未有如此其重者。其間應變制宜，防微經遠，殆不容毫釐之差、窾隙之闕，而臣生長江南，其于西蜀，蓋夢寐所不及。風聲氣俗，山川形勢，邊鄙曲折，將士能否，既非經歷，又未嘗講究。以至朝廷所以置司之意，前後累年措畫之大計，皆莫知其本末。昔鄭罕虎欲使尹何爲邑，國僑以爲學而後入政，未聞以政學也。譬如田獵射御，貫則能獲禽；若未嘗登車射御，則敗績壓覆是懼，何暇思獲？今陛下之所委寄，其爲邑也，不亦多乎？豈可使如臣之不才、不習其事嘗試爲之？苟以承乏而已也。伏望聖慈察臣所陳出于誠實，非敢爲僞、爲慢以自取罪戾，蚤賜指揮，追還成命，改畀能者，庶幾不誤國事。

再辭免四川安撫制置使奏狀

右臣伏蒙聖慈，賜到詔書一道，以臣辭免新除敷文閣直學士、四川安撫制置使兼知成都府恩命不允者。冒陳危悃，宜即嚴誅，聖恩寬宏，詔旨温厚，愧悚交戰，不知所據。惟天幸不可以數得，君命不可以久違，而臣揆之于心，斷之于義，有終不敢以自欺者。竊以人臣之義，不擇事而安，謂其才足以任事也。若其才不足以任事，而苟以承命爲恭，至于誤國辱命，則其不忠莫大焉。此義之所不敢也。況臣叨冒厚恩非衆人比，念非捐軀無以報塞萬一。今幸使令，此正臣夙夜奔走以自効其駑鈍之時，其如軍旅之事，素未之學，西南之地，又未嘗經歷，而一旦付以統帥之寄，譬如借聽于聾，求道于盲，雖欲竭耳目之力而從之，愈見其迷謬顛錯而已。苟或顧避嫌疑，貪戀名寵，以不能爲能，不以誠實控告君父，則他日之罪將有不可勝誅者矣！重念臣頃者蒙除權户部侍郎，臣以理財之事非其所長，雖兩具辭免而迫于成命，黽勉就職，俯仰數月，訖無可言，不免紊煩天聽，出守外郡。臣竊痛自咎恨，與其不任職而後去，孰若力辭于未就之前！況今蜀中去朝廷萬里，非如輦轂之下，有所奏請可以即達。苟或任非其人，久此曠廢，豈不輕失事宜？數爲更易，豈不重困民力？此臣所以再三審度，決不敢冒昧而受，以重前日之罪也。伏望聖慈蚤賜矜允，追寢成命，臣無任激切戰栗之至。

表

謝權吏部侍郎表

濫從清華，非歷階之可至；銓曹叢劇，必游刃之有餘。曾謂臣愚，亦叨帝舉。伏念臣受材不腆，涉世多艱。窾綮寡聞，不適于用；單孑獨立，莫爲之先。仰繄聖明，俯燭幽隱，雖或排根之云久，終然簡記之不移。乃者方勉就于外除，亟召還于中秘。躊躇四顧，不意自全；沐浴三薰，復與人齒。惟是猗無于他技，幸今得預于斯文。竊冀從容其間，庶幾饜飫之益。遽蒙誤寵，超置近班。矧黎獻之惟帝臣，豈其乏使；而六官之皆民譽，安可非人！退省妄庸，倍增戰栗。此蓋伏遇皇帝陛下，道無私覆，仁不遐遺，厎慎兢兢之萬幾，兼收斷斷之一介。運獨化于陶鈞之上，孰非曲成；效薄技于周衛之中，何以仰報！惟忠義之是守，要死生而弗渝。

謝户部侍郎表❶

究財貨之源流，初非素學；迫威顔之咫尺，弗獲終辭。冒昧而居，顛隮是懼。伏念臣受才不腆，涉世尤

❶ 此文又見於《永樂大典》卷七三〇三。

踈。退處鄉閭，食不供于伏臘；出書吏攷，政每拙于催科。繄心計之非長，于自謀而可卜。自蒙誤寵，獲備從官，乃若理財，實今急務。曾微管穴之見，少效芻蕘之忠。闕所不知，安于無用。豈謂地官之乏，遽承帝命之嚴。蓋量能然後授以官，而聽言然後試以事。今此二者，臣無一焉。矧以財力不支，公私俱困。謀無遺諝，而未聞悠久之計；日不暇給，而未見勤勞之功。宜得異材，俾勝此任；豈無可使，乃以及臣。兹蓋伏遇皇帝陛下，以道觀能，用人惟己，永言國計之事，太息人材之難。以謂象罔得珠，或出乎智力之外；伯樂相馬，不在于物色之間。故特取臣于惷愚，類非責效于凡近。惟是不敏，既如前之所陳；過此以還，又非臣之所及。莫知稱塞，徒切戰兢。

謝兼侍講表

民部獨員，方不遺于餘力；書筵兼職，乃得預于斯文。仰聖恩之有加，愧凡品之非稱。伏念臣學雖好古，材不逮人。佔畢呻吟，初未離于糟粕；望洋歎息，悅難究于津涯。何意誤知，俾陪勸講。惟兹魯史，裁自仲尼。豈無《詩》、《書》，未若見之行事；亦有游、夏，莫能贊于一辭。況在後來，敢云能讀？此蓋伏遇皇帝陛下，剛健篤實，緝熙光明。獨傳先聖之心，合若符節；博詢多士之説，至于芻蕘。雖甚無庸，亦將有取。與人爲善，幸親見于聖時；足興以言，誓益堅于素守。

福州到任謝太上表

入備從臣，出專方面，皆公朝之遴選，豈綿力之克堪！伏念臣起自書生，遠隨計牒。在庭多士，首蒙擢第之榮；去國累年，兩被賜環之寵。無左右游談之助，無期功强近之依。獨賴聖明，俯燭幽隱，叨踰過分，報效蔑聞。昔已免于譴訶，今復當于委寄。兹蓋伏遇光堯壽聖太上皇帝陛下，誠參化育，道極高明，不自有于成功，莫能名于至德。凡是飛潛之類，孰非長養之餘。自顧么微，若爲稱塞。布宣漢詔，敢忘三尺之循；仰戴堯仁，第切萬年之祝。

謝授敷文閣直學士四川安撫制置使表

連率之權，非其他比；職名之寵，不以次遷。内省無堪，力辭弗獲。伏念臣來自下土，列于近班。斗筲之人，豈足言于遠略；老馬之智，猶可效于外官。心雖甚勞，課僅自效。敢謂聖明之過聽，復兹委寄之有加！以不知兵而盡護于將屯，以未閲歲而再升于華序。愧懼交戰，啓處靡皇。此蓋伏遇皇帝陛下，居九重之邃而垂念于遠方，攬多士之富而曲收于片善。察其謹畏，謂可使令，特捐寵光，明示恩意。可當一面，顧曷稱于褒揚；如履薄冰，惟不忘于儆戒。

謝太上表

帥權特重，名寵過優；自顧么微，豈能負荷？伏念臣山林冷族，章句鯫生，親蒙賜第之榮，遂出在庭之右。寖叨簡拔，馴致超逾。兹者獲奉藩條，僅逃官謗，敢謂褒嘉之渥，更當委寄之隆。人微望輕，力小任重。殊未知于稱塞，徒有愧于生成。此蓋伏遇光堯壽聖太上皇帝陛下，道妙難名，功高不宰。凡曰飛潛之類，率皆長養之餘。獨此孤生，尤非衆比。身非敢愛，奚辭蜀道之難；心豈謂遐，自託堯天之大。

謝除端明殿學士知平江府表

自昔端明之職，尤重選掄；于今侍從之臣，未嘗除授。乃緣外補，獨被優恩。伏念臣頃自遠方，入登近列。念遭逢之匪易，宜報稱之何如。三沐而薰，竊收還于神觀；再拜以獻，庶少效于愚誠。而臣災禍洊罹，疾病交戰。身其餘幾，奚尺寸之能伸；處不遑寧，徒朝夕之是懼。仰蒙聖鑒，俯燭愚衷，分符俾在于輔藩，進職仍超于近列。其爲忝冒，益以稠重。兹蓋伏遇皇帝陛下，擴大明以照臨百官，推至仁以曲成萬物。謂臣才雖不逮，固碌碌以無奇；察臣志則靡他，蓋惓惓之有義。全其出處，加以寵光。名隸禁庭，蓋無分于内外；心存軒陛，敢或替于須臾。

平江府謝到任表

一麾出守，實在于邦畿；五月上官，敢拘于俗忌。第憂短拙，莫副使令。伏念臣託勢至孤，抗塵滋久。頃緜蜀道，入覲漢庭。親蒙一字之褒，擢置六卿之長。所兼職局，皆極清華。徒殫千慮之愚，蔑效萬分之報。曠官益甚，終日靡寧。屬申詔之垂仁，俾優恩而補外。十萬户版圖之盛，昔尤謂其繁雄；五百里甸服之中，今實同于馮翊。矧施德之自近，念爲政以何先。雖要路之津，幸容引去；而大邦之屏，豈易克當！兹蓋伏遇皇帝陛下，智燭萬微，道包衆有。稱物平施，皆適人材之宜；視民如傷，尤嚴郡守之寄。豈特曲全其出處，蓋將期望以循良。而臣頃侍清光，屢聞睿訓，軫念民隱，洞知下情，誓殫撫字之勞，仰稱聖明之意。

文定集卷七

宋汪應辰撰

策論

廷試策

臣對：❶臣聞治道不在多言，顧力行何如耳。行帝道則帝，行王道則王，行霸道則霸。未有力行而不至者也，未有不能力行而能至者也。今陛下策臣于廷，詢之以天下之大計，曰覬聞治道之要。顧臣淺陋，何足以奉承大問，臣謹以所聞于師者言之。竊以爲爲治之要特在于反求諸己而已。蓋天下之事，未有不本于一人之躬行也。天下皆不仁，宜不可爲也。然人君一爲仁，則天下相率而趨于仁矣。天下皆不義，宜不可爲也。然人君一爲義，則天下相率而趨于義矣。故愛人而人不親，則是仁有所未至也。能反吾之仁，則人自親矣。治人而人不治，則是智有所未至也。能反吾之智，則人自治矣。凡行有不得，皆反求諸己。吾之一

---

❶「臣」上，夏本有「大意問吏道未肅兵勢未强民力未蘇」十五字。

身既正，則天下心悦而誠服，若風草之必偃，自然之理也。❶ 故曰治道之要，莫先于此者也。以修己安百姓爲病，此堯舜之所以反求諸己也。以百姓有過爲在予一人，此湯武之所以反求諸己也。小人怨詈則皇自敬德，此高宗、中宗、祖甲、文王之所以反求諸己也。「古之欲明明德于天下者，先治其國。欲治其國者，先齊其家。欲齊其家者，先修其身。」孔子之言治，未嘗不反求諸己也。「天下之本在國，國之本在家，家之本在身。」孟子之言治，又未嘗不反求諸己也。是道也，堯以是傳之舜，舜以是傳之禹，禹以是傳之湯，湯以是傳之文、武、周公，文、武、周公以是傳之孔子，孔子以是傳之孟軻。數聖人者，達而在上，則力行此道以澤天下；窮而在下，則力行此道以詔萬世。自孟軻之死，始不得其傳，此微臣所以有望于陛下也。今陛下果能反求諸己而力行之，則凡所以問于臣者，臣雖不言而治道固已舉矣。不然，則臣雖欲言之，無益也。然而聖策下詢，則臣之言有不得而默者，謹一二而對，陛下當見此理之昭然而不復疑矣。伏讀聖策，首慕古先聖王之治，若有所仰望而不可企及者。臣竊以爲，聖王之治，其則不遠，陛下反求諸己，在先立其志爾。陛下聰明神武，首出庶物，其于天下之事若不足爲者，但陛下未之爲耳。夫以金人之入中國，❷莫有當其鋒者，宜若不可與之較也。然去冬警奏既聞，陛下赫然震怒，親總戎輅，號令六師，而敵人自遁。❸ 所以然者，以陛

❶ 「自」上，夏本有「彼」字。
❷ 「人之入」，夏本作「虜之禍」。
❸ 「敵」，夏本作「虜」。

下之英斷而不憚于勤勞也。湖湘之寇，弄兵潢池，爲患久矣。陛下委之賢將，授以方略，不出數月，遂能殲厥渠魁，去歷年深根固蔕之盜，而安千里刀刃之餘民。所以然者，以陛下之明略而長任使也。夫以陛下已能之事如此，而可見之效又如此，此臣所以知陛下之必能復古先聖王之治，第恐聖志有未加焉耳。臣不知陛下之志，將興衰撥亂，行帝王之道耶？抑將趨小利、急近功，爲霸者之事耶？今聖策乃以正心誠意爲言，則夫帝王之道，陛下固已知之矣。曾子曰：「尊其所聞則高明矣，行其所知則光大矣。」陛下誠能以其所聞所知，尊而行之，則高明光大，孰能禦之哉？至于措諸事業之間，寬猛文質之宜，特其餘事而已。臣願陛下立志以爲本，以帝王之道爲可以必至，以聖人之言爲可以必行，法天行健，不自懈怠，日進一日，新而又新，則二帝三王之事，豈有不可爲者哉！惟陛下力行之爾。伏讀聖策，以「粤自即位，九年于此，思欲雪父兄之恥而復祖宗之烈，夙夜祗懼，罔敢荒寧，施爲繆盩，治效闕然，深維其故，不憚改作」。臣以爲，此則在陛下反求諸己而先自治也。昔杜牧論收復山東之策，而以自治爲上。牧之言，萬世之砭石也。今陛下欲雪父兄之恥而復祖宗之烈，盍亦先于自治乎？草茅之士，不知朝廷所以爲自治之計者，何也？昔之人君，雖當干戈擾攘之際，亦必先擇形勝之地，以爲根本之圖。故高祖之興，根本關中；光武之興，根本河内。今也不然，譬彼舟流，不知所届。自維揚而之臨安，自臨安而之建康，自建康而之會稽，自會稽而再之臨安。是都邑之遷徙，未始有定論也。越王之欲伐吴，與種、蠡協謀凡二十年，然後得以逞其志。今也不然，今日以某人言某人之善而相之，而明日又以某人之毁而罷之。自艱難以來，所置輔相凡幾人矣。是宰相之廢置，未始有定論也。中間嘗用留守兵，欲率勵羣帥復收趙魏矣，❶幾渡河而輒罷。又嘗以宰相都督諸軍，議遣大將欲涉淮以趨宿泗矣，俄而中輟。是進取之前卻，又未始有定論也。至于號令之間，如所謂前降指揮更不施行之類，則于措畫政事何其無定論也！如所謂以差下人別與差遣之類，其于進退人才又何無定論也！夫都邑之遷徙，宰臣之廢置，進取之前卻，政事之措畫，人才之進退，皆國家大事，不可易爲者，而乃紛紛不定如此，則陛下所以爲自治之計，臣竊恐爲敵國之所窺也。❷如此而欲雪父兄之恥，復祖宗之烈，正猶卻行而求及前。九年之間，治效闕然，固其宜也。今陛下果能翻然奮痛，不憚改作，則中興之業，殆猶反手之易。願先定大計，然後從事，毋爲此紛拏錯亂而無歸宿也。凡我之所以自治者，無所不至，卓然有不可勝之備，則爲之而成，動之而功，將無不可者矣，又何以治效之不進爲憂乎？惟陛下力行之爾。伏讀聖策以真才之未顯，實惠之未孚，冗食之未革爲慮。臣以爲，此誠當今之宿弊，而其所以治之則在陛下之反求諸己也。夫吏道未肅，宰相之責也；民力未蘇，郡守、縣令之責也；兵勢未强，諸將之責也。臣竊謂天子之于天下，❸所欲必得，所求必至。上之所好者玩異，則下之人以玩異而獻矣；上之所好者財利，則下之人以財利而獻矣。

❶「帥」，夏本作「師」。
❷「敵國」，夏本作「夷狄」。
❸「竊」，夏本作「嘗」。

蓋未有上好之而下違之者也。今陛下下銓選之令，❶則誠有意于肅吏道矣；嚴科斂之禁，則誠有意于蘇民力矣；謹揀練之法，則誠有意于强兵勢矣。然而真才之未顯，則是宰相進賢、退不肖有未盡也；實惠之未孚，則是守令承流宣化有未良也；冗食之未革，則是二三將臣訓兵整旅有未善也。夫人君之詔也若聲，而其下應之也若響。苟好惡一萌于方寸，雖不形于言詞氣色之間，而下之人逆探其意而迎合之矣。今陛下以是三者爲宵旰之憂，發于詔令，而下之人猶不能奉承之，無乃陛下誠有所未至耶？苟誠未至而徒爲空言，則雖日下詔書，果何補于事哉？臣竊見朝廷前日以郡縣之吏多非其人，乃詔侍從、臺諫、館閣之臣，使各舉所知以備其選。❷一時在位之士，蓋嘗以其所知而舉之于朝矣，而未嘗出其姓名而試其用也。又嘗下詔以今之守令有歷任雖多而才非所堪者，皆使退從散局，當時蓋嘗略行之矣，而今則又復廢棄而不舉也。則是擇吏誠有所未至，此真才所以未顯也。數年以來，民不堪命，雖詔書出于上而虐令阻于下。詐以出力自保，則調發其丁夫；恐以犒設贍軍，則厚裒其錢穀。弓材弩料，竹箭皮革，日日征求，物物取辦，夤緣姦弊，下不聊生。乃復寬下赦文，放其租負，而律文又以分數爲限，實不能免。苟以欺之，則是恤民誠有所未至，此實惠所以未孚也。今士卒驕惰，賞罰不明，無所别擇，一切安養姑息之，惟恐一夫變色不悦，幸其無故則已矣。

❶「選」，夏本作「量」。

❷「各舉所知以備其選」，夏本作「之各舉所知以備其遷」。

教習擊刺，叫噪號呼，有如聚戲。金鼓旗號，白梃小隊，皆效敵人，❶節制蕩然，雖其將帥莫敢自保。至于冒請月俸，虚糜餼廩，蓋有詭名而請者矣，蓋有以使臣之名而請者矣，蓋有借補官資而請者矣。朝廷知之莫敢禁止，則是治兵誠有所未至，此冗食所以未革也。凡此三者，陛下苟能加之以誠心，則必有能爲陛下任其事者。苟誠心未至，則在下之人雖欲奉承，而行之有不可得矣。惟陛下力行之爾。伏讀聖策，且欲攷課以核殿最，省官以節俸稍，❷屯戍營田以寬力役，平準均輸以佐賦入。以爵賞之未艾則欲定武功之算，以紀律之未明則欲參府衞之制。臣以爲，此皆今之良法，而其所以行之，則又在陛下之反求諸己也。昔唐虞之法則九載而黜陟，《周官》之法則三歲而誅賞，而朝無倖位，官無曠職，是攷課固所當先也。光武下詔，減内外四百餘員；太宗創制，定文武七百餘員。而國用以足，民事亦理，則省官又在所當先也。二者之法，誠足以核殿最而節俸稍矣。❸然臣以爲，法之必行，陛下不可不先正其心術也。司馬光有言曰：「攷課之法，其本在于至公至明而已。功狀者，迹也。公明者，心也。己之心不能治，而欲以攷人之迹，不亦難乎？」誠以人主一有偏黨之心，則以愚爲智，以是爲非，但徇一己之愛憎，不復問其人之賢否，而人才于是乎溷淆矣。此攷課之本所以在于正心術也。荀況有言曰：「省官不如省事，省事莫如清心。」誠以人主嗜好既形，下皆輻輳

---

❶「敵」，夏本作「虜」。
❷「節」，夏本作「抑」。
❸「節」，夏本作「抑」。

而趨之，各求自售，則名器必自此濫矣。此省官之本所以又在于正心術也。陛下誠能不以親疎貴賤異其心，喜怒哀樂亂其志，❶使邪佞不得以惑之，諂諛不得以入之，如此則攷課省官之法始可得而行矣。屯戍營田，韓重華嘗用之矣，終足以贍邊將之用而省度支之費。平準均輸，桑弘羊嘗用之矣，終能使斂不及民而上用自足。則二者之法，誠足以寬力役而佐賦入矣。然臣以爲，欲法之必行，陛下不可不先明于任使也。漢宣帝與趙充國議論疆埸之事，一時在廷之臣，或以爲是，或以爲非。充國以爲明主可爲忠言，❷條列利害，反覆凡數千言，宣帝信任而不疑，終獲破羌之功而收屯田之利。以充國之事觀之，則營戍屯田在陛下安得不明于任使也？唐之劉晏，初得渠河之利病，乃畏爲人牽制而移書于朝廷，朝廷以其言爲可行也，遂以漕事委之，故晏得以盡其才。及臣攷其行事，晏之掌邦計也，凡始于廣德之二年，而終于建中之元年，前後十有六年，乃始得以成其功。以晏之事觀之，則平準均輸在陛下安得不明于任使也？陛下誠能蒐攬人才，經略世故，取其所長，棄其所短，久任而責成之，則屯戍營田、平準均輸之法始可得而行矣。武功之等，在秦則凡一十七級。然臣以爲，紀綱先振，然後始可得而定其等也。昔唐之肅宗當干戈多難之際，朝廷之勢日以委靡，爵賞濫冒，莫此爲甚，❸將軍告身，纔易一醉而已。夫所以至此者，皆本于紀綱之不振而然也。惟上

❶「哀樂」，夏本作「好惡」。
❷「言」下，夏本有「且欲以守之」五字。
❸「甚」，夏本作「大」。

之紀綱日以不振，故其下皆有覬覦之心，以邀其上，而上之人不得而不與，此武功所以濫冒也。然則今日之事，盍亦取鑒于肅宗，而先振其紀綱乎？府衛之制，在隋則凡十二衛，在唐則凡十六衛，然臣以爲亦必紀綱先振然後始可得而參其制也。昔唐之明皇，承晏安太平之後，苟且偷安，昧于遠圖，政令日弛，法度日隳，諸衛之兵，寖以貧弱，百姓苦之，而張說始獻彍騎之議。夫所以至此，亦以其紀綱之不振而然也。惟其上之人，紀綱日以不振，廢而不舉，弊而不修，此府衛所以敗壞也。然則今日之事，又盍亦取鑒于明皇，而先振其紀綱乎？凡此數者，攷之于古，驗之于今，以臣觀之，莫不可行。而其所以行之，則在陛下正其心術，明于任使，而振其紀綱焉耳。古人所謂「神而明之，存乎其人」，「有治人無治法」者，凡以此也。惟陛下力行之爾。

伏讀聖策，曰上之欲三辰明，四時序，災沴不生，動植遂性。臣願陛下反求諸己而應天以實可也。下之欲風化行，習俗厚，姦宄不作而中外協心。臣願陛下反求諸己而動民以行可也。臣聞之，《詩》曰「文王陟降，在帝左右」，《書》曰「面稽天若」，言聖人之奉天，如在其上，如在其左右也。是以顛沛造次，不違于仁；出入起居，罔有弗欽。凡以畏天之威而奉之爾。大抵天道雖至高而下，雖至遠而邇，雖至神而明，人君一念一慮之失，則足以傷天地之和；一言一動之善，則足以同天地之德。善惡之應，速于桴鼓。臣竊觀于今歲之夏，甘雨愆候，陛下焦心勞思，上懼天戒，下憂民瘼，不忘于食息之間，既而膏澤繼降，不出于旬日之内，蓋以陛下誠有惨怛之心也。古之人所以大過人者，無他焉，善推其所爲而已。陛下誠能因前日之所已爲，而推今日之所未爲者，擴而充之，則天意昭格，將保佑宋祚于千萬年矣。昔孟子以齊宣王有愛牛之心，且曰

「是心足以王矣」，況陛下如天地之大，推此以往，其何所不至乎？此應天以實之效也，惟陛下力行之爾。臣聞得十人之心者，可以將十人；得百人之心者，可以將百人；得千萬人之心者，可以將千萬人。今陛下將大有爲于天下，宜先有以深服天下之心。而天下之心亦未易服也，刑威不可得而制，權勢不可得而脅，惟人主力于爲善，勤于進德，始足以服其心爾。❶昔宣王承厲王之烈，《小雅》盡廢，四夷交侵，而終能復文、武之境土者，以其所以躬行于上者，能服天下之心也。故序《詩》者稱之，曰：「側身修行，天下喜于王化復行。」蓋方其側身修行，而天下之人固已胥慶，知王化復行矣，此民心所以歸也。光武初入關，馮異送之，曰：「當行人所不能爲者。」光武于是乎招徠俊乂，屈己從諫，鄧禹之徒，聞風慕義，裹糧而歸，相與扶持協贊，以成再造之業。陛下誠能體二君之所爲，使聖德日新，昭著天下，則民之不幸而陷于强敵，❷將日夕引領而望王師之來蘇，惟恐其後，況吾東南之民，安有不協心以爲陛下用哉？惟陛下力行之爾。

臣竊見陛下臨政願治，當宁太息，不以臣等愚淺，幸賜誘進，而以治道爲問。仰慕先聖之成效，而追悔前日之失策；深思歷年之宿弊，而欲行昔人之良法；而又上欲得皇天之意，下欲收黎庶之情，聖慮深遠，規模廣大，皆非愚臣所能及。恭捧問目，沈吟久之，不知所對。周思歷算，竊以爲今日之事，惟陛下可以爲，他人皆莫能爲也。故因大問之及，而輒求所以反求諸己之道，誠不敢務爲多言以上惑聖聽。臣不知陛下之

❶「始」，夏本作「唯」。
❷「强敵」，夏本作「虜賊」。

意，將以今日之事責之于誰耶？　將責之大臣？　陛下即位以來，大臣不爲不多矣。以爲不賢耶？　則告廷之命，以某爲有道，以某爲有德，陛下何自而得之？　以爲賢耶？　而中興之功，又終無以副陛下之意也。陛下亦思大有爲之意，果能無媿于前王乎？　苟爲不然，則所謂大臣者，雖負經綸之才，❶方且畏懼而避嫌，❷而其不賢者又且持禄而保寵矣，是無惑乎治效之蔑聞也。將責之臺諫？　陛下即位以來，臺諫不爲不多矣。以爲不賢耶？　則訓誥之詞，以某爲正直，以某爲謇諤，陛下又何自而得之？　以爲賢耶？　而中興之功，又終無以副陛下之意也。陛下亦思大有爲之意，果能無媿于前王乎？　苟爲不然，則所謂臺諫者，有懷忠徇國之心，方且待信而後諫，而其不賢者又且希旨以求進矣。是無惑乎治效之蔑聞也。抑將望之四方之賢才耶？　陛下即位以來，所以招徠而用之者，不爲不多矣。以爲不賢耶？　則或得之衆論，或得之薦舉，或朝奏而暮召，或一歲而九遷，陛下又何所見而然也？　以爲賢耶？　而中興之功，又終無以副陛下之意也。陛下亦思大有爲之意，果能無媿于前王乎？　苟爲不然，則天下之士，其賢者方且奉身而求退，而不賢者往往旅進而旅退，患得而患失，阿諛諂佞，無所不至矣。是無惑乎治效之蔑聞也。以此言之，今日之事惟在陛下自爲之而已矣。苟能反而求之，勤而行之，奮然先有以自立，則智者願效其謀，勇者樂效其死。舉天下之大，惟陛下所欲，將無不可者矣。不然，則羣臣雖有伊、吕、稷、契，亦安能爲陛下計哉！　此臣所以願陛下力行

❶「才」，原作「方」，今據夏本改。
❷「懼」，夏本作「權」。

反求諸己之道也。臣不勝惓惓，惟陛下留神省察，實萬世無疆之休。臣謹對。

論禦戎以自治爲上策

唐杜牧追咎長慶以來朝廷措置無術，復失山東，作《罪言》曰：「若欲悉使生民無事，其要在先去兵。不得山東，兵不可去，是兵殺人無有已也。今者，上策莫如自治。法令、制度、品式、條章，果自治乎？障戍、鎮守、干戈、牛馬，果自治乎？井閭、阡陌、倉廪、財賦，果自治乎？如不果自治，是助敵爲虐。❶環土三千里，植根七十年，復有天下陰爲之助，則安可以取？故曰上策莫如自治，中策莫如取魏，最下策爲浪戰。」臣竊以天下之事，變化百出，不可以勝窮。然自其本求之，則一言而足，杜牧所謂「自治」是也。苟捨其本而訊其末，則雖千萬言汔無益也。戰國之際，亦多故矣。孫、吴之攻戰，儀、秦之縱横，奔走旁午，天下爲之騷然。時君用之，利不償害。孟軻居其間，獨曰：「蓋亦反其本矣。」軻之「反本」，則牧之「自治」之説也。物有本末，事有終始。蓋自開國以來至于今，❷未有不自治而能治人者，牧之説則雖聖人復起不能易矣。而臣猶有疑焉。何則？自治之外復無他策矣。今以「自治」爲上策，而又有中策、下策，是未始有定論也，是謂其君不能也。若軻則不然，曰：「國家閒暇，及是時明其政刑，雖大國必畏之矣。《詩》云：『迨天之未陰雨，徹

❶「敵」，夏本作「虜」。
❷「國」，夏本作「闢」。

彼桑土，綢繆牖户。今此下民，或敢侮予？』孔子曰：『爲此《詩》者，其知道乎！能治其國家，誰敢侮之？』今國家閒暇，及是時般樂怠敖，是自求禍也！禍福無不自己求之者。」夫不能治其國家則已矣，豈復更有中策、下策者哉！臣竊惟今日所以待敵人者，❶曰戰、曰守、曰和，然此三者皆末也。要當以自治爲本，吾之國家治矣，以戰則勝，以守則固，以和則久。所謂修其本而末自應，不然未知其説也。

❶「敵人」，夏本作「夷狄」。

文定集卷八

宋汪應辰撰

制

除虞允文特授樞密使加食邑實封餘如故制

朕惟昔人臣之美，見于《詩·雅》之傳。或經營四方，告成于上；或飲御諸友，受祉于朝。君臣俱榮，中外作乂。乃眷樞輔，克勤王家。有能奮庸，既追繼于前哲；式序在位，宜特隆于寵章。左大中大夫、知樞密院事、仁壽郡開國公、食邑二千五百户、食實封七百户虞允文，學貫道原，謀經帝載。眇綿作炳，識獨照于幾微；酬酢佑神，動自諧于節奏。出濟艱危之會，亟收戡定之功。洊陟政塗，茂昭賢業。俾宣使指，往拊神隅。明師律于蠱敝之餘，拔人材于隱約之際。振威靈于遐徼，勿士行枚；寬賦斂于疲氓，以爲保障。豈特戎車之飭，實惟邦本之寧。兹命遄歸，協圖内治。方倚毗于兵柄，肆就正于使名。載衍爰田，併加真食，以示褒優之異，以明委任之專。

於戲！宥密之嚴，夙夜基命；英雋之重，精神折衝。其益厲于壯猷，以弼成于丕業。可特授樞密使，依前左大中大夫、加食邑一千户、食實封四百户，餘如故。主者施行。

除李顯忠特授威武軍節度使充左金吾衛上將軍食實封如故制❶

朕運文武之大柄以濟時，操賞罰之至權以御下。念秦伯用孟明之意，與馮唐面文帝之言。眷乃勁臣，久于閒地，肆頒新渥，靡限舊章。隨州觀察使、提舉台州崇道觀、隴西郡開國公、食邑四千一百户、食實封一千二百户李顯忠，挺志堅剛，禀姿驃鋭。生知大義，既用夏以變夷；洊奏膚公，期捐軀而徇國。頃者，成師以出，惟敵是求。方志馳于伊吾，乃威損于栒邑。勉從紬典，以塞輿言。然而折馘執俘，亦云勠力；動心忍性，抑又累年。矧羣材之彙征，豈一眚而獨棄？粤若國朝之制，❷凡厥將帥之臣，或元戎擁節之行，或周衛執金之守。昔鮮聞于竝授，今特出于異恩。内以增輦轂之嚴，外以爲屏翰之重。皆將觀政，非以假人。於戲！與人之周，庶幾得頗、牧而能用；共武之服，爾其繼英、衛之善兵。肇敏戎公，對敭休命。可特授威武軍節度使、左金吾衛上將軍、食實封如故。❸主者施行。

❶ 此文又見於夏本卷四，目録題作「李顯忠授威武軍節度使制」，正文題「食」上有「封」字。
❷ 「若」，夏本作「自」。
❸ 「食」上，夏本有「封」字。

邊鎮節度使制

周之六軍，隱于南畝，及有風塵之警，則按籍而起，于是以六卿各將一軍。是則武事不在乎拔距超乘之徒，而在乎仁義道德之臣。此杜預所以緩帶臨戎，安石所以奕碁制勝。我有明哲，授之師律，其明聽朕命。具官某才高當世，學通古人，試之以劇而才愈出，臨之以難而智益明。雄謀大略，信可以將萬兵而懾遠人矣。秦亭當兵車之衝，西障羌戎，提按一道，必在能者爲之節制。夫斧鉞在前，六纛在後，不用命者有顯戮，用命有厚賞。爾其勉哉，無隳兵律。

顯謨閣直學士知潭州荊湖南路安撫使沈介爲招到三衙軍兵竝皆少壯及等不擾而辦奬諭詔❶

朕常患今之郡縣有所興爲，❷往往騷然煩費而事未必集。雖然，豈不存乎其人耶？卿任分閫之重，堅體國之義，招致鋭士，入備禁旅。願從者聽，中率者助，初不以一毫累民。❸而道路云遠，糗糧畢具，又未嘗仰給大農也。嗚呼！兹亦可以觀政矣。予惟爾嘉之。

---

❶ 此文又見於夏本卷四，目録題作「賜荆湖南路安撫使沈介奬諭詔」，正文題「顯」上有「賜」字。

❷ 「朕」上，夏本有「敕沈介」三字。

❸ 「累」，夏本作「擾」。

賜新除樞密使虞允文誥口宣

帷幄之謀，方咨于耆喆；樞機之府，俾正于使名。其益懋于遠圖，以欽承于休命。

虞允文辭免恩命不允批答口宣

延登傑材，進冠樞府。嘉猷告后，方俟于沃心；孚號揚庭，豈容于反汗！

新除樞密使虞允文再辭免恩命乞檢行累奏許解機政不允批答

朕居安思危，常謹不虞之戒；柔遠能邇，庶幾可大之功。卿秉國樞機，同朕心德。乃言可績，率前定于規橅；不已于行，復外宣于威令。迨茲入輔，示以褒崇。事權弗移，蓋因已試之效；謀畫具在，其尚克成厥終。勉副倚毗，毋勤訓告。所請宜不允。

尚書右僕射虞允文再乞解罷機政不允詔❶

卿名振華夷，❷材經文武。方兹注意，惟以仰成。曾坐席之未温，乃抗章而欲去。義將安出，勢豈宜然！已明喻于至懷，尚洊陳于前説。惟左右之宣力，蓋將有爲；非初終之一心，何以能濟！原註 奏劄云：❸「非不欲宣力左右，初終如一。」勉安厥位，益究乃猷。所請宜不允，不得更有陳請。

知樞密院事四川宣撫使虞允文辭免赴行在乞解罷機政除在外宫觀差遣不允詔

眷言四川，邈在萬里。惟汝一德，既咨裴度而往釐；于今三年，復念周公之久外。肆頒召節，竚望來朝。迺引疾以爲辭，欲奉身而自佚。夫以忠誼徇國，功利及民，方與時而偕行，其何恙之不已！俗人夙駕，宜毋事于回翔；元老壯猷，期即聞于入告。所請宜不允，仍疾速赴行在。

---

❶ 此文又見於夏本卷四，目録題作「賜右僕射虞允文乞解機務不允詔」，正文題作「賜尚書右僕射虞允文再乞解罷機政不允不得更有陳請詔」。

❷ 「卿」上，夏本有「敕允文」三字。

❸ 「劄」下，夏本有「子」字，此注文夏本見於題下。

新除檢校少傅保寧軍節度使依前知紹興軍府充兩浙東路安撫使加食邑實封史浩辭免恩命乞許仍舊秩改奉外祠不允詔❶

卿入相初政，❷爲甘盤舊學之臣；出殿大邦，蓋禹穴神臯之地。歲勤再閲，俔俗浹和，肆稽進律之文，特舉久虚之典。而乃謂私養之未便，欲力辭而言歸。惟昔人臣，勤于王事，不遑將母，是用作歌。今卿定省庭闈，常如一日；顧瞻鄉黨，實在四封。尚何異于家居，其即膺于朕命。所請宜不允。

觀文殿大學士知紹興府事史浩乞解府事賜一在外宫觀差遣不允詔

朕以卿望重弼諧，心存孝養。尹兹東夏，非徒晝錦之榮；循彼南陔，蓋便晨羞之奉。胡爲來諗，欲就退閒！而況年穀豐登，里閭寧謐，耋艾有遨遊嬉戲之樂，鰥寡無歎息愁恨之聲。爲政若斯，養志大矣。益思錫類，毋復懷歸。所請宜不允。

---

❶ 此文又見於夏本卷四，目録題作「賜少傅保寧軍節度使史浩乞祠不允詔」，正文題首有「賜」字，無「邑」字。

❷ 「卿」上，夏本有「敕史浩」三字。

徽猷閣直學士新除知建寧府凌景夏辭免恩命不允詔

朕以卿厚德宿望，歸然一時，起于燕閒，付以師帥。矧洊紆郡紱，休有政聲，入長六卿，實倡九牧。令茲寄任，何足以辭！所請宜不允。

徽猷閣直學士新知建寧府凌景夏乞改授一在外宮觀差遣不允詔

卿歷守劇郡，綽有豈弟之聲；入踐禁塗，蔚爲侍從之表。眷予賜履之舊，寄以分符之嚴。推平日之政以治民，藉本朝之望以重外。庶幾兩得，奚必再辭？所請宜不允。

徽猷閣直學士提舉江州太平興國宮凌景夏乞致仕不允詔

卿德齒之尊，典刑所寄。在昔甘泉之法從，實冠羣公；于今正始之名流，殆無幾輩。退奉祠館，洊更歲時。俛仰湖山之間，浮遊塵垢之表。既無外累足以自頤，奚爲抗章復欲謝事？其仍舊貫，毋有遐心。所請宜不允。

新除寶文閣學士致仕凌景夏辭免恩命不允詔❶

朕閔勞卿以官職之事，❷故特進名秩，以示貪賢而弗獲之意。蓋古之里居者，亦豈自暇佚而已哉！惟助成王德顯，越尹人祇辟。卿其欽服朕命，勉盡此義。所請宜不允。

試給事中兼直學士院兼侍講陳良祐辭免除吏部侍郎恩命乞守一州或奉外祠不允詔

敷奏以言，明試以功，堯舜之政，朕所法也。卿藴積淹博，造詣精遠。秉風憲，記言動，出制誥，司諫諍，平奏事，詳命令，固已盡議論文學之選矣。官之卿貳，分職帥屬，以趨事功之實，朕又將有攷焉。勉祇厥服，稱朕所詳試之意。所請宜不允。

---

❶ 此文又見於夏本卷四，目録題作「賜寶文閣學士致仕凌景夏辭免恩命不允詔」，正文題首有「賜」字。

❷ 「朕」上，夏本有「敕景夏」三字。

尚書吏部侍郎兼侍講兼直學士院陳良祐乞畀外祠不允詔❶

朕惟本朝之盛，❷諫官、御史類多以稱職久任。其辨明是非，糾逖邪枉，蓋不遺餘力。然未聞一去言路，乃切切然顧畏引避，而亦無有輕議其後者。卿頃在諫省，殆將三年，既而出納命令，銓綜人物，朕所選用，每有加焉。今忽以嘗任言責，欲避仇怨而去，是何故耶？傳曰：「内省不疚，夫何憂何懼？」卿其安之。所請宜不允。

試尚書吏部侍郎兼侍講兼直學士院陳良祐乞許奉祠或州郡差遣不允詔❸

卿夙以學識，❹簡于朕懷，發舒謀猷，敭歷華要。方益觀于遠業，乃祈去于周行。已喻至懷，猶伸前請。仰不愧，俯不怍，奚虞怨謗之乘；言有物，行有恒，豈復悔尤之積。尚體兹義，其安爾居。所請宜不允。

---

❶ 此文又見於夏本卷四其一，目録題作「賜吏部侍郎兼侍講陳良祐乞祠不允詔」，正文題首有「賜試」二字。

❷「朕」上，夏本有「敕良祐」三字。

❸ 此文又見於夏本卷四其二，正文題首有「賜」字。

❹「卿」上，夏本有「敕良祐省所奉劄子叨竊過分怨謗乘之竊恐悔尤日積他時重費保全欲望許臣奉祠或與臣州郡差遣事具悉」四十四字。

新除參知政事兼同知樞密院事王炎辭免恩命不允詔

卿材猷敏博，器藴淵閎，入踐樞密，甫周歲時。任邦家之重，知無不爲；應事物之繁，綽有餘裕。俾進參于廞掘，仍兼倚于本兵。謂即欽承，乃兹遜避。昔李德裕之興唐室，而陳執中之相仁宗，顧事業之如何，豈科第之足問？亟膺朕命，毋或他疑。所請宜不允。

新除參知政事兼同知樞密院事王炎乞于所除新命特免一職事不允詔

卿濟時之略，左右具宜；徇國之誠，夙夜匪懈。俾參庶政，仍總鴻樞。昔康定之紀元，從晏殊之建請。以共政之臣，當同體氣；凡安邊之議，皆得預聞。惟令兼官，蓋出此意。勉服定命，毋庸固辭。所請宜不允。

參知政事王炎乞只令以舊帶端明殿職名充四川宣撫使不允詔

仰惟祖宗，一視中外，間遣近弼，往釐遠方。初無末世五大在邊之嫌，蓋得周家二公分陝之意。朕念蜀萬里，在天一隅，繼洛執政之臣，以重宣風之任。既稽故實，亦合時宜。載嘉許國之忠，曾靡憚行之色。而乃欲避權寵，祈還政機，非事實之當然，殆謙畏之過甚。亟膺成命，毋復有言。所請宜不允。

尚書左僕射陳俊卿乞許解機務不允詔❶

卿修身齊家，❷允蹈先聖之學；持正應變，兼有昔人之長。調胹萬機，康濟羣物。既自任以重，必克成厥終。惟進陟于宰司，蓋甫踰于期月。若乃富彊之業未集，陰陽之氣未和，方當恐懼修省之時，正需輔贊彌縫之助。胡爲自列，乃欲告歸？昔成湯聖人，實賴一德；孔子爲政，尚云三年。其盡弼諧之誠，益圖持久之效。所請宜不允。

尚書左僕射陳俊卿上表再乞許解機務不允詔

卿：朕惟比歲以來，大臣數易。規模不定，何以成政事？廉陛易陵，何以嚴國體？謂將在久任，要在得人。以卿道義純全，謀謨宏遠，洊更衆職而名愈重，參翊大政而力愈彊。攷卜既精，咨詢咸允。乃寘百僚之冠，式圖庶績之熙。方沃嘉猷，遽祈釋位。豈習見近事，但以輕去爲然？而未諒朕心，蓋以既往爲戒。苟紛紜之如故，奚經濟之可期！宜體仰成益，勤勱相尚。念分陰之惜，毋徒屢瀆之煩。所請宜不允，不得再有陳請。

---

❶ 此文又見於夏本卷四，目録題作「賜左僕射陳俊卿乞解機務不允詔」，正文題首有「賜」字。

❷ 「卿」上，夏本有「賜俊卿」三字。

試户部尚書曾懷乞除一宫觀或外任差遣不允詔

朕與二三大臣講論治道，以精擇久任爲用人之方。原註 御製《用人論》賜宰執云：「擇不厭精，任不厭久。」矧國計繁重，非他官比。如劉晏、陳恕，蓋皆久乃見效。今朕之用卿，既得人矣。其益單乃心，稱朕所以擇任之意，毋汲汲于求去也。所請宜不允。

右朝議大夫曾懷辭免除龍圖閣學士知婺州恩命乞一宫觀差遣不允詔

久勞暫逸者，臣子之至情；入從出藩者，朝廷之異數。既進退之無愧，宜恩榮之有加。卿自寘周行，即司邦計，深達變通之術，兼明取予之方。六年于兹，多績用懋。曳履正資于獻納，需章屢丐于退閒。冠西清嚴近之班，付東道蕃宣之寄。裕民足國，已睎晏、恕之功；宣化承流，尚繼龔、黄之政。悉心思報，避寵何名！

顯謨閣直學士知潭州充荆湖南路安撫使沈介乞除一宫觀差遣不允詔

卿以正直之德，肅乂之材，尸我一方，甫更數月，威惠孚洽，左右率從。胡爲抗章，乃欲引去！委寄之重，方兹仰成。其體朕懷，勉安爾位。所請宜不允。

顯謨閣直學士知潭州充荆湖南路安撫使沈介乞除宫觀不允詔[1]

卿以盡護諸將之略而鎮拊湖湘，[2]以特立累朝之節而表率郡國。蓋其有本如是，固已不令而行。期年于兹，治效爲最。而乃洊陳奏牘，力丐奉祠。重念遠民，方依善政，其綏厥位，毋棄爾成。所請宜不允。

敷文閣直學士知太平州吴芾辭免除徽猷閣直學士知隆興府恩命乞檢會前奏除一宫觀差遣不允詔

昔漢氏得人之盛，而以儒者通世務僅三人爾。又不皆出于正也，不其難乎？卿夙藴儒學，力持正論，而踐揚中外，更閲繁劇，窾郤立解，芒刃不鈍，非特以經術潤飾吏事而已。屬江西之謀帥，舉閫外而付卿。夫以才難如此，而卿乃欲退自暇佚，其可乎哉？所請宜不允。

---

[1] 此文又見於夏本卷四，目録題作「賜顯謨閣直學士沈介乞祠不允詔」，正文題首有「賜」字。
[2] 「卿」上，夏本有「敕沈介」三字。

徽猷閣直學士知隆興府江南西路安撫使吴芾乞許守本官職致仕不允詔❶

卿回翔禁塗，❷望實益劭，鎮撫方面，恩威一新。顧欲于未至之年，求遂其知止之計，意雖甚切，義不可從。尚體朕懷，勉祗厥服。所請宜不允。

蔣芾辭免依典故給月俸之半差破隨行幹辦使臣等恩命不允詔

卿懇避上宰，願持親喪，念難奪于至情，已特從于勤請。若乃續廩庫之奉，稍給户庭之使，令非獨示寵異之優，亦以嚴等衰之辨。❸載在典故，合于事宜。雖卿素懷損挹之誠，不累于物；矧今方在閔藭之際，豈顧其私。然此恩章，蓋存國體，勉承眷意，毋復固辭。所請宜不允。

蔣芾再辭免依典故給月俸之半并依格法指揮差破隨行使臣等恩命依所乞詔

卿富經濟之業，冠弼諧之司。雖予寧三年，蓋無貳事；而式是百辟，宜有優恩。既攷典章，始頒詔旨。

---

❶ 此文又見於夏本卷四，目録題作「賜徽猷閣直學士吴芾乞致仕不允詔」，正文題首有「賜」字。

❷「卿」上，夏本有「敕吴芾」三字。

❸「衰」，文淵閣本作「殺」。

乃勤累奏，必欲終辭。重鼇素懷，勉從來諗。惟眷注之良厚，尤歎嘉之靡忘。所請宜依。

新除端明殿學士簽書樞密院事梁克家辭免恩命不允詔

卿學窮浩博，識造淵微。蚤冠冕于辰髦，寖踐揚于禁路。出納惟允，密贊邦家之宜；從容以和，益儲公輔之望。俾預聞于兵政，蓋蔽自于朕心。庶幾殫帷幄之謀，亦以驗詩書之效。毋爲謙挹，其即欽承。所請宜不允。

端明殿學士簽書樞密院梁克家再乞解罷職任退奉外祠不允詔

卿宏材敏識，秉國機政。惟事叢任重而夙夜不懈之故，以逢霧露之疾。神明扶持，亦且良已，謁告旬日，曾何足言。卿其節省思慮，輔近湯液，使遄有喜，毋復以引去爲辭，稱朕意焉。所請宜不允，不得再有陳請。

新除敷文閣直學士依前成都潼川府夔州利州路安撫制置使兼知成都府晁公武辭免恩命不允詔❶

朕惟祖宗時，❷其自待制除守成都者，往往進直學士之職以遣之。矧卿服在禁塗，蔚爲宿望，任四路兵民之寄，積二年鎮撫之勞。乃今進職，蓋云晚矣，又何辭焉？所請宜不允。

端明殿學士新除荆南劉珙辭免除資政殿學士恩命只令帶見今職名往知荆南不允詔

卿頃位樞府，盡心公家，見義必爲，守正不撓，朕所未嘗忘也。荆居上流，晉比分陝，徒得君重，副吾四支。惟是端明之職，自明道復置訖元豐初，無以舊弼爲之者。卿雖無所增損，殆未稱朕所以不忘賢德與今兹倚重之意。進一等，蓋循故事，初未有殊特褒賞加于卿也，又何辭焉？所請宜不允。

新除户部侍郎楊倓辭免恩命不允詔

卿入踐省寺，出擁使節，理財之職，更閱幾徧矣。進貳民部，益觀來效。若乃知取予之有道，欲軍民之俱足，能陳此義，實獲朕心。勉務力行，毋爲退避。所請宜不允。

---

❶ 此文又見於夏本卷四，目録題作「賜敷文閣直學士晁公武辭免恩命不允詔」，正文題首有「賜」字。
❷ 「朕」上，夏本有「敕公武」三字。

試吏部侍郎薛良朋乞檢會前奏除一在外宫觀差遣不允詔

卿綽有文雅，富于材猷。雖三輔浩繁，而一切治理。載疇政績，擢寘禁塗。既付以銓綜之平，亦需其獻納之益。美成在久，豈日月以爲功；進思盡忠，其夙夜而匪懈。毋懷故土，而有遐心。所請宜不允。

新知太平州周操辭免除徽猷閣直學士恩命不允詔

卿頃任言責，凛有直聲，晚登禁塗，蔚爲宿望。勉從便郡之請，蓋示優賢之意。學士之職，初非踰等，法所當得，義無可辭。所請宜不允。

新除吏部侍郎陳彌作辭免恩命不允詔

卿敏識足以察微，宏才足以經遠，夙夜匪懈，知無不爲。今之兵部，職分而事簡，非《唐六典》之舊矣，念未能盡卿所長也。爰正貳卿之名，俾司銓筦之重。亟祗厥服，益究乃猷，毋執謙詞，以稽成命。所請宜不允。

劉章辭免除禮部侍郎兼侍讀恩命不允詔❶

故舊之義，❷所以厚民風；老成之人，所以重國體。惟兹二者，卿實兼之。召置貳卿，典司三禮。卑以自牧，雖陳引避之辭；直哉惟清，其思選任之意。所請宜不允。

新除資政殿大學士致仕周葵辭免恩命不允詔

士之致其事者，朕皆有以寵綏之，矧卿德齒之尊，輔弼之舊，朕所以貴德尚齒，與夫優待大臣之意，其可已乎？體予眷懷，祗服新命，永錫難老，使士大夫有所矜式焉。所請宜不允。

資政殿大學士知寧國軍府事錢端禮奏到任已旬月年踰耳順乞復令奉祠退就閒館不允詔

卿世濟忠孝，地兼親賢。入參政機，蓋實行于相事；出布德意，亦自昔之名藩。繄民具瞻，與國同體。宜盡股肱之義，益圖屏翰之勳。而乃洊貢封章，力求暇佚。矧美成在久，豈旬月之足言？而克壯其猷，正

❶ 此文又見於夏本卷四，目録題作「賜敷文閣待制劉章辭免恩命不允詔」，正文題作「賜敷文閣待制提舉佑神觀兼侍讀劉章辭免恩命不允詔」。

❷ 「故」上，夏本有「敕劉章」三字。

耆賢之是賴。勉安爾位，毋復他辭。所請宜不允。

顯謨閣學士提舉江州太平興國宫王師心乞致仕不允詔

朕方貴德尚齒，肆時耆壽俊，往往不敢寧息，賁然來思。卿宿德雅望而又近在輔郡，朕獨未之識也。雖以養疾之便，未能出從吾游，其可致爲臣而遂已乎？所請宜不允。

捧日天武四廂都指揮使安遠軍承宣使吴拱辭免除兼知興元軍府事充利州路安撫使恩命不允詔❶

朕惟乃父盡力百戰以保衛全蜀，❷蜀人德之，如甘棠思召公也。爾又能服父訓不違，公忠潔廉，是以士尤樂爲之用。乃者即其駐軍之地，付以牧守之重，從民之欲，因勢之便，用材之宜，❸庶幾建一官而三物成焉。往其欽哉，毋替朕命。所請宜不允。

---

❶ 此文又見於夏本卷四，目録題作「賜安遠軍承宣使吴拱辭免恩命不允詔」，正文題首有「賜」字，「利州路」作「利州」。

❷ 「朕」上，夏本有「敕吴拱」三字。

❸ 「用」，夏本作「因」。

降授安德軍承宣使成閔辭免復鉞恩命不允詔

卿自奮忠力，洊更險艱，間因人言，久去近列。雖稍遠于舊秩，猶退奉于祠官。屬閫寄之是嚴，歎人才之匪易。不以一眚揜大德，既當念功；安得壯士守四方，豈若求舊？俾建元戎之節，往臨京口之師。非名器之爾私，蓋事權之宜稱。其祇朕命，益既乃心。所請宜不允。

龍神衛四廂都指揮使廣州觀察使趙撙乞賜收還特轉行一官恩命檢會近上奏劄辭許賜自便不允詔

卿總戎于外，宣力滋多，特頒異恩，升畀顯秩。夫將帥之義，一于徇國，故在《易》之《巽》，進退志疑，則利武人之貞以治之。今卿辭避新命，而顧以去就進退爲言，豈其宜乎？其即欽承，思所以稱。所請宜不允。

四川安撫制置使兼知成都府晁公武銀合夏藥敕書

卿外分閫寄，邈在坤隅，載嘉鎮拊之勤，方履炎歊之候。肆頒珍劑，以示眷懷。

觀文殿大學士兩浙東路安撫使史浩銀合夏藥敕書

卿以輔相之崇，任蕃宣之重。屬炎歊之未艾，念鎮拊之良勤，式示眷懷，特頒珍劑。

知樞密院事四川宣撫使虞允文銀合夏藥敕書

卿趨造于朝，尚勤跋涉，節宣其氣，宜謹興居。念方届于炎曦，肆特頒于良劑。即期入覲，以副具瞻。

參知政事四川安撫使王炎銀合夏藥敕書

卿參翊政塗，往釐蜀部。既揔參之艱險，復觸熱之袢延，宜有分頒，以資衛養。

觀文殿學士福建安撫使汪澈銀合夏藥敕書

卿望冠樞庭，任分帥閫。惟閩山之多暑，矧夏令之方炎，特頒劑和之良，以助節宣之用。

資政殿學士荆南路安撫使劉珙銀合夏藥敕書

眷西樞之舊德，鎮南紀之上流。既觸熱以就塗，方下車而開府，特頒良劑，以示眷懷。

御前諸軍都統制郭振王友直趙撙陳敏吴拱員琦王琪楊欽御前諸軍副都統制張榮郭剛張青郭諶王明銀合夏藥敕書

卿夙推將略，外總師干。有嘉守衛之勤，方屬炎蒸之序，特頒良劑，以示眷懷。

資政殿大學士知寧國府錢端禮銀合夏藥敕書

卿以政府之崇，任名藩之寄。方對時之袢鬱，其加意于節宣，爰命疾馳，往頒良劑。

觀文殿大學士兩浙東路安撫使史浩資政殿學士知温州王之望資政殿大學士知寧國府錢端禮資政殿學士湖北安撫使劉珙銀合臘藥敕書

卿義均股肱，任重藩屏。屬冰霜之方凜，念夙夜之良勤，宜有匪頒，以資輔養。

四川安撫制置使兼知成都府晁公武銀合臘藥敕書

卿綏拊西南，勤勞夙夜。歲華云晏，寒氣方凝，特頒湯液之良，往助節宣之用。

參知政事四川宣撫使王炎銀合臘藥敕書

眷吾輔弼，撫彼西南，道阻且長，歲聿其莫。特致精良之劑，式昭眷注之懷。

御前諸軍都統制郭振王友直趙撙楊欽吴拱員琦銀合臘藥敕書

總戎于外，宣力爲多。方此沍寒，念其勤勩，式頒珍劑，以示優恩。

御前諸軍副都統制張榮郭剛王明張青王承祖秦琪銀合臘藥敕書

協贊元戎，訓齊勁旅。匪頒之寵，沾丐惟均。以慰勤勞，式昭眷撫。

鎮江府都統制成閔銀合臘藥敕書

起從祠館，外總師屯。方卜啓行，屬當寒凛，特頒珍劑，以示眷懷。

武鋒軍都統制陳敏銀合臘藥敕書

輟從環列，外總師屯。受命云初，祁寒方凛，特頒珍劑，以示眷懷。

正月一日賜金國賀正旦人使入賀畢歸驛御筵口宣

三元之慶，萬物皆春。眷乃皇華，賜之宴樂。其承寵渥，以對休嘉。

正月三日賜金國賀正旦人使内中酒果口宣

歲律方新，春寒尚冽。眷言使傳，留止都郵。爰致甘滋，俾諧燕衎。

正月四日賜金國賀正旦人使玉津園射弓弓箭例物口宣

卿等循聲而發，克謹于容儀；承篚是將，俾頒于器幣。豈惟適用，蓋以旌能。

金國賀正旦人使玉津園射弓御筵口宣

卿等新元展慶，暇日出遊。射不主皮，蓋云和志。宴有折俎，庸以示慈。

金國賀正旦人使玉津園射弓酒果口宣

眷爾新華，遊于禁籞。奠而後發，樂且有儀。式嘉審固之能，往致芳甘之品。

玉津園射弓賜酒果口宣

射以觀德，樂且有儀。載惟終日之勤，特致上尊之賜。仍加果實，以助燕私。

正月六日賜金國賀正旦人使朝辭歸驛御筵口宣

乃眷使華，已辭軒陛，即其舍館，錫以燕羞。蓋軫念于勤勞，俾從容于衎樂。

又

卿等趨庭告至，整駕將行。毋疾其驅，尚少留于信宿；既醉以酒，式昭示于惠慈。

金使赴闕賜被褥鈔鑼口宣

寒律云初，使華來蒞。念久勤于道路，方入憩于都郵，爰致頒宣，以昭眷渥。

賜生餼口宣

眷言使節，戾止都郵，俾致餼牽，式昭寵賚。庶幾飽德，亦足忘勞。

賜内中酒果口宣二首

脩塗滋久，授館云初。錫以醇醪，副之佳實。出于内府，時乃異恩。

使介之華，少留于闕下；芳甘之品，特出于禁中。式致匪頒，以昭寵異。

賜金國賀正旦人使大銀器口宣

春元均慶，鄰好修和。載嘉四牡之勤，特賜中金之器。兹惟優異，其克欽承。

大金賀正旦使到闕平江府賜御筵口宣

遠會春元，來臨近甸。言念風霜之冽，不勝道路之勞，特示燕慈，以將恩渥。

大金賀正旦使到闕赤岸賜御筵口宣

使節飛華，國函修睦。近在郊關之外，想多川陸之勞，式示燕慈，欽承至意。

赤岸賜金使御筵口宣

使節倭遲，亦云勤勩。都門密邇，諒切欣愉。其頒式宴之恩，以示勞來之意。

賜金國賀正旦人使朝辭訖歸驛酒果口宣

卿等入辭法座，出憩賓郵。念將命之良勤，矧就塗之非久，洊加錫予，以示眷存。

賜金國賀正旦人使回程龍鳳茶餅金鍍銀合口宣

靈卉之英，建谿所貢，兹惟絶品，非止常珍。眷使節之言歸，庶槖裝之增賁。

赤岸賜金國賀正旦人使回程御筵口宣三首

卿等聘儀告畢，使節言還。出舍于郊，將復勤于跋履；既醉以酒，尚少盡于從容。

卿等已事而竣，兹復祇于遠役；式燕以衎，宜少駐于近郊。尚體眷懷，庶忘勞勩。

華正展會，信使遄歸。方臨倏陸之勞，宜有祖筵之盛。庸將嘉禮，以示至懷。

赤岸賜金國賀正旦人使酒果口宣

卿等還車言邁，甫出宿于近坰；飲酒孔偕，尚少留于祖帳。復頒芳旨，益厚眷存。

平江府賜金國賀正旦人使回程御筵口宣

卿等肅持使節，已畢慶儀。指燕路以言還，至吴門而少愒。申加燕勞，尚體眷存。

鎮江府賜金國賀正旦人使回程御筵口宣

卿等將命還轅，經塗會府。屬當寒凛，亦既勤劬。爰錫宴私，以昭眷渥。

盱眙軍賜金國賀正旦人使回程御筵口宣

卿等畢使言歸，征塗云久。兹焉弭節，行即渡淮。尚少遲回，于胥燕樂。

鎮江府賜金國賀會慶節人使銀合茶藥口宣

誕節甫臨，使華來聘。冒風霜之凄勁，涉川陸之悠長。特致匪頒，式昭眷撫。

鎮江府賜御筵口宣

眷惟使節，來會誕辰。適既濟于濤江，方少休于候館。往頒燕衎，庸慰勤榮。

赤岸賜金使酒果口宣

遠勤信節，來展慶儀。行即扣關，俾伸廷勞。載頒芳旨，以助燕私。

賜金使上壽畢歸驛御筵口宣

誕辰紀節，信使造庭。進退周旋，見容儀之有恪；飲食燕樂，示吉慶之惟鈞。

歸驛賜酒果口宣二首

載嘉使介，入覲闕庭。已虔致于慶儀，復即安于公館。宜推好賜，以表眷懷。

誕節均歡，使軺修聘。俾之授館，行且經旬。洊致芳甘，式將眷渥。

文定集卷九

宋汪應辰撰

序

陳忠肅公文集序

自荆國王文公變更法度，後之用事者又託之以濟其凶，一時忠臣誼士，尊君憂國，相與出力争之，不爲不多。黨錮之籍，其大概可見也。然其言不行，身不用，則亦已矣。若乃辨白是非如指諸掌，探索隱伏如見其肺肝，反復傾盡，不遺餘力，姦臣憤疾，❶磨牙摇毒，必欲不俱存而後已，摧沮撼頓，流離傾沛，無所不至，而氣愈壯，言愈切，則天下一人而已。忠肅陳公是也。蓋公以身任天下之重，以萬物爲吾身，而莫知孰爲彼此也；以死生爲旦暮，而莫知孰爲禍福也。至大至剛正直之氣，實與天地相爲終始，此豈苟然者！昔孟子推原楊墨之害，以爲禽獸食人，人將相食。夫見微而知著，非智者不能也。及事之已然，則宜夫人而能知

❶「姦臣」，夏本作「巨姦」。

之。若乃目見其效，身被其害，浸淫蔓衍，偏滿天下，而猶或不知其所以然者，豈非邪説之誣民既久而與之爲一歟？靖康之禍，❶自古所無。世徒見其末流之失，而異時用事者反得藉口以自解。然公方天下全盛、邊事未萌之時，固已有南北分裂之憂。是果何所見而言耶！學者于此，亦可以悚然而悟矣。遺書餘論，所以覺後覺，正人心。其所繫于天下國家者，豈曰小補哉！

徐壽卿集序

古之學者，非有意于爲文也。其于天下之義理，講習之明，思索之精，藴積之富熟，既已昭晰而無疑，從容而自得。其發于文字言語也，如指白黑，如取諸左右，如楚人之爲楚語、齊人之爲齊語，❷亦不期然而然矣。後之人讀其書，誦其言，見其明白純粹，善美并具，而不可幾及也，則掇拾其遺餘，摹寫其彷佛，苦心焦思，求所以爲之。雖或近似，而終非是也。于是有以文爲諸儒倡者，則曰文當以仁義、《詩》《書》爲本。此雖異于世之逐末者，然其意則主于爲文，蓋亦未得其本也。永豐徐壽卿，年少氣鋭，雖勉焉爲世之科舉之業，而引筆行墨，縱横傾注，往往自出己意，不牽于俗，固已有過人者矣。既而從范陽張先生學，日見所未見，日聞所未聞，謂夫道之可以經世而非私智之鑿也，言之必可行而非邪説之誣也，天人之本一也，物我之非有二

❶「靖康」，夏本作「夷狄」。
❷「楚語」，夏本作「楚製」。

也。方將詳説而反約，彊學而力行，以充極其所見聞，至于古之學者而後已。僅得一第，爲宜黄縣佐，而不幸死矣。其孤居正持壽卿所爲文十卷，求予爲序。蓋觀壽卿之文，則可以見其學矣。故爲道古今學者之異，而序壽卿之本末如此以授之。爲居正者，尚行壽卿之志乎哉！

送王公濟序

多聞識，有智慮，可以爲難能，而君子之道，或非所先也。河南王公濟，從事于桂林，而應辰得與之交。其問學浹洽，極本末，無所遺忘。議論馳騁，纚纚不窮。至于居官臨事，明敏精密，盤錯必解，隱伏必察，而纖悉無不舉也。世之稱道公濟者如此，而公濟所與余朝夕講貫，惟存心行己，求無媿于道之爲事。竊嘗夷攷其行，以實其言。蓋其與人交而不欺也，受人之德而不忘也，犯之而不校也。貧至于饘粥不繼，而收卹孀遺，奉養教誨，身執粗衣敝以爲之率，加以彌縫調腼，于其間無所不至，内外無間言，而怡怡然忘其貧也。余未所能言，而其所不能言者，亦可以想見其存心矣。夫趨操出于正，則聞識知慮皆一于正矣。由是而之焉，未始有二也。不然，則所謂難能者，吾未知有無之孰爲愈，此學者所當辨也。公濟將之官，問應辰所以贈行之言者，豈以應辰之相知，或異乎衆人之知耶？士之用心于内，非昭昭然以求聞知，是以知之者寡。應辰特以久相與處之故，而有見于一二焉耳，非敢以爲知也。使幸而相與處之日加多，則所知有不止于此者。今公濟之去也，涵養充實，德義益修，有不可知者矣。雖然，姑言其所知，而其不可知者，有待于他日之再見焉。

送鄭允升序

修仁義忠信、樂善不倦之天爵以要人爵，孟子固已非之矣。至漢儒直誦言，欲以明經取青紫，其陋甚焉。吾黨鄭生家貧，急于應舉，惟是夙夕誦舉子試中之文不輟，模倣馳逐，庶幾及之，姑無望其如漢儒之明經，雖諸子、歷代史亦不暇涉獵之矣。其爲欲速，不太甚乎！夫捨本業而恃剽竊以爲生，何可長也！學者固不爲科舉計，若生之爲科舉計，亦疎矣。紹興十八年，余爲宜春別乘，生適來學中，未幾告歸，求言以贈行。余所以爲生惜者如此，相别不可以不盡也。故直告之如此。

送鮑以道序

子游曰：「君子學道則愛人。」有地百里，固古人之所不敢苟也。永嘉鮑以道，彊學博聞，樂善不倦，而疾惡如恐不至，阨貧而不憫。部使者聞之，使攝臨海縣，而以道豈爲貧者哉！昔者黄魯直問政于山陽徐仲車，徐仲車曰：「爲政之務，慮不厭熟則寡過，睦僚佐則事舉。」魯直報之曰：「大雅之爲人遠矣。立參于前，坐倚于衡，何日忘之？」嗚呼！應辰誦此言久矣，以告以道。以道曰：「慮熟寡過則誠所未至，睦僚佐則吾固優爲之。」夫君子自以爲不足而優于天下。樂正子爲政，孟子所以不寐也。夫仲車之言簡而直，魯直以一代文豪而服膺之若此者，誠有味其言也。惟以道于未至者求所以至之，于所優爲者不怠焉，然後知「立參于前，坐倚于衡，何日忘之」者，不徒一時言之耳。臨海之民尚有望哉！

送趙允明序

洛陽趙允明秀才訪僕于山間。將行，請曰：「欲以至誠立身。」大哉斯言！非自任以聖賢之重，其何能及之！雖然，世之以誠藉口久矣，諸子百家粲如也，顧求其成己成物，有如聖人所謂者幾人？抑其言之詭耶，行或盭耶？是未敢易言也。試舉以問吾子，或者曰：「君子誠心于爲善，小人誠心于爲惡者也。」夫誠矣，又爲善，是誠與善爲二也；誠矣而至于爲惡，是誠者非天之道也。隱于吾心，是耶？非耶？子行矣，其繇是而疑，疑而思，思而得矣。

贈徐朝卿序

余故與徐壽卿厚。壽卿不幸，僅得一第死，余念之不能忘也。其弟朝卿訪余于山間，且言生理益落，家世傳《河圖》書，不知其所從來，以人之始生歲月按圖而攷，其禍福無不驗，今將藉此以餬口。余爲再三嘆息，久乃使試其術，以至汎問錯取，參差不齊，而一一皆中。異哉子之有是書也！朝卿本業儒，爲性静慎，無世俗日者多言誇嚴之態，❶故術之精確至于如此，而不免于洴澼絖也。雖然，由子之術而論之，則既有所係矣。挾此以遊世，使人人皆知通塞之有所係，亦庶幾季主、君平之意乎哉！

❶ 「嚴」，文淵閣本作「詡」。

贈杜術士序❶

世之推步五行以談禍福者皆祖李虚中。爲虚中者，其自攷必審，其自信必確矣。然迺服藥，覬幸長生，而顧以速死，是不知命之有制而欲以力勝也。其自攷者如此，何以攷他人之禍福乎？其自信者如此，何以使人之信乎？又況爲其徒者乎？世人不攷其源流，隨而信之，此吾所未喻也。今番陽杜君爲虚中之言者也，然何其談人之禍福歷歷不少差，又有使人不能不少信者。夫君子之安命，非能逆知其淹速之度，❷要以爲非人力所能致，故一切任之而已耳。彼以夫茫昧怳惚不可致詰之理，而尚可以智索，❸則遂謂亦可以力勝也，此虚中之所以困歟？

❶ 此文又見於夏本卷五，目録題作「贈杜君序」，正文題作「贈杜君術士序」。
❷ 「速」，夏本作「數」。
❸ 「尚」，夏本作「猶」。

記

守正觀養二齋記❶

方耕道謂某曰：「吾聞諸中書吕公，公聞諸其先友曰：『守至正以待天命，觀物變以養學術。』吾退而名所居之二室曰『守正』、曰『觀養』，將朝于斯，夕于斯，從事于斯，以毋忘吕公賜也。願子爲我記之。」耕道抗邁之氣，閨門雍睦之行，出處之節，其過絶人者甚衆。今無乃視鄉所有爲未足與？是非邪正所在，有心者所同知也。然而以衆人之所知，而世之君子有不能行；平日之所恥，一朝有安行而不疑者。夫以口耳之學、血氣之知，以當利害之變，何止于杯水救輿薪之火也！是以紛紜叢脞，莫能相尚，能于此不能于彼，勉强于所易，失之于所難。或僅能扶持，至于末路，不復自振，要未可以一節爲定論也。顔子居陋巷，簞食瓢飲，不改其樂，孔子賢之。孟子曰：「禹、稷、顔回同道。」由後世觀之，能不戚戚于貧賤而失措于死生之際者有之矣，孔孟之言，亦阿所好耶？意顔子所謂不改其樂，必有不苟然者矣，睎顔之人所當攷也。然則士之有爲有守而不出于存養之功，難矣哉！此宜吕公所以有望于耕道，而耕道之所以不可已也。所謂過絶人者，將在此而不在彼矣。某不肖，迺者亦幸有聞于吕公，懼未之能行，今又幸而聞耕道之風，庶幾取則之不

❶ 此文又見於夏本卷五。

遠也，抑吾黨之士又有從而興起者焉。是以爲之記而不敢辭。

豹隱堂記

東萊吕君時叙，紹興十五年丞于武義縣。冬十二月，因農之暇日，取官之棄材，築堂于廳之西，未旬月而成。公事之退，以與兄弟講習道義于其間。❶縣人有請者曰：「澤其衣毛以成文章者，豹也。蓋君子豹變，盍以『豹隱』名是堂乎？」時叙以爲然，而屬某爲之記。所謂君子之文章者何也？其惟優游厭飫，閱天下之義理，而極其要歸，存于心而安，措于身而宜，發爲英華，流爲潤澤，而有不可掩者也。非外此而又有所謂文也。自孔子之前，聖賢之説可知也，而未嘗有以文與質兩立而並言者。單襄公曰：「文王質文。」夫質也，❷而曰文，此後世所疑也，蓋古之遺言如此矣。世衰道微，乃始有文似而質非者，凌雜于君子之間而莫能辨也。于是孔子始别白而言之，曰：「文勝質則史，質勝文則野。文質彬彬，然後君子。」夫質猶文也，文猶質也，實一而名二。又或至于偏勝者，疑非聖人之言。蓋言之不如是，則無以辨彼之不然，而明此之非有二也。使文與質而果異也，則夫「敏而好學，不恥下問」，自後世觀之，是爲質耶？文耶？蓋聖人之時，道之難明、辭之煩悉，則已如此矣。況又至于後世，習其名不察其實，物我異觀，體用殊致，其亦無足怪也已。

---

❶「習」，夏本作「聚」。

❷「文王質文夫」，原作「文去質文去」，按《國語》卷三記單襄公語曰「文王質文」，故據夏本及《國語》改。

惟吕氏之學，遠有端緒，粹然一出于正，爲世師表者相繼也。而時叙兄弟實謹守其所聞，凡衆言之是非，若觀火矣。持是而往，所謂孰能禦之者歟？故予因斯堂之爲是名也，而歷道學術之所以然以告方來，使知吕氏所謂文章者蓋如此。時叙名大倫，治先名大器者，其兄也。允升名大猷，逢吉名大同者，其弟也。

潛齋記

目之于色也，耳之于聲也，視之而能見，聽之而能聞者，誰歟？八荒之外，數千里之遠，鬼神之茫昧也，耳目之所不及也，而思之則得，索之則至，參列于吾前者，又誰歟？論至于此，非天下至神，有不足以名之矣。故揚子曰：「神在所潛而已。潛天而天，潛地而地。」此聖賢與衆人之所同，亦未始有古今之異也。然而文章、事業邈不相及者，吾嘗求其故矣。三代以上，學者以知道爲先，泛觀博取而究其終極。凡天下之物，莫非爲吾之資。至于浸潤厭飫，豁然開朗，卓然獨立而自得諸我，則天下之物亦莫非爲我之用。措之于身而安，施之于天下、國家而宜，感格天地，發育萬物，皆自然之符而無待于外者，蓋有其本矣。後世之士有志于學者，推尋文義于毫釐之間，謹守法度于造次之際，亦可謂强學力行矣，而知之者實未至也。故明于《春秋》而災異之説得以惑，恬于勢利而死生之變得以驚，况其下者乎？此古今學術之異，不可以不辨也。建安陳德洨温粹謹潔，孜孜焉以問學爲事，取揚子所謂者名其居之室曰「潛」，而訊其説于僕焉。夫所謂神心者，猶曰天之高、地之厚耳，要當知其所以然者。孟子曰：「有四端于我，知皆擴而充之，若火之始然，泉之始達矣。」又曰：「盡其心者，知其性也。」苟知之者未至，則安能擴而充之，以盡其所以爲高明廣大者哉？

故願于此致意焉。❶ 居是室也，必有非昔之隱几者矣。

平政橋記❷

水自玉山歷信州而西，州之南有浮橋焉。歲月寖久，板罅柱脱，❸傾欹動揺，行者惴惴焉。夫徒杠輿梁之不設，而民以病涉，此其害之可見者。至于有其具而不足恃，則有不可測知之害。此仁人之所隱而爲政者不可緩也。今奉議郎趙侯汝愚子直自著作佐郎來領州事，憫然念之，顧以比年費用日增，校之異時相倍蓰而不啻，左支右吾，殆不暇給。惟是撙縮浮濫，檢柅欺隱，銖積寸累，久之得錢三百萬而贏。于是撤舊橋而一新之，廣厚堅壯，坦如夷塗。父老嗟嘆前所未嘗覩也。其下流曰三港，蓋永豐之水北行又西南湊集于此，而閩人所從往來之津也。舊以舟渡，至是收其餘材，亦創爲浮梁以易之。淳熙元年九月丙申始作，閲六旬而成。其市材僦工，率爲平賈，謹視出納，無稽留峻刻之弊。民之與官，爲市爲役者，如私家然。自初聚糧以至訖事，無一擾于民者。《春秋》常事不書，凡土木之役，不時害義，固非其常矣。至于雖得其時，雖當

❶「意」，夏本作「志」。
❷ 此文又見於夏本卷五。
❸「柱」，夏本作「柄」。

于義，亦謹而書之，蓋以用力爲重也。況能于艱難傾側之中，❶委曲經晝，纖悉備至，未嘗勞民之力而能以革弊除害，以《春秋》之法言之，則其于凡例之外，變文以示義宜何如。顧余不足及此也，特記其事而已。

昭烈廟記

古聖王之制祭祀也，法施于民則祀之，❷以死勤事則祀之，以勞定國則祀之，能禦大菑則祀之，能捍大患則祀之，此蓋不易之彝典也。玉山東嶽之行祠，舊創于普寧寺之西。紹興癸亥，相攸卜食得爽塏，始闢而壯麗之。❸侑嶽秩祝之神，❹莫盛于張、王。初廟食湖湘，迤演江右，施及玉山，然封爵同而名諱異，或者疑焉。按《唐・忠義傳》，張巡、許遠守一州，捍天下，慷慨死難者三十六人；史佚王姓名，邈無攷索。後江西憲使方師尹撰《弋陽行祠記》云囊效官京口，觀《淮陰棄指亭記》論王始末，甚有條理，迺知王諱抃，家于滑之白馬。安禄山之亂，巡、遠提孤軍守睢陽，築臺募勇士，得南霽雲爲將。王與厚善，同出睢陽乞師，賀蘭進明不與，俱斷一指誓信，軍中爲之驚駭出涕。偕還且射浮圖，矢中磚，誓破賊必滅進明。未幾城陷，王等俱死

❶「傾側」，夏本作「偪仄」。
❷「法」，夏本作「福」。
❸「始」，夏本作「昉敞」。
❹「祝」，夏本作「祀」。

之，夢其家曰：「吾得請于帝，令輔南嶽爲司録事，出乘輕車，迅捷如飛，掌察人間善惡，具以聞而加賞罰，吾乘此可誅不忠。」未幾，進明遇疾，如雷之震，❶蓋其德也。然則王之膺帝令以輔南嶽，不獨表表于三十六人之中而聲靈顯赫，且緜緜于千萬世之下，豈偶然之故哉？先是唐開元、天寶間，王累舉進士不第，曾有《題衡州泗州寺》詩：「一水悠悠百粵通，片帆無奈信秋風。幾程峽浪寒春月，盡日江天雨打篷。❷漂泊漸揺青草外，鄉關誰念雪園東。未知今夜依何處，一點漁燈出葦叢。」其文章有如此者。王平生任俠，常袖舉金鎚以擊不平。死守睢陽，氣勁力鋭，終始不渝。巡、遠之忠義，霽雲實讚嘆之。霽雲之勇壯，王實佑助之。氣節有如此者。巢寇俶擾，衡民乞靈于王。寇過耒江，遇躡履者皆巨足，詢其故，曰吾州兵屨也。俄有寇見偉人，高牙大纛，躍皆丈餘，寇褫魄卻走，境賴以安。隨處祠像，號感應太保，其威靈有如此者。是皆善德于唐也。生爲精忠之臣，殁被盛德之庇，如潭，如邛，❸如柳，如槺，如撫，如南安、建昌，所至靈應，廟貌翬飛，不可縷數。賜額「昭烈」，則自政和乙巳始也。後南安查仲正等捐金塑像，名曰「取命案」，崇奉經年。紹興丁卯，仲正夢王坐白馬，揮金鞭，曰祠乃江東水絶處，❹香火速移他所，❺否則禍及兹土。覺，遂識此語。是歲

❶「雷」，夏本作「雹」。
❷「盡」，夏本作「尽」。
❸「邛」，夏本作「邙」。
❹「祠」，夏本作「神」。
❺「速」，夏本作「賴」。

春暮，遠送神像并其侍從，舟載沿江泝而東，卜皆不叶。至玉山，始得卜。寰邑士庶官吏遠迓，奉安于邑之暖水三山，實行嶽之佐也。淳熙乙未春，南安張珉等十三人復辦供器來獻，以備歲時供奉之需。自是水旱盜疫，無禱不應。邦人咸輸財勠力，❶立祠于行嶽之東邊。祠之前有泓泉漪潔，凡有疾疫，謁飲即愈。歲遇庚伏，市民齋戒徼福，辭曰：「收瘟，稍茹葷腥，擊毆無貸！」七月二十五日相傳爲王誕，遐邇稚耋、蒙恩戴惠者，香花簫鼓，肩摩踵接，闐咽道途，以答神庥，不但兹邑而已，邑令陸翼年遂更名「賜福案」。王自政和至乾道累封八字，是爲「忠靖威顯靈佑英濟王」。夫人累封四字，是爲「協惠懿澤夫人」。竊謂古今惟忠義之士，一點英氣，磅礴穹窿，生爲國家柱石，死則凛凛在斗牛間。王之忠義穎拔，三十六人知其功，史佚其傳，能無遺憾？然棄指之亭碑可攷，異代之蒸嘗不絶，有非當時諸將所能企及，豈非王之名氏史雖不録，而褒封廟祀不能不昭盛美以垂不朽，殆天録之以報其忠耶？然則勤事定國，禦菑捍患，王無愧于古聖王之祀典矣。兹廟遂成，缺記顛末，父老俾述其概且以誌邦人被福之侈。雖然，王之英靈利澤固隨遇而隨著也，豈獨此邦而已哉！因叙大略，且作詩使歌之以祀云：

玉山蒼蒼兮玉水清，神馭來下兮衆心傾。有秩斯祐兮昭聲靈，❷沴息妖盪兮福羣生。五風十雨兮保秋成，鼓腹終身兮樂昇平。輸誠牲酒兮薦芳馨，伐鼓坎坎兮鳴鏞笙。神貺無窮兮曲直亨，欲報罔極

❶「咸」下，夏本有「賀」字。
❷「祐」，夏本作「祐」。

兮摇心旌。

諸溪橋記

諸溪有橋，乃宋紹興間郡侯秘書林公所建，前記備矣。然攷之圖志，櫧乃從木，故老相傳溪岸多櫧木，遂以得名。或曰衆流之所會也，故又稱曰「諸溪橋」。❶今且百年矣，水齧而敗，過者病焉。余一日出郊，目擊怵然動心，退而究其原委，則知前人創始未必不爲經久計者。自昜木而石，蓋嘗買田以爲歲修之備，立意固善，作法非良。迺以田租屬之廣教院，主僧去來不常，悉以所入資其妄用，橋之數圮不顧也。計田之入，歲爲米二十五石有奇，與其斥爲緇徒蠶食之費，孰若收其贏以助吾惠政。而況因接崖猶存舊地，撥沙取石，多有遺材。他山可攻，功亦易就。量其所費，衆謂得五十餘券，足以辦事。郡方窮乏，❷無力議也，于是以其租歸于官，存五之一以贍掌橋道者，姑輟己俸千緡助之，餘則于綱賞庫借用焉。積其歲之入，不數年可以盡償。郡得此租，則修舊起廢，來者不容逭其責矣。爰屬上饒邑佐游君炳董其事。游君精敏而峻潔，市材僦工，直與時平。凡所經營，一如私家，未嘗毫髮擾民。不七旬而告工成。

橋之址創者一，修其半者二，衡爲尺十有三，縱七十有四，爲欄爲楹，悉完之，費八千二百九十四緡有

❶「又」，夏本作「今」。
❷「乏」，夏本作「空」。

奇。郡所撥之外，乃邑大家出是塗者争助成之。余懼夫郡有修橋之田而後人不之知也，又惜夫諸大家有樂施之善而名不彰于後也，故刻之石以紀始末，併以其姓氏附下方云。

桐源書院記

桐源在貴溪縣南。高氏之族，唐時有諱寬仁者，累官至福建觀察使。自後以《詩》、《書》顯庸者，代有其人。今國子監學録可仰先生，寬仁七世孫。在家未仕時，刻苦學問，作書院於所居之旁，乃收召宗族及鄉人之子弟教之，因名曰「桐源書院」。可仰出身科第，授今職。予與先生同郡，徵言于予以記書院創立之始。夫三代之時，黨庠、術序、家塾之教遍天下，俊造之士升于國都者必皆自其鄉。故居于家而孝弟廉恥之行立，仕于時而仁義之政修。後世鄉閭之教廢存者，獨州郡之學爾。今桐源書院，高氏特以教其家與一鄉子弟，有古人閭塾之遺意。且書院者，讀書之處也。凡人讀書于書院，人所共知；讀書之處，人或未盡知也。豈徒華居廣厦、明窗净几之謂哉？是心即書室也。吾能潔修神明之舍以讀吾書，則《論》、《孟》、《庸》、《學》之四書不在方册，在吾丹府之中矣。六經、子、史之旨趣不在篇簡，在吾靈臺之内矣。咀其英華，飫其膏馥，其爲用詎有涯哉！自古名賢巨儒讀書皆在于心，故發揮爲事業，皆本諸是心也。今學録先生歷官以來，好學之心未嘗有一日之倦，其欲立功、立德以圖不朽于世，亦未必不以古之賢人君子自期也。自兹以往，高氏子孫讀書于書院，當以古聖賢心學自勉，毋以詞章之學自足。他日有自此而達于郡邑，上于國學，赫然名聞

于四方，則書院不爲徒設矣。書以鑱于石，俾來者勉焉。❶

説

黃元圭字説

吴郡黃子夢有授之以名者曰「元圭」，寤而名之，請字于余。余曰：「審如是，則神之所以貺子者大矣。」于是字之曰「夢錫」。又從而請其説。夫物之在天地間而爲人用者，謂之五材，玉無預焉，然而天下莫不貴也。夫豈以無用而貴之哉？蓋其所以爲用者，在此而不在彼也，材不足以明之矣。齊明盛服，于廟、于郊、于朝廷之上，上以感格三神，下以照臨百官。光大之德，盛美之容，❷必有以稱其美者。當是之時，孰宜爲用哉？古之君子，務知遠者、大者，動容周旋而天下被其福，材不可得而見，功不可得而言，亦猶是矣。若夫籩豆之事，出納之吝，圃稼之學，蓋有所不知。此學者之所當擇也。吾子都其名矣，則修其實以充之者，其在斯乎？

❶「俾」，夏本作「碑」，屬上讀。

❷「盛美」，夏本作「祲盛」。

銘

陋室銘

顏子居陋巷，巷則陋矣，而顏子則王佐才也，陋巷非所以處之。柳子居愚谿，谿非愚也，因柳子得名，則愚谿亦非所以名之。余也無行誼之儲，不見比數于時輩，世所謂愚陋之士。而是室也，僅足以容膝，其陋矣哉！余之處是室也固宜，而名之以陋也亦宜。雖然，擴其所性，尊其所知，而以希顏爲志，不在我乎？顏何人哉，希之即是。案是題爲「陋室銘」而文係散行，又不用韻，蓋創爲之格。

端硯銘

應辰以端硯璞遺居中，且爲之銘曰：

厚重而堅，温潤而澤。渾然其不雕琢，凝然其不反側。惟吾居中，宜有斯石。

文定集卷十

宋汪應辰撰

題　跋

跋《貞觀政要》

此書，婺州公庫所刻板也。予頃守婺，患此書脱誤頗多而無他本可以參校。紹興三十二年八月，偶訪劉子駒于西湖僧舍，出其五世所藏之本，乃後唐天成二年國子監板本也，互有得失，然所是正亦不少，疑則闕之，以俟他日閒暇尋訪善本，且參以實録、史書，庶幾可讀也。時蒙恩除知福唐，且有旨促行，冗迫殊甚。二十有一日燈下書。

書《糾繆正俗》

右《糾繆正俗》八卷。按顔揚庭表以爲「稿草纔半，部秩未終」，則是書初非定本也。每章以朱書標所釋字于上，然所引《論語》、《尚書》、《禮記》、《春秋》、《史記》、《漢書》中事，則各以朱書書名于前；自《東觀漢記》

後，獨標朱書字，餘不復爾。而《論語》後有《毛詩》事數章，復不標《毛詩》字，不應前後乖剌如此，❶必是屬藁之際，偶爾標題，未遑緒正。除《史記》乃是論作史體制宜如舊外，宜改朱書：《論語》字爲「性與天道」，《尚書》爲「覽之者不一」，《禮記》爲「取」，《春秋》爲「游」，《漢書》爲「陂」，《宋書》爲「道憐」。又《春秋》下皆是《左氏傳》事，或詞非解經，小顔既欲立言正俗，必不以《左氏傳》爲《春秋》也。又「阡」字下止引《漢書·原涉傳》，❷别無訓説，疑有闕文。「受授」字乃是「壽」字，有兩音，宜改「受授」爲「壽」。以此益知非當時定本。顧所是正謁謬甚衆，惜乎不見成書也！然而以《東門之楊》解《坊記》，經意各有所謂，不必以爲一義。古文「有」、「又」字通，「三王有乞言」讀「有」爲「又」字，未失也。「裨諶謀于野則獲」，自是記一時事，恐不緣「草創」立文，謂後學不當因此以「草創」爲「草野」則可，❸而以疑《左氏》則過矣。後世帝女雖不執婦道，然立言正俗，而曰「公主既尊，止得云侍奉」，亦未免爲習俗所移也。潘岳賦「賴前哲以長懋」，岳必不以「懋」爲「勉」，但拘于聲韻，易《左氏》語以牽合。「懋」蓋取茂盛之意，若以爲勉勵，非惟不合《左氏》，亦復不成賦語，岳必不然。斯則文人相輕，或損其真矣。「殿」、「研」二釋，頗爲穿鑿。按《晉書》，沮渠蒙遜謂劉祥曰：「汝

❶ 「剌」，原作「刺」，今據夏本改。
❷ 「涉」，原作「陟」，今據夏本改。
❸ 「謂」，夏本作「爲」。

敢研研然也！」「研研」即崛强之貌，恐語音變而爲「殿研」。「殿」乃殿帥，❶「研」乃研摩，有何交涉而合爲一語？必欲求其一義，則又過矣。

第七卷所辨「奚斯」，以予攷之，其失自揚子雲始。子雲曰：「正考甫嘗睎尹吉甫矣，公子奚斯嘗睎正考甫矣。」正考甫得《商頌》于太師，非作也；奚斯作新廟，非作《詩》也，而以與尹吉甫並言之，非其實也。班固《兩都賦序》云「奚斯頌魯」，此又承子雲之失矣。至于王延壽、曹子建用之，不爲無所自也。

書《少陵詩集正異》

始余得洪州州學所刻《少陵詩集正異》者觀之，中間多云其説已見卷首，或云他卷，或云年譜，殊不可曉。既而過進賢，偶縣大夫言有蜀人蔡伯世重編杜詩，亟借之，乃得其全書，然後知《正異》者，特其書之一節爾，不可以孤行也。此書詮次先後，攷索同異，亦已勤矣。世傳杜詩，往往不同，前輩多兼存之，今皆定從某字，其自任蓋不輕矣。詩以氣格高妙、意義精遠爲主。屬對之間，小有不諧，不足以累正氣。今悉遷就偶對，至于古詩亦然。若止爲偶對而已，似未能盡古人之意也。「千金買馬鞭，百金裝刀頭」，言其服用之盛爾；「故鄉歸不得，地入亞夫營」，言故鄉方用兵爾。今悉以他本改作「馬鞍」、「故園」，固未知其孰是。其説則云：「若千金買鞭，以物直校之，非也；若故鄉爲營，則營亦大矣。」此等去取，非所謂不以辭害意也。律詩

❶「帥」，夏本作「師」。

全篇屬對，固有此格，非盡然也。如「宓子彈琴邑宰日，終軍棄繻英妙時」，「黄草峽西船不歸，赤甲山下行人稀」，皆律詩第一聯也，今改作「年妙」、「人行」以就偶對。若他本不同，定從其一，猶不爲無據，此直以己意所見徑行竄定。甚矣，其自任不輕也！《正異》云「攷其屬對事實，當作『年妙』」，且「英妙」者猶少俊云爾，不惟無害于事實，亦未嘗不對也。閩中所刻東坡《杜詩事實》者，不知何人假託，皆鑿空撰造，無一語有來處。如引王逸少詩云「湖上春風舞天棘」，此其僞謬之一也。今乃用此改「天棘夢青絲」爲「舞青絲」。政使實有此証，猶未可輕改，況其不然者乎！

余謂不若于杜集之後，附益以重編年譜、各卷叙説、目録、正異等，以存一家之説，使覽者有攷焉可也，未可以爲定本。

跋《南溪始泛》詩

此昌黎先生詩，所謂不煩繩削而自合者，讀者當知之。

書韓公《五箴》

余素不能書，同官吕文甫以此紙求字。每誦韓文公《五箴》，恨習氣不除，動輒犯戒。至若《言箴》所謂，尤中吾病。因書以記過，且願與同志者勉之。字之工拙，不足道也。

跋《李抱玉神道碑》

按碑云：與李光弼同討史思明，加開府儀同三司，兼太常卿，封欒城縣開國公。《新唐書》但云封欒城縣公而已。碑云：轉司徒，拜左僕射、同中書門下平章事，兼鳳翔隴右節度觀察等使，公抗表固讓，至于三四，帝順其請，去司徒、僕射之職，授河西隴右副元帥。《唐書》云：進司徒，吐蕃入寇，帝次陝，羣盜偏南山五谷間，抱玉討平之，即詔抱玉權鳳翔隴右節度，抱玉懇讓司徒，故以左僕射、同中書門下平章事、河西隴右副元帥，又讓僕射，故還爲兵部尚書。蓋碑則司徒、僕射並命，而抱玉併辭之；《唐書》則先辭司徒，故以左僕射、同平章事而又辭僕射也。

題《令狐彰開河碑》❶

令狐彰爲開府儀同三司，元載爲集賢殿崇文館大學士、修國史，❷彰在滑州有開河之功，而《唐書》二人傳皆不載。

❶ 此文又見於夏本卷一〇。「題」，夏本作「書」。

❷ 「館」，夏本作「殿」。

跋馮宿所爲某人碑文❶

裴度征淮西，韓愈、馮宿皆在幕府。後宿爲比部郎中，愈論佛骨時，宰疑宿草疏，出爲歙州刺史。今觀宿此文，諛佞虚誕，識見淺俗，詞氣卑弱，決不能作《論佛骨疏》。時宰之疑，其不智甚矣！

題《改修吴季子廟碑》

孟簡爲浙東觀察使，以工部侍郎召還。初使府得代，詔至署留後即行，李翛觀察浙西始請留，故使交政。及簡還半道，堂牒還之，如例，乃聽解。蓋詔至署留後即行，謂使府也，故翛以爲請。若列郡，則自應交政乃解矣。故此碑，蕭定已拜户部侍郎而猶云潤州刺史也。近歲有類此而疑于著銜者，此其例矣。

跋劉貢父《詩話》

《詩話》指功曹非復漢蕭何，爲杜詩之誤。按《漢高祖紀》「蕭何爲主吏」，孟康注曰：「主吏，功曹也。」孫策謂虞翻曰：「卿以功曹爲吾蕭何。」則杜非誤矣。❷

---

❶ 此文又見於夏本卷一〇。「人」，夏本無此字。

❷ 「杜」下，夏本有「詩」字。

記《戒石銘》

右蜀主孟昶之文也。❶ 太宗皇帝摘其中數語曰：「爾俸爾禄，民膏民脂。下民易虐，上天難欺。」聖意至深遠也！紹興五年有詔曰：「近得黄庭堅所書《太宗皇帝御製戒石銘》，恭味旨意，是使民于今不忘宋德也。因思朕異時所過郡縣，其戒石多置欄檻，❷飾以花木，爲守爲令，鮮有知戒石之所謂者。可令頒示天下，摹勒庭堅所書，非獨置之坐隅，亦以爲晨夕之念，豈曰小補之哉！」嗚呼！勤恤民隱，諄諄戒諭，聖意至深遠也！愚恐歲月寖久而莫詳《戒石銘》之所自者，故書昶所著全文而識其事云。

題《宋宣獻公帖》

仁宗皇帝初即位，❸章獻太后同聽政，以孫公奭、馮公元、宋公綬分侍講讀。今觀此帖，雖從容射圃之際，太后輒使諸儒賦詩勸戒。信乎，文王所以聖也！

---

❶「主孟」，夏本作「王」。

❷「檻」，夏本作「楹」。

❸「仁」上，夏本有「適來説書處藍御藥傳皇太后聖旨爲皇帝後苑射令進詩仍著勸勉意度元奭綬上資政侍郎」三十七字，此似爲帖文内容。

題《包孝肅公奏議》

《包孝肅公奏議》分門編類，其事之首尾，時之先後，不可攷也。如《請那移河北兵馬》凡三章，其二在第八卷議兵門，其一迺在第九卷議邊門，其不相貫穿如此。今攷其歲月，繫于每章之下而記其履歷于後，若其歲月可見于章中者不復重出，與夫不可得而攷者不容不闕也，❶庶幾讀者尚可以尋其大概云。如《劾罷張方平、宋祁三司使》，而《奏議》不載，豈包氏子孫所不欲以示人者耶？本傳云知瀛州，除放一路所負回易公使錢十餘萬，仍奏諸州毋得取回易公使錢，遂著爲令。然著令迺在慶曆七年十一月，時未帥高陽也，疑傳之誤。

讀《龍川別志》

無垢居士昔與某言：讀書攷古人行事，既已信其大節，若小疵當闕而勿論。蓋其間往往有曲折，人不能盡知者。如歐陽文忠公誌王文正公墓，言寇準從公求使相事，寇公正直聞天下，豈問人求官者？若此類，慎言之。予知斯言之爲忠厚，未能灼然信受也。世嘗罪宋子京爲晏臨淄門下士，而草晏公罷相制，有「廣營產以殖貨，多役兵而規利」等語爲太甚。讀《龍川志》所書，悚然自失，輕議前輩而不知其曲折，類此者

❶ 「容」下，夏本有「於」字。

宜不少矣。無垢之言，于是益信，因書以自儆云。

題《范蜀公集》

按蜀公墓誌，公《文集》一百卷，《諫垣集》十卷，《内制集》二十卷，《外制集》十卷，《正書》三卷，《樂書》三卷。公成都人也，某守成都凡三年，求公文集，雖搜訪殆徧，來者不一，而竟無全書，蓋公之没距今八十年矣。竊意歲月愈久，則雖此不全之書亦或未易得也，于是以意類次爲六十二卷。曰《樂議》、曰《使北録》，不見于墓誌，亦恐其初文集中未必載也。而《樂議》或特出于世俗所裒輯，今皆存之，又以諫疏、《内制》、《外制》、《正書》、《樂書》附之，通爲一百十二卷。《正書》所得止一卷，今分爲二。司馬温公論《正書》，其間有云「舜無焚廩、浚井之事」，而今之《正書》無此語，豈亦非全書耶？

題《范太史集》❶

太史范公家所藏書有曰《翰林詞草》者，❷自元祐六年七月，止紹聖改元，其間往往公手筆改定。然公

❶ 此文又見於夏本卷九，又見於《永樂大典》卷二二五三七，《大典》題作「書范太史集後」。

❷ 「翰林」，《永樂大典》作「韓休」。

元祐四年十一月始爲翰林學士，❶不知前此者誰所作也。恐或有故，今皆存之。《樂語》則得于成都宇文氏所編次《綸言集》中，亦附于卷末。

題《吕申公集》❷

頃知成都，❸始得正獻吕申公集，❹蓋散逸之餘，裒輯補綴，非當時全書矣。然見所未見，亦不爲少。其雜以他人所作者什三四。既而以授公之曾孫金部員外郎企中，金部又屬其兄子大麟、大虬，攷訂刊删爲二十卷。方全盛時，士大夫家集之藏未必輕出，中更黨禁，愈益閟匿，故一旦紛擾，遂不復見，而此雖殘闕不全，未易得也。金部惻然念之，欲以所得鍥板，庶幾廣其傳焉。某方待罪太史，❺論次熙寧、元豐以來公卿大夫事實，雖前修盛德，蓋有不待言論風旨而可知者，然而傳信垂後，不可以無証。詔求遺書，將以補史氏

---

❶ 「四年十一月」，《永樂大典》作「八年四月」。按《續修資治通鑑長編》記元祐八年四月庚戌，「翰林侍講學士范祖禹爲翰林學士」，疑當以《大典》爲正。

❷ 此文又見於夏本卷九，又見於《永樂大典》卷二二五三六，《大典》題作「吕正獻公集序」。

❸ 「頃」上，《永樂大典》有「應辰」二字。

❹ 「正獻吕申公」，夏本作「申正獻吕公」，《永樂大典》作「申國正獻吕公」。

❺ 「某」，《永樂大典》作「應辰」。

之闕，久之無送官者，每爲之閣筆而嘆也。使故家子孫皆能如金部用心，則其爲斯文之賴，豈不厚哉！❶

讀《中國春秋》

右《中國春秋》十卷，蓋所記正獻吕公言行編年之書也。公方少時，天下期以經濟之業，雖出入四朝，人望愈重，然位有所局，時有所制，士君子有遺恨焉。元祐改元，乃始作相，二聖恭已仰成，而司馬文正同德比義，相爲左右。文正久病，繼以不起，公實獨當宰枋，既而平章軍國事。雖曰釋文昌之任，而三省、樞密院機務之要皆預焉，非特一相所領與夫平章重事而已。二府大臣，皆公素厚善，或所汲引，而左右侍從以至諫官、御史，往往極一時選。公論無壅，下情畢達，進退人材，損益政事，詔令數下，沛然如流水之源，莫之能禦。于是昔之引領慕望者，詠嘆淫泆，以爲天下能事畢矣。然伊川先生獨曰，謂公得志，志存而未伸也。蓋公之任重道遠，伊川先生之知之異乎人之知之，亦書所不能載也。因是書以攷公之言行，又因伊川先生之言以求所謂「志存而未伸」者，則公之所以言、所以行，可默識而心通矣。

題《吕子進集》

頃從中書舍人吕公居仁游，公嘗言叔祖待制才高識遠，徽宗即位初，元祐諸公竄逐流落之餘，蓋存者無

❶「哉」下，《永樂大典》有「乾道五年六月既望玉山汪某書」十三字。

幾，獨待制與曾子開尤爲時望所屬。有欲求官而訊于世所謂紫姑神者，神大書云：「待曾、吕作相方發。」其言雖戲，可以見當時人情所嚮。待制聞之有詩云：「夢寐西山結草廬，逝將臨水玩游魚。何人見卯求時夜，❶更著閒言問藐姑。」毗陵張子厚先生蚤登第，以待親不出仕，既終養，遂家居。元祐間，近臣屢薦，雖除官亦不就也。于待制特厚善，待制知睦州，子厚追送累日，別後寄詩云：「籬鷃雲鵬各有程，暫時相別未忘情。❷恨君不在篷窗底，❸共聽蕭蕭夜雨聲。」此詩亦可想見其人。待制之孫金部員外出示家集，❹始得拭目，償所願焉，因記所嘗聞于集後。張先生名舉，字子厚。

讀吕滎陽公《發明義理》《酬酢事變》二書

世之自謂得道者，以前言往行爲糟粕、芻狗，以治天下國家爲緒餘、土苴。汔之放棄典刑，闊略世務，至于爲西晉之禍。或者出而矯之，曰吾之道固所以經世也，然而天人異觀，物我殊歸，高明中庸析爲二致。迹其行事，則私智之鑿而已。道果如是乎？龜山楊先生嘗謂滎陽吕公，昔在師門，實傳聖學，道隆德尊，爲時

❶「卯」，夏本作「卯」。
❷「暫時」，夏本作「處處」。
❸「窗」，夏本作「篭」。
❹「員外」，夏本作「外郎」。

先覺。今得公之遺書，有曰《發明義理》，有曰《酬酢事變》，蓋其言雖若有二，而道則一也。

題《吕文靖公事狀》

右《吕文靖公事狀》，公之孫中書舍人本中所論次也。文靖相仁宗，得君之專，行政之久，他人莫敢望焉。而其輔贊彌縫，精微曲折，史册有不能盡者，此事狀所爲作也。昔人謂宰相所職繫天下安危，宰相之能與否可見，凡所謀議于上前者不足道也。方仁宗臨御，仁厚之德，清净之政，民到于今受其賜。賢人君子，布滿中外，累朝賴以爲用。號令文章，焕然一新，紀綱法度，皆可以持循而勿失。四夷和平，百姓富實，教化孚洽，風俗純厚，宰相之事業蓋亦不言而喻矣。然而世之言伊尹、百里奚者，孟子特明其不然，則是書之作，蓋亦有不得已焉爾。

跋劉丞相《送子詩》

某生雖晚而幸得早從先生長者遊，忠肅公之言行蓋亦竊聞一二，獨未嘗見其字畫也。紹興癸酉，與子駒相聚于桂林，所聞加詳，又得遍閲家藏手澤，以滿足平日之願。此紙乃忠肅謫居蘄州，送學易先生詩也。昔杜少陵云：「賈誼才冠古，褚公書入神。湖南清絶地，萬古一酸辛。」某竊謂此少陵之微辭，使人習其讀而不知者也。夫褚公之所以爲後世嘆惜者，豈特以其書而已哉！

書劉忠肅公事

嗚呼！讒邪肆行，忠賢受禍，後之讀其事者，猶爲之流涕，況其子孫者耶？子駒頃爲永州獄掾，義不與仇人並處，投檄引避，世或以爲太過。夫曾子不忍食羊棗，必有不能下咽者，亦何暇問他人之是非也。

跋《劉忠肅薦陸公奏稾》

左奉議郎、知曹州濟陰縣陸彦回，博問好學，優有文藻，悉心公家，其政敏達，堪充不次升擢清要任使。元祐六年，丞相忠肅劉公守鄆，而洛陽陸公知曹州濟陰縣，忠肅薦之朝。後六十餘年，陸公之子庾得其奏稾于忠肅之曾孫芮而刻石焉。陸公蚤以才氣踔厲傑出，王荆公贈詩有「英才但未遭文舉，明主寧當棄浩然」之句。及荆公秉政，士自疏遠賤微，以片言一技，超取顯美甚衆，而昔所嘆惜以爲未遇者，迺獨不在選中，蓋必有不苟合者矣。至是忠肅雖薦之，然朝廷亦不果用。未幾，時風丕變，士之經荆公品題與夫不用于元祐者，往往彙進，而陸公隨牒州縣自若也。以彼其才而所守如此，可謂不負知己，益以信忠肅之知人也已。

讀《安樞密行狀》

余承乏帥蜀，幙僚安君亨老出示其大父樞密公行狀，因得以盡見前輩出處之節。顧猶有可疑者，如書紹聖四年三月事極爲疎略，若有所隱避。謹按公在政府，屢與章丞相異論，以觀文殿學士出守郡。章丞相之黨、中書舍人蹇序辰言，元祐間公嘗棄四寨，請行絀責，詔降爲資政殿學士，中書舍人葉濤不肯命詞。翰林學士承旨蔡京復言公嘗傅會文彦博、司馬光，今降職，輕典也。于是落職，而濤調知光州。❶ 竊計作行狀時，蔡京用事也。昔《春秋》有諱辭，作行狀者必居一于此矣。然《春秋》雖爲魯諱，而沙隨之不得見，平丘之不與盟，則書之以爲不必諱也。微辭雖以辟害，至于夬之時，則可以揚于王庭而無所忌矣。故余特詳書之，以告其後人。徽宗即位，公復用。一日，帝謂諫官江公望曰：「安惇近日全拜起不得也。」江奏曰：「安惇方正厚重，如山如嶽，豈可責以筋力？臣聞安惇在西府，裁抑僥倖，中貴多不樂，願陛下察之。」此又余所聞而行狀所不及者，因併書之。

書《元祐八年補録》

此王銍所論次，桐廬方稚川録以見寄。❷ 余頃在秘館，見銍所進本與此不同，疑銍復有所增損以示人也。如《蔡確傳》言：「確之治獄，于法外求情，如王安石之解經，于意外求理。」今此語皆删之矣。所記劉莘老云：「諸公爲蔡氏計，太皇太后獨不爲高氏計乎？」其語甚鄙，且意有所謂。又記莘老規臺臣，言：「文潞公之失以諷動之，議者不以王彦霖爲直。」審如此，何獨彦霖爾，蓋莘老、張芸叟、傅欽之、梁況之、王朋叟、韓

---

❶「調」，夏本作「謫」。

❷「稚」，原作「雅」，今據夏本改。

原伯皆不直也，不知皆何所據。

跋《蔡京乞焚毀元祐時政記奏藁》❶

一朝議論，其可傳于後世者，燔毀無餘。然公論皦然，不與煨燼而俱化。五帝之事，千不存一；三王之事，百不存一，何足恨哉！

❶ 此文又見於夏本卷一〇。「跋」，夏本作「題」。

文定集卷十一

宋汪應辰撰

題　跋

題《司馬温公奏議》

温公欲以宰相領總計使，其後宰相制置三司條例司，則公之言略施行。然且力争其不可，蓋以名雖若同，實則大異。此天下之事，疑似幾微之際，所以不可不察也。

題《司馬温公賓次咨目》

司馬文正公所以揭示賓客者,❶不容有毫髮之私,凛凛乎其不可犯,宜其不悦者衆也。然天下之人瞻仰稱頌,至于今不衰。彼其僞爲色辭,輕畀官職,苟以斂惠儌譽爲心,而人終莫之與者,豈不異哉!《詩》曰:「民之秉彝,好是懿德。」故天下惟德可以服人。

跋《温公與傅獻簡公帖》

孔子許顔子以行藏,而顔子與子路或出或處,必有以相告語也。蓋出處之際,古人所甚重,師弟子傳授講習,亦無出于此者。《詩》曰:「翹翹車乘,招我以弓。豈不欲往,畏我友朋。」非畏其人也,畏其義也。獻簡傅公以剛毅正直稱天下,在熙、豐之時,雖未甚進用,然猶連拜五郡,既而得請閒局,司馬温公爲之忻慰,見于辭翰。蓋温公所欲致朋友之義者,獻簡已不謀而同,宜其喜也。觀二公所以相與,亦異乎世俗之交矣。

---

❶「司」上,夏本有「訪及諸君若覩朝政闕遺庶民疾苦欲進忠言者請以奏牘聞於朝廷光得與同寮商議擇可行者進呈取旨行之若但以私書寵諭終無所益若光身有過失欲賜規正即以通封書簡分付吏人令傳入光得内自省訟佩服改行至於整會官職差遣雪理罪名凡干身計並請一面進狀光得與朝省衆官公議施行若在私第垂訪不請語及光再拜咨白」一百三十六字,似爲咨文内容。

題《申温蜀三公倡和詞》❶

呂申公知河陽，司馬温公、范蜀公竝駕訪之，此其臨歧倡和詞也。既去，申公榜其所館爲「禮賢堂」云。方三公同時法從，光華臺閣，然名未卓然暴白。會王安石紛更法度，莫不極力争之。温公除樞密副使，以言不見聽，迄不受命。蜀公年六十三矣，亦請致仕而歸。安石大怒，既落職，又自爲制詞醜詆之。申公自御史中丞出知潁州，安石亦改制詞加之罪，而天下更以爲榮焉。于是翕然仰望之，如泰山北斗矣。元祐初，温公、申公對秉鈞軸，而天下復安。蜀公累召不起，謂所親曰：「吾所欲爲者，君實皆已爲之矣，又安用出？」蓋其出處未嘗不同者，乃如此也。鄉人求此詞，因手録以遺之，且書其後，庶幾誦其詞，想其風流人物，或者爲之興起也。

題蘇東坡帖

歐陽文忠公與子瞻至厚，所以稱道之者不遺餘力，而獨不及其字畫之工。至《集古録》中不取張從申書，乃知前輩好尚不同如此，又見其許可之不苟也。

---

❶ 此文又見於夏本卷九。「詞」，夏本無此字。

跋《蘇東坡與巨濟帖》

王介，字中甫。其子沇之，字彦魯。蘇公自黄移汝，與彦魯遇于京口，作中甫哀辭，有「東槀端能廢謝鯤」之句，故此帖問東槀而云致意彦魯也。❶

題《東坡奏文吕二公免拜詔》

東坡蘇公在翰林草《賜文吕二公免拜詔》，引齊小白、鍾繇、馬燧事。既又以此三事皆非其類，奏乞聽其辭免。蓋公于是非可否，惟理所在，惟心所安，不以言出于己而必欲遂其事也。公在熙寧初，力論免役之非。及元祐欲行差役，公復以爲難。使謀人之國者皆如公用心，豈復有偏蔽之患哉！

跋東坡書

黄幡綽告明皇，欲作白打使，此官真快人意哉。

此雖戲語，亦見蘇公忠憤之氣。陳無已與蘇公書云「士丁天下事不當懷不平之意」，彼蓋有所見而

---

❶「也」下，夏本有「竊觀端明公所跋東坡帖事有實迹語無虚辭有德之言蓋如此後學所當取法也從表姪朱熹敬書」三十九字，係朱熹跋汪文。

云耳。

題《春陵法帖》

此帖内魯直字多削去姓名，蓋刻石時蘇、黄翰墨之禁未解也。三卷所收已不多，後復散失，故往往前後不屬。人言舒原伯舍人作郡時，棄置榛棘間，以此散失。蘇易簡之鑑尚，韓丕之純樸，前輩固已有定論也。

書《張士節字叙》

魯直之以「士節」字張君也，若曰無此節則非士矣，其言可謂峻直而精確者也。聞之前輩，魯直疏通樂易，而其中所守，毅然不可奪。紹聖初，坐史院事，所對不少屈，于同時史官中，得罪最遠，轉徙萬里，流落累年。會徽宗即位，召之，不即就，于還朝諸公中獨不復用。崇寧間，前之得罪于紹聖、元符者，特不用而已耳，而魯直以言語觸諱，獨再被謫。閒居談説名義易耳，顛沛之際，則已失措。或者一更患難，不復人色，顧迺追咎鄉之持論，以爲講學未精。若其摧沮撼頓，至于再三，而卒以不悔，視死生禍福曾不芥蔕，可信其爲信道之篤也。❶張才叔以正直名一時，于魯直獨師事焉，彼誠有以服其心也。士節之子攜魯直所爲字叙見過，余曰此魯直日用之餘，推以予人者，非苟爲空言也。因爲詳道所聞于前輩者如此。

❶「可」上，夏本有「亦」字。

跋尚公帖

周之士也肆，蓋上下之交，而以公議相與而無所迂屈，所以爲大道之行。今讀此帖，既見尚公能以忠言報知己之德，又見一時風俗之厚，士得申其志也。視唐之文士詞氣凄凄然，至願蒸芝蘭以效祥，爲庭燎以照客者，亦可憐哉。

跋山谷帖

余所視山谷翰墨，大抵誨人必以規矩，非特爲説詩而發也。嘗有詩示張氏子云「莫學今時新進士，談説性命如懸河」，蓋當時學者之弊。

題《劉陳二公與唐充之帖》

劉元城帖云「唐令」，又陳忠肅帖云「充之」者，謂唐充之也。充之，元符末上書入籍，爲鄒道鄉、吕元明及劉、陳二公所知，皆以爲天下士也。其學以天人一理，内外一致，自灑掃、應對、進退與酬酢、佑神皆一事，無先後之别。行義則達道矣，極高明所以道中庸也。嘗監蘇州酒務，爲郡守劾免，居實應十餘年。余聞于吕公居仁者如此，今劉、陳二公所咨嗟嘆惜，蓋其得罪時也。歲月久，知之者少，故特詳書之。

跋成氏所藏山谷帖

魯直放逐嶺表，蓋世人掉臂不顧之時也。過祁陽，成君立道以醫藥隱于市廛，獨能惓惓然從之遊。昔秦少游謂僧法言能作雪齋，從蘇太史遊，不問可知其爲人。士雖不可一概論，然成君要非碌碌者。立道之子出魯直諸帖見示，魯直字畫之妙，固當藏之，又足以發揚先德于不朽也。

跋王荆公所書佛偈

荆公贈太傅，其制云「少學孔孟，晚師瞿聃」，世或以爲有所譏。然公自謂「余幼習孔子，長聞佛老之風而悦之」，則制詞蓋公志也。公所書彌勒偈，此特其一爾，可以見公于異學，其篤好如此。

跋《王荆公與吕申公書》❶

右王介甫與吕申公書。介甫自少氣高一世，而于申公屈服推重如此。然一旦同朝議論少異，則詆之惟恐不力，况疎遠之人而欲與之較長短哉？觀末後一紙，無復異時之綢繆矣。

❶ 此文又見於夏本卷一〇。「吕」，夏本目録無此字。

題《續池陽集》

畢漸當章惇用事，嘗建請元祐黨人所立碑碣宜一切毁壞。今觀《續池陽集》，二蘇、二孔、魯直之詩皆載，而漸實序之，向所建白，乃自犯之，何耶？張丞相天覺在言路，尊王介甫，而指司馬温公爲姦邪者也。及觀其作《唐質肅公墓誌》，言温公則曰司馬公光，謂介甫則直曰王安石而已，由是觀世之議論謬于是非邪正之實者，未必心以爲是。使士大夫心口如一，豈復有紛紛之患哉。

題《林子中集》

右《林子中集》，初無卷第，今次爲十六卷。❶林名希，字子中，紹聖四年同知樞密院事。然紹聖以後，章表之類皆不見，豈其家不欲以示人耶？其在熙、豐間，回翔館閣最久，又嘗貶斥。其作《孫少述傳》《東觀絶筆序》，書當時大臣事略，不回隱。今此集所載，皆竄定無完篇，蓋既進用于紹聖，則詆元祐，譽熙、豐，故其説屢變也。偶得其別本，今兩存之。

---

❶「十六」，夏本作「六十」。

題《金谿吴頤顯道文》

人所見不同，謂元祐改更法度爲非猶或可也，而《平戎賦》乃云「因于宦尹，以擅廢置」，非特法度公卿而已，此獨二蔡、二惇敢爲是言，其他雖紹聖、元符用事者，亦不敢云爾也。險陂以幸遇合，爲子孫者所宜揜惡，乃反刻之板，冠之卷首，若恐人之不知也，是獨何哉？

題《蔡條訴神文》

崇、觀以後，世之大體雖可見，而其詳不得聞矣。觀此文，條出官才一年，遭所生母喪，除喪則入館，明年爲侍從，蓋僅二十許歲爾。嗚呼，亦異哉！及其流落困危，聲冤籲天，所謂「不德余以驟壯，姑尤余以速老」耶？

書朱丞相《渡江遭變録》

建炎三年三月一日，中書侍郎朱勝非拜尚書右僕射。五日，苗傅、劉正彦叛，尊皇帝爲太上皇帝，皇子即皇帝位，隆祐太后同聽政，制除傅慶遠軍承宣使、御營使司都統制，正彦渭州觀察使副之。六日，赦書上太上皇帝徽號，曰「睿聖仁孝皇帝」，大赦天下，常赦所不原者咸赦除之。除傅屬官張渠、馬柔吉、王世修竝爲直龍圖閣，王鈞甫爲右文殿修撰。十日，改元「明受」，其詔曰：「稽日月有臨之義，合天人竝受之公。」御史中丞鄭轂言：「近日朝廷差除行遣，多出傳、正彦之意。二人出入都堂，殆無虚日，外議喧然。若上下共由此道，國家興喪未可知也，乞嚴賜戒敕。」原註此章嘗得旨報行。時禮部侍郎張浚糾合義兵于平江，簽書樞密院事呂頤浩自江寧以兵來會。十二日，百官始朝睿聖宫。十三日，詔召呂赴闕，除張禮部尚書，傳、正彦節度使。呂、張皆不受命。詔責張散官郴州安置，張又不受命。呂、張等移檄討逆。二十三日詔，「訪聞有侍從掌兵之官，不曉授受本末，不計社稷安危，輕易以惑人心，遷延而違詔命」，蓋指張也。已而呂、張皆奏乞復辟。二十四日，詔降睿聖皇帝爲皇太弟、天下兵馬大元帥、康王，皇帝爲皇太姪，監國。二十五日，鄭轂留百官班，乞全臺上殿，乃召鄭轂與殿中侍御史王廷秀同對。二人力争其不可，又至都堂争之，遂寢前詔。四月一日，復辟。三日，義兵至臨平，傳、正彦遣兵拒戰，大敗，乃遁。于是詔賜鄭轂曰：「頃者逆徒作難，將臣扇兇，脅制朝廷，行其私意，大臣俛首，惟其所爲。卿適在中司，義行正色，不爲室家之計，屢陳社稷之言。雖文武協規，外有勤王之舉；而忠義奮發，亦由守節之臣。迨兹還政之初，特有樞機之授。」原註降此詔時，朱猶在相位。❶

今觀朱丞相《渡江遭變録》，其秘謀奇計，固多世人所不知者，然其間大節目，往往不見。原註如苗傅及其屬差除，二十四日詔令及臨平戰之類。又六日，赦書上徽號曰「睿聖仁孝皇帝」，今但云上幸别宫，繼有旨稱「睿聖太上皇帝」。然則赦書誰所定？所謂有旨者，旨安所自出哉？又改元「明受」乃三月十日，而以爲十八日。

❶「猶」下，夏本有「此」字。

又十二日，百官始朝睿聖宫，今但于幸别宫之下云宰執百官皆從侍衛如儀而已。張丞相所上表，其略云：「當今外難未寧，内寇竊起，正人主憂勞自任、馬上求治之時，恐太母以柔静之身，皇帝以幼沖之質，端居深處，責任臣寮，萬一强敵侵陵，不肯悔禍，則二百年宗廟社稷之基，拱手而遂亡矣。臣愚不避萬死，伏願太母陛下、皇帝陛下，特軫宸慮，祈請睿聖，念祖宗委託之重，思二帝屬望之勤，不憚勤勞，親總要務，居形勝之地，求自治之計，抑去徽名，用柔敵國。然後太母陛下、皇帝陛下監國于中，撫定江右。如此則于國家大計似爲得之。如以臣言爲然，乞行下省司，令率文武百寮祈請施行。」貼黄云：「臣伏覩睿聖皇帝方春秋鼎盛，而遽爾退避，恐天下四方聞之，不無疑惑，萬一恐生他事，更乞睿斷詳酌施行。」原註 此表全文見《吕丞相勤王記》。今《度江遭變録》但云張乞主上貶損位號、柔服敵情而已，❶既改抑去徽名爲貶損位號，❷又表中其他要切之語皆不載。蓋所謂徽名者，乃是時所上「睿聖仁孝皇帝」之名，其與位號不同矣，而差誤疎略如此，果何意耶？ 賊徒凶焰，而馮康國以布衣單騎冒險入城，説諭傅等。其死生未可知，乃謂遣康國者，欲成就一官爵耳。責張丞相散官郴州安置，而止云罷禮部侍郎。謂檄書到，反正事已成，然二十四日詔乃云云，如此何也？ 臨平之戰而以爲未嘗戰鬭，勤王檄云「天下共誅之」，而謂：「事若至此，雖誅何益？」又因説再貶汪、黄二相，而謂張丞相爲黄潛善所知，且黄雖誤國，豈不容其知人？ 况是時爲執政者，其與黄同乎？ 異乎？

❶ 「敵」，夏本作「虜」。

❷ 「位」，夏本作「徽」。

竊謂遭變反正，事之細微曲折固不一，然其本末大概，則有不可揜者。是以摭其事實備論之，庶幾是非有攷焉。

讀喻玉泉《紹興甲寅奏對録》

正月初三日，樗、松兑樞密院劄子差往行在奏事，奉聖旨，張松兑、喻樗初九日内殿引見。樗上殿奏曰：「臣等隨知樞密院事張浚前去措置江上軍事，敵騎已于十二月二十七日以後節次遁去，❶淮甸今已安静，浚遣臣等奏知。」上曰：「朕昨遣張浚措置江上，慮無遺策。江上事宜，卿等備知本末，故命卿等上殿。敵人因甚遁去？」❷樗曰：「敵人實欲長驅江南，❸陛下親董六師，將士奮勵，初至淮甸，首挫其鋒。我師堅守，敵人無隙可乘，❹遲回疲敝，固不得不去。此皆陛下廟算，深得全師致勝之道。」上曰：「既全師，便與殺獲無異。」樗曰：「過于殺獲。」上以爲然。樗又曰：「敵人愛惜士馬，❺不敢輕動。向使輕涉大江，則無噍類

---

❶「敵」，夏本作「虜」。
❷「敵」，夏本作「虜」。
❸「敵」，夏本作「虜」。
❹「敵」，夏本作「虜」。
❺「敵」，夏本作「虜」。

矣。」上曰：「長江不可輕渡，敵人貪婪，❶輒欲窺伺，苟能堅守，必不敢渡。兼朝廷今次諸事，措置得宜，實天誘其衷，委用得張浚及得卿等贊助之力。」樗等曰：「江上事宜，實緣廟謨措置，皆中機會。臣等初無毫髮之補。」上曰：「邇來措置，却是不失機會，如張浚江上所行，皆與朝廷意合。」松兑奏曰：❷「敵人遠遁，❸皆陛下天威所臨。臣叔父浚蒙被使令，無尺寸之功，今待罪于外，遣臣奏事，臣草茅疎賤，因緣得望清光，不勝萬幸。」樗曰：「臣等有已見具劄子奏呈。」上曰：「好。」樗讀劄子云：「臣等聞杜牧有言，上策莫如自治，下策莫如浪戰。古今論兵者多矣，惟牧爲得要也。屬者，敵人深入淮甸，❹陛下親董六師，士氣奮勵，人百其勇，皆有吞噬强敵之心。❺而宸慮獨謂彼之所計者不過勝負，而我之所繫者乃在存亡，顧所以自治者如何爾，豈能與之争一旦之利哉！卒能不費一鏃而坐困强敵，此殆漢高帝所謂鬬智不鬬力，自用兵以來，全勝未有如此者也。今敵騎既遠，❻議者必曰乘勝復山東、河北爲弔民伐罪之舉。此固今日之勢也。然臣等聞之，《唐

❶「敵」，夏本作「虜」。
❷「奏」，夏本作「謝」。
❸「敵」，夏本作「虜」。
❹「敵人」，夏本作「狂虜」。
❺「强敵」，夏本作「逆賊」。
❻「敵」，夏本作「虜」。

史》有言：『以亂易亂，終歸于亂；以治易治，其治乃定。』《兵法》：❶『先爲不可勝，以待敵之可勝。』今叛豫僭逆不道，則誠亂矣；民之戴宋，則誠可勝矣。至所以自治而不可勝者，陛下加之意而已。願陛下兢兢業業，日謹一日，若强敵之未退。凡學術之未明，則思所以明之；邪正之未辨，則思所以辨之。厚風俗，立紀綱，修軍政，持之以至誠，行之以不倦，所以自治者，無不至焉。則將帥之臣，必能深謀熟慮以成必勝之功，天下之事可一舉而定矣。惟陛下力圖之。」上聽畢，曰：「好！好！」又問：「諸將偏裨可皆有鬭志？」㮚曰：「將士皆有鬭志。」松兑曰：「近日諸將各遣輕兵追襲，皆有殺獲，張浚候類聚奏聞。」上曰：「時有捷報，昨日亦有捷報。」因曰：「敵人用兵，❷軍士不解甲已二十年，自古未有如此而不亡，恐一二年間彼有自焚之禍。」松兑曰：「浚所遣間諜竝擒獲招降之人，皆言敵中情狀，❸敵衆實攜貳。」❹㮚曰：「劉豫自此亦不復能朝夕矣。」上曰：「此益不足道。❺劉豫本只是山東一書生，初無功勞，欲據十州之地，豈有此理？其滅可待也。」上曰：「劄子留下。」㮚即致于榻後。上曰：「江上措置，卿等幕府之功爲多，與卿等改合入官，陞擢差遣。」㮚曰：「臣等初無功勞，仰荷聖恩。臣等今欲復回張浚處，取聖旨。」上曰：「已召張浚，可諭以事畢、回

❶「兵」，夏本無此字。
❷「敵」，夏本作「虜」。
❸「敵」，夏本作「虜」。
❹「敵」，夏本作「虜」。
❺「益」，夏本作「蓋」。

至常州，以來等候。」樗曰：「臣等即便出門前去。」上曰：「且諭張浚，令速來朝廷，事一一待張浚商議。」樗、松兑同曰：「恭領聖訓。」下殿謝訖，退。

張蜀州出示外舅所書奏對語録，蓋自甲寅至今且三十年，事變百出，而丞相魏公云亡將及期矣，爲之感嘆不已。頃歲在朝，嘗因事進言杜牧自治之説，雖聖人復起不能易矣。然猶有可疑者，蓋自治之外，無他説矣。今乃有上策、中策、下策，是未始有定論也，是謂其君不能也。若孟子則曰：「能治其國家者，誰敢侮之？」不然則已矣，豈復有上策、下策哉！

文定集卷十二

宋汪應辰撰

題跋

跋羅宗約《試晬録》❶

士之言行，必于其私見之，蓋無所潤飾也。韓退之一時儒宗，及其示符詩乃夸詡居處服用之盛，勸之以學，與其他言行絶不相似，識者疑焉。故右文殿修撰羅公作《試晬録》，所望于其子孫者，在于聞道而不爲章句之學。自非精思力行，真如天爵之貴爲不可復加者，則閨門之言，豈能出于此哉！宗約年踰三十，蕭然獨處，紛華盛麗不以汩其中，孜孜爲道之求。至于當官臨事，纖悉必舉，隱伏必察，無一毫苟且，意曰：「吾道固然，非有二也。」蓋其淵源所漸，有自來矣。

---

❶ 此文又見於夏本卷一〇。「跋」，夏本作「書」。

跋譚師直《士訓》❶

長沙譚公師直，應辰未及識之，❷而得其言于劉子駒爲詳，蓋篤意于聖人之學，❸專以躬行爲本者也。今年六十餘矣，取聖門之言，集爲《士訓》，置之座右，以自課厲，汲汲焉如恐不及。蓋其心必有不可已者，惟躬行而自知之，非口耳可及也。

跋陳無已《譚叢》

右陳無已《譚叢》六卷，從建安游中孚借録，竊意或不止也。按《國史》李昉仕周朝至翰林學士，國初仍舊職，俄罷知衡州。歸，爲陶穀所譖，出爲彰武軍司馬，六年復歸翰林。太宗即位，以爲承旨，爲文明殿學士，爲參知政事，爲同平章事。今《譚叢》記昉知開封府，會太祖還師，獨不朝，貶道州司馬，三年徙延州別駕，五年召判兵部，與《國史》所載絶異。因記之，俟他日詳攷。應辰書。

---

❶ 此文又見於夏本卷九。「跋」，夏本作「題」。

❷ 「應辰」，夏本作「某」。

❸ 「篤」，夏本作「得」。

題《節孝先生行狀》

吾黨葉君丙讀《節孝徐先生行狀》，竦然起可作之嘆，又欲鋟之板以淑諸人，誠有味其言也。夫先生嘗語蘇公子瞻曰：「有功者多矣，而獨稱大禹者，以其不矜不伐也；有才者多矣，而獨稱周公者，以其不驕不吝也。」蘇公受而書之策。又嘗語黄公魯直曰：「爲政之道，慮不厭熟則寡過，睦寮佐則事舉。」魯直謝之，曰：「立參于前，坐倚于衡，何日忘之？」惟先生之言精確簡直，二公皆蓋世之才，聞一善言而信受欽服如此，是皆可爲學者法，故附益于行狀之末云。

書《節行王夫人事》

包孝肅公冢婦崔氏，夫亡子夭，惸然無歸，而能誓死不嫁，拊養孤弱，以立包氏之門。元祐十年，詔封永嘉郡君，表其門閭。今觀王夫人之節行，無媿于崔矣。方宣和間，一草一木之異，州縣輒以聞，而獨無以夫人節行爲言者，何哉？

跋張右史《送翟中書赴闕詩》

右史張公《送翟舍人詩》，其間有云「稍出胸臆蘇疲民」，又改爲「吾民」，又改云「況公之意常在民」，然皆不如初語之勝。蓋右史時方在謫籍，故語言間其畏忌如此。

題張魏公爲王詹事作《不欺室銘》

凡人緣飾于外，何所不可，至于死生之際，氣不亂，志不變，此決非智巧果敢所能强爲也。丞相魏國公將啓手足，爲龜齡侍御作《不欺室銘》，詞氣凛然，如曾子之戰戰兢兢也。學道之功，豈偶然哉！龜齡以剛毅正直稱天下，方且以「不欺」銘其室，又資諸人，以爲善若不及焉，其過人遠矣。

題張魏公折樞密與劉御史帖

平蠻之功，御史初不自言，非立功之難，不有其功之難也。御史既没，而其子汲汲然思所以推明父之志者，蓋父子之間，生死之際，雖或默或語，其趨一也。

跋張魏公《釣臺詩》

忠獻魏國公純孝精忠，貫通日月，充塞天地。既以身任天下之重，至于可以去而去，宜亦與世相忘矣。然而惓惓之義，其根于心者，豈能已哉！此詩蓋公辭相位，過嚴子陵釣臺所作。玩味其意趣于言語之表，想象其風采于翰墨之餘，庶幾得公之心焉。

跋張魏公詩

魏公以天下爲己任，舉世莫助，齎志未已。此詩其將終二十日前所作，雖闊遠平澹，❶若將與世相忘，而拳拳之志，見于言意之表者，終不可揜也。所謂任重道遠者歟！

題許右丞瀚作《陳少陽哀詞》

尚書右丞許公之爲人，其言也訒，所著《易春秋論語訓傳》，類皆簡要微婉。今觀《陳諫議哀詞》，指摘情僞，究極本末，詞繁而不殺，蓋忠憤所激。孟子所謂「予不得已者」歟！

書《吴忠烈遺事》

忠烈吴公力捍强敵，❷以保全蜀，其忠勇謀略，夫人而能言之。今觀其遺事，如平糴、營田、興水利、闢曠土、招流民、減冗員、節犒享，汲汲焉，以愛民體國爲意。昔充國省繇役之勞，馮奉世惜轉輸之費，郭子儀

---

❶「闊」，夏本作「闊」。

❷「强敵」，夏本作「戎虜」。

鎮河中，❶士卒不勸而耕，軍有餘糧，❷三人皆卓然爲漢、唐中興名將，蓋其用心遠矣。今復于忠烈公見之。公没幾三十年，蜀人奉嘗之如一日，其忠誠之所感格，惠愛之所固結，非偶然也。

書王直講所著《教述篇》

王公直講著《教述》一篇，以爲學者當高其志，至于聖人而後已。夫聖，孔子不居，庸可幾乎？曰：智、仁、聖、義，《周官》以教萬民矣。既曰教之，捨聖人孰爲之標準？故曰羿之教人射必志于的，學者亦必志于的。危冠侈袂，厚自藩飾，以别異于民，至即古人所以教民者諗之，顧疑且畏，汔以不果，何其不相應也？直講之孫植既以先訓鋟木流布，又屬予書其右端，因爲道古人所以然者，庶知夫士之尚志，理所當然，非以爲高。而《教述》所謂高其志者，亦爲流俗趣尚陋陒者云爾。

---

❶「中」下，夏本有「爲始」二字。

❷「士卒」至「餘糧」十字，夏本無。

跋李伯時《孝經圖》

漢石建以馴行孝謹爲齊相國，❶齊國慕其家行，不言而治。此所謂居家理，故治可移于官也，況于聖人乎？伯時書此意，❷乃徽纆桁楊纍纍然者，何也？❸

跋《程樞密答周侍郎書》

贛州李先之剛介寡合，❹言語確訒，而于施公相予特厚。宣和末，嘗以書抵公曰：「受形氣于天地父母，

---

❶ 「漢」上，夏本有「李伯時畫超然塵土之外其精緻微密處幾與造化争衡豈凡流所可彷彿猶恨其不深攷孝經微意其間不無可議者此君子所以爲之痛惜也范陽張九成書」六十二字，爲張九成前跋。

❷ 「書此意」，夏本作「畫此章」。

❸ 「也」下，夏本有「熹伏讀范陽玉山二先生跋龍眠孝經圖語有以見有道君子心目之間無非至理非如好事者徒議工拙於筆墨間也拜謁玉山先生墓下公子逵出示此卷恭想儀刑不勝涕感因敬書于其後云表姪朱熹」八十字，爲朱熹續跋。

❹ 「贛」上，夏本有「伏承委戒提舉施學士銘文云云世以有名爲不朽以有子爲不死提舉妙學賢科臨人持節嘉譽騰聞而龍駒鳳雛清才膴仕克家有繼哀榮終始可以無恨矣」六十二字，爲書正文。夏本「云云」二字，疑重文。

如聖揚可以無恨。」蓋自是二十餘年間，天下事數變，士亦竭其知力以應之。究其所成，能無負于初心者幾人也？施公文學才謂不爲後人，而審于處己，恬于自進，白首一節，全而歸之。今資政殿學士程公亦以爲可無恨者，蓋其平日心之所存、力之所至如贛州者，其有以知之矣。

跋李先之文

右李公先之文，施聖揚見示。聖揚、毛季中二公皆從公游，爲某言公介潔寡與，意所不樂者不忍正視。其爲建昌軍某縣使，❶客至，公輒移病辟之。其聞公之名，願見不可得者，往往先造其門。嘗赴郡宴，太守顧官奴私語，公揖起席；守俟之良久，則公已去矣，彊挽竟不就。蓋其所自立，大抵類此。季中又言公爲西京學官，程正叔先生方里居，公一日見，且請納拜。伊川曰：「何也？」公因請受教，伊川乃許。後請別，伊川曰：「子行太峻，恐不免于世，慎之。」朝廷議復元祐皇后位號，公見諫官陳瑩中曰：「此雖美事，然復之既易，異時變更不難，宜使百官集議，攷正當時所以廢絀之因，庶幾可久。」瑩中明日將論之，而麻已降矣，❷遂不果。公曰：「瑩中非裂麻手矣。」❸使公當此地，君子信其必能踐言。後果有他議，而服公之識見也。卒于

❶「其」下，夏本有「面」字，疑衍。
❷「麻」，原作「麻」，今據夏本改。
❸「麻」，原作「麻」，今據夏本改。

虔州。季中父彦時爲虔倅，白郡具奏乞褒典，守不從，彦時獨銜以聞，得贈待制。某見聖揚，問所聞于季中者，聖揚曰：「舜顯與先之游從久，未嘗一言及伊川也。」慨懷前修，不可得見，詳記所聞，尚見公之彷彿云。彦時名隨，季中名叔度。

書陶靖節及二蘇先生和《勸農詩》示鄭元制

吾鄉風俗，大抵以貧富爲疏戚，以躬耕稼爲恥，今晚出益媮矣。鄭元制始而富，富而侈，侈而貧，貧既甚而始悟。乃毆諸子，使從事農圃。抑天將空乏其身，使復其本真耶？然則貧未必非福也。雖然，貧而力農，特勢使然，顧愈于迷而不復者耳，元制其勢必復富。要當他日常不忘本，則可以長處樂矣。故書陶靖節、二蘇先生《勸農詩》以勸之。既躬行之，更擇可告語者告語之，使知今人之所恥，昔人之所重，庶幾可變乎！

跋王參政祭蔣從義文

紹興二十有一年，應辰官于桂林而識其邦人蔣公仲虎。公嘗守容、瓊二筦，海瀕遐遠，文法闊疎，捲握之物，足富數世，而公獨守清節，終始如一。今七十餘矣，居陋巷中，僅蔽風雨，服食器用，簡約樸素，如韋布之士。且未嘗以圭黍公事請謁府縣。余方汩没吏牘間，得暇隙即詣公，清談輒移日，退未嘗不歎服也。既而聞諸公之鄉人，公之皇考從義公雖爲武吏，而清慎謹厚，素爲州里所重。余雖不及身親見之，然循其流，可以知其源矣。他日公持王參政所祭從義公之文見示，余復以所見于公、所聞于公之鄉人者附益其後焉。昔孟嘗守合浦，以清著名，蓋其先三世爲郡吏皆有節義。今蔣氏實相似然。蓋士之能自拔于流俗者，積習傳授必有自來，非苟然也。

跋曼容《中復齋記》

曼容生于相門，而服用樸儉如寒素之士。容止謙退，如不勝衣；詞氣和平，如不能言者。非特家法之純，質性之厚，蓋其學問講習所以省察涵養，非一日積也。嘗受《易》學于朱公子發，取「中行獨復」之義名其所居之齋，曰「中復」，而范陽張先生爲之記。或曰《易》之道大矣，《復》之六四曰「中行獨復」，《繫辭》則曰「以從道也」而已，非其盛也，而獨有取者何哉？曰：聖人之言，本末貫通，體用備具，顧所以充之者如何耳。孔子曰：「加我數年，五十以學《易》，可以無大過矣。」而西晉之士更相稱許，則曰我能成天下之務，能通天下之志，能不疾而速，不行而至，蓋不必問其如何而知其爲妄人也。曼容之于《易》，探索玩味，終其身而不厭，然其所自處如此，亦可見其擇善固執，强學力行，不欺不愧，皆非苟然者矣。

跋《石洞霄傳》❶

劉歆叙《七略》，以道家爲諸子，神僊爲方技。至道家者流，有所謂黄帝、力牧之書，蓋非特不以道家爲神僊，亦不以黄帝爲道家也。自崔浩請頒寇謙之之説于天下，是後道家、方技遂合爲一。以黄帝爲道家且不可，況又變而爲方技乎！人情喜異而疑似，投其所喜，乘其方疑，而遂入之。又借重于崔浩，故黄帝之説其謡謬至此！又安知後之好事者不以吾徽宗藉口。此《石洞霄傳》所爲作也。玉山汪應辰書。❷

---

❶ 此文又見於夏本卷一〇。「跋」，夏本作「讀」。

❷ 「玉山汪應辰書」六字，夏本無。

文定集卷十三

宋汪應辰撰

書

論存留田契税錢與執政書

應辰竊以四川宿兵四十餘年，賦斂禁榷之利十倍于舊，僅能贍給，若一有調發，横費百出。取之于民，則民力已竭；告之于朝廷，則遠不及事。所以自來總領所常須樁積不下千萬餘道，蓋以待不虞之備。自比歲兩次用師之後，樁積錢引所存者纔八百餘萬，内添印錢引二百萬道，已準朝廷指揮對減虚額，而白契税錢四百六十餘萬道，内以一百四十萬道應副湖廣總領所，并支買馬等錢引九十萬道。今朝廷指揮又令起五十萬道赴湖廣總領所，而餘數發赴左藏南庫送納。如此則四川財賦所樁積者止有一百餘萬，緩急之際，何以枝梧？恐非有備無患，本固邦寧之義。兼錢引既不出界，必須措置輕齎，只如銀每兩約六道半左右，既出峽不得半價，又有津運船脚及管押使臣軍兵道路之費。然則四川所費失者甚多，而朝廷所得者無幾。聞總領所已具申稟，伏望鈞慈詳酌，將未起田契税錢特許存留，不勝遠方幸甚。

乞以見任使臣管押馬綱與宰執書

應辰契勘所在州郡財賦匱乏，然而用度之費有不可已者。若乃無益于公家而徒以困敝州郡，如此之類，所當講求而措置也。伏見茶馬司令押馬殿侍報殿前司差殿侍闕，許權差指揮使使臣。紹興七年，提舉茶馬李迨奏，如遇馬綱擁併，闕人管押，乞于四路見任兵官或監當官雙員去處，時暫抽差使喚。是年，樞密院行下，押馬使臣須承信郎以上人。茶馬司申，除承節郎以下，依本等支破五人衙官請受外，除保義郎以上至大使臣，若竝與支破本等請受，顯是多費財用，欲只支破五人衙官請受。紹興十二年，茶馬司又奏，乞本司遇闕押馬使臣，于待闕使臣内時暫差權，仍于川路諸州支破驛券，止立十箇月往回程限，限滿便行住支。紹興十八年，户部勘當茶馬司所申，欲將押馬使臣驛券一等支破七人衙官。紹興十九年，茶馬司又申，乞不差兵官，止于逐路州軍見任監當雙員去處，或指使内抽差，相兼管押馬綱。朝廷皆從之。竊詳法意，所以只差殿侍、指使等，及雖差保義郎以上而止支破五人衙官請受者，蓋欲省費也。後來令差承信郎以上者，蓋欲擇其人而使之也。又添支七人衙官請受者，蓋欲優其禄而責之也。然皆于見任或待闕人内差。今則每歲所差不下百四五十員，例是無差遣之人。或付身不圓而參部不得者；或僞冒而不敢到部者；或富有財力，經營得一名目，假綱運以商販，藉官馬以負載者。是以費雖加多，禄雖加厚，而不可責以辦事。或有虧失，雖降官示罰，亦不甚以爲利害也。竊謂前此州縣官有常員，難以輟那，比年以來，添差小大使臣之類，布滿中外，只成都府自有五十餘員。如此等類，皆是累有勞效，朝廷所閔恤而優佚之者。履歷既多，則凡事諳練，見有差遣，則顧藉稍重。又有久在軍中，知養馬利害者。有雖或以老病揀汰，而其筋力未衰，其疾病已愈者。有久閒坐食而願得執役，且覬推賞者。以四川諸司與六十餘州而欲擇百四五十員押綱使臣甚易。伏望鈞慈詳酌指揮。其管押馬綱，令于四川見任使臣去替在一年内者，通行選差，仍于所任州郡内支借請受。蓋雖不管押馬綱，而請受亦不可闕也。若其請受不及七人衙官者，然後計所當增給之數，行下元分定州郡貼支。如此則既不敢違背前後累降指揮，又州郡得以省費，而管押馬綱之弊亦自此可革矣。

小貼子：竊見累降指揮減罷州縣冗員，若依今來所乞，即是四川一歲省百四五十員請給之費，又免致未嘗諳練、無所顧藉之徒損壞官馬，實爲利便。

請免賣寺觀趲剩田書

準行在尚書户部符，準都省批下隆興元年六月十二日敕，將福建寺觀元剗撥趲剩之田估價出賣事。應辰反復思之，參以衆論，竊謂此事既行，官中未見其利，而百姓先被其害。其他州軍事理曲折，雖未能盡究，且以福州言之，庶幾可以概見。今欲以趲剩錢爲準，每謂一貫得十貫之直，則福州趲剩錢頗管十三萬五千九百三十五貫有奇，計當價錢一百三十五萬餘貫。竊緣福州依山瀕海，地陿民稠，風俗窮陋，今取會到倚郭侯官、閩兩縣其極等户所謂産錢者不及五貫。只如紹興二十八年常平司出賣没官田産，福州共估到價錢十五萬七千餘貫，可謂不多矣。至今首尾六年，尚且出賣未盡。朝廷既有賞格，州縣官吏孰不樂于趨賞？上下督迫，非不嚴峻。初者減價二分，又減三分，又減四分，非不優饒。然終不能及數，可見民力之有限也。

今前者未盡，後復繼出，借令州縣急于奉行，不過如前。雖欲嚴立近限，而民力不可復加。以多少言之，其初歲得四五萬貫，二三年後所得愈少。所謂寺院之田，既已剗撥入官，必無責令依舊輸納贍剩錢之理，則是歲失十三萬五千有餘貫之入也。又況田之不同，其別有到于九等，賣之不售，其減至于四分，固不可遥估以爲一定之價，又不可堅執以爲不易之令，則夫一百三十五萬餘貫者未必有九十萬之獲也。以一年得四五萬貫，而所失者十三萬五千有餘。以累年得九十萬貫，而所失者不知其幾千萬。此所謂于官中未見其利也。今欲出向者遣使括責，將寺院所收租課總數豁除口食之外，以其餘糧紐計價直起發，即不曾將田段剗撥。今欲出賣，必須將逐處田段各行分撥，以某爲存留，以某爲出賣。事行之初，諸縣必且取責寺僧，追集耆保，供畫圖帳，標立界至。令不嚴則事未必行，欲事之行則官員、公吏必分散四出，監守督責，方能辦集。公吏下鄉，如虎豹出柙，未有不爲民害者。而官員之中，其曉事愛民者能復幾人？田里之間，數月之内，未見黑白而先騷然煩費矣。至于田之肥瘠，地之遠近，孰爲當留，孰爲當賣，利害所在，其間計囑欺隱，何所不有？治之則不可勝誅，不治其弊愈甚，獄訟自此繁矣。出賣不行，必有抑勒而使之承賣者；苗税不辦，必有科配而使之納税者。紛紛擾擾，未易具陳。使其有益于官，猶須斟酌事體，以愛惜百姓爲重，況其非有益乎？此所謂百姓先被其害也。凡此利害，皆灼然可見。若萬一遂行，不過期月之間，其弊自見，勢亦必須更改。第恐民已被害，不若辨之于早也。伏望鈞慈詳審此事，所繫甚重，特賜敷奏，亟行寢罷，以全國家賦入無窮之利，以救一方百姓非意之擾，實莫大之幸。

小貼子：契勘福建一路，不舉子之風最甚，獨福州爲不然。蓋如民家有三男，或一人或兩人爲僧者。

今僧既無所得食，人亦不樂爲僧。民家生子，其無田産者恐其無以養之，其有田産者恐其不能徧及也，則將不能守其故俗矣，豈不爲仁政之累？ 契勘諸路出賣度牒，惟福建一路爲多，蓋歲納𧶘剩錢又視僧徒之增損爲多寡。若田既出賣，則止以見在僧數爲定，雖有來者，亦無所得食矣。如此則誰肯出家，度牒之數自此日減矣。失官中之利，此又其一也。

又

某伏覩朝廷委本路漕司，將諸寺觀𧶘剩田産盡行出賣，約可得錢三百萬貫。某雖非所預，然事之利害灼然可見，矧任一路之寄，𧶘剩窠名又隸本司，其何敢默，輒取其不便者數事言之。竊見向者遣使剗撥之時，止以寺觀一歲所入計口給糧之外，其餘盡謂之𧶘剩。初不曾分田某段給口食，某段充𧶘剩，今者出賣，旋行紐撥，其間高下肥瘠之不同，計囑之弊，將紛然而起，何可勝言？ 此其不便者一也。昨常平司賣官田錢數比今寺觀𧶘剩之數爲甚微，猶且六年未能盡鬻，至或非理科抑鄰保，分外騷擾民衆，尚未能辦，見今不住據人户論訴。今所鬻之田，其數浩瀚，其限迫促，又非常平官田之比。況閩人至貧，家無千緡之積，一朝責以三百萬緡，將十年且不可得。此其不便者二也。本路𧶘剩錢元計三十四萬餘貫，自後時有豐稔，價有低昂，隨年估直，已不及元額，尚有二十八萬餘貫。賣田指揮既下，寺觀更不復耕布，自今歲便無二十八萬貫之入。𧶘剩之外，所失非一，若更如賣常平田，累歲之間積而較之，何止三百萬緡？ 此其不便者三也。昨來所差使者，括責口食之時，未放行度牒。今度牒既行，僧道日增。即不曾添給口食，寺觀亦只于𧶘剩數内將新蓋舊，那融贍給。其意猶謂既放行度牒，朝夕亦須放免鬻剩。今既絶望，而寺觀元給之數有限，其新披度人將顧而之他，則免丁錢不可復得。此其不便者四也。閩中地狹民稠，常産有限。生齒既滋，家有三丁，率一人或二人捨俗入寺觀，所以近來出賣度牒，本路比之他處率先辦集。今寺觀窮寂，觀者愁歎，誰肯鄉道？自是度剩必難發脱，免丁錢亦復隨失。此其所以不便者五也。數事之外，在州郡則有實封、助軍、大禮、經總制、鹽錢之額，歲計既不可闕，將取之于民，則焦熬之態益甚。今日應辰區區管見，以謂朝廷不若明降指揮，特免寺觀出賣鬻剩田産，多降度牒，均之八郡。姑以二千道計之，爲錢六十萬緡，兼不失二十八萬鬻剩數，遂成九十萬緡，又添二千人免丁錢。比之鬻田累年不能盡，其暗有所失不可勝計，利害明白。伏望朝廷早賜詳酌施行。

請免豫借坊場錢與宰執書

竊見朝廷以用度不足，豫借坊場一界錢，此誠有不得已者。豪右之家，平居無事，坐收厚利，自當佐公上之急，況本是合納之物，特取之有先後爾，此不爲過當。其如坊場未必皆是豪右，有借産以充抵當者，有貸錢以爲本柄者，有見敗闕無人承買而尚于其人名下理索者，有已逃移而令鄰坊均抱者，兼又有新舊界交加而争訟未絶與決未定者，有界未滿而不願接續者。如此等類，未易概舉。正當分別輕重，隨事措置，庶幾有不得已之中，猶不至于已甚。今若但似坊場，例皆拘借，則貧羸之民，無所從出，徒費刑罰，而官司坊場益以敗落。自此人以買撲爲戒，誰敢就者？其所損失又不知幾何。竊謂此令之出，將及兩月，州縣奉行，急于星火。其有力之家何苦以身受徽纆箠楚，必無不納之理，至今而猶不納，必其所無從出者。若朝廷明降指揮，其已納者日下起發，其未納者更不拘借，只是遲以歲月，又非捐以予民，其于寬民力、省刑禁，爲利甚博。萬一未能如此，即乞檢會紹興四年浙東提刑明橐申請畫降指揮，更加詳酌，早賜行下。仍乞令州縣以今降指揮，多出文榜，曉諭民户，使猾吏不得夤緣賣弄，而民户亦速被實惠。所有紹興四年指揮具録在前，伏乞鈞察。

乞免解發鐵錢赴兩淮書

竊見近降指揮，四川總領所于見管鑄到紹興鐵錢内，起一百萬赴淮東西總領所納，應副行使者。兩淮曲折，雖不能盡知，難以遥度，惟是四川見今行使錢引，全藉見錢爲之秤提，民間方通貿易。自天聖間官置交子務之後，禁民私造，每界印一百二十五萬六千有奇，三年一界，當滿則以新换舊。至熙寧五年，已兼放新舊兩界。又自紹聖、崇、觀以來，至于今日，節次增印，通兩界共四千三百餘萬道。而鼓鑄鐵錢場監，惟嘉、邛、利三州。又以工役、薪炭、錫鐵所費不貲，不能常鑄，其于秤提，校之所印錢引，百無一二。今錢引日增，見錢日削，則官司給納，民間貿易，合零湊數，何以相濟？蓋八九百之直，須假錢引，或四五百之數，必以見錢。儻見錢日削，貿易不成，恐雖有錢引，民不能用。是錢引之法，自此壞矣。錢引權衡爲四川之司命，國家所以養贍軍兵，所以養民，視之他路尤重。況鑄到紹興錢見管實數聞亦不多，目今收拾已自費力。并鐵錢好肉礦脃，搬運積壓，損敗爲甚，移之兩淮，未必可以行使。欲乞詳酌指揮，行下四川總領所，除已起發外，自餘蠲免之。

論王歷不當與致仕恩澤書

契勘尚書吏部準都省付下撫州奏，故右朝奉郎致仕王歷家陳乞致仕恩澤者。竊見紹興十五年，劉昉知潭州，兼湖南路安撫，王歷係宰相妻弟，爲安撫司幹辦公事。昉藉王歷爲重，鑿空撰造，迎合欺罔，稱是遣王歷入蠻洞中説諭猺人，退還所侵省地。昉進職再任，歷特改京官。其實竝不曾得尺寸之土，而猺人自此非時出没，恣意作過。全、永、邵、武岡界内，常有劫掠屠戮之禍。巡檢、縣尉或行追捕，昉欲實其欺罔之説，反以巡、尉爲生事，或對移，或取勘。居民惴惴，不保朝夕。監司、郡守亦共觀望，不敢理會。八九年間，凡近邊稍有家業，無不被害。百姓不堪其苦，詣行在下狀，朝廷始差鄂州統制官李道前去措置。大軍入洞討蕩，方得平静。論功推賞，約計四千餘人。其四郡民户被害，以至興師勞費，蠻猺悉被剿戮，皆緣本路帥臣欺罔朝廷，冒濫官職之故。今來雖不復追治，豈可使王歷尚以當時所改轉積累之官更與致仕恩澤？伏望朝廷特賜詳酌施行。

論趙繡之詐欺受差遣與宰執書

伏見成都府準尚書吏部符，謹備録在前，伏乞鈞照。契勘得符内稱轉運司差趙繡之錢引務差遣，及成都府放令本人錢引務供職不當，令究治，依條施行。然轉運司所以差注者，蓋趙繡之見有差遣待闕，卻作無差遣參選，以罔官司也。成都府所以放行者，以轉運司牒令就權也。行遣不審，兩者固有罪矣，而趙繡之乃是以詐欺受差遣、請俸給之人，豈得卻置而不問？又符内云會到差注，窠稱即無趙繡之添差錢引文字。到部契勘，轉運司係乾道元年八月初九日差注，稱已申尚書吏部。今來吏部符係乾道三年正月初七日行下，豈有將及一年半而申狀尚不到部之理？若非道路遺墜，則必有計會藏匿以掩其詐欺之罪者，此亦所當問也。遠方官吏反覆冒妄，事已發露明白，而略不誰何，動輒如志，利之所在，孰不欲效其所爲？此所以其事雖甚微細，而不敢不申禀也。伏望鈞慈特賜詳酌指揮。

小貼子：契勘四川轉運司依紹興二十八年指揮，每季差使臣一員齎定差文字赴部，仍開委所定差窠闕、職位、姓名申尚書省。其趙繡之定差文字，豈得獨不到部？伏乞鈞照。

與楊總領論虛額書

伏蒙垂示三百萬道錢引曲折。去冬，兩司申朝廷，欲添印以足二百萬之數，以爲存而未用，于錢引亦不相妨。近總領所示及除放文字，鄙意尚有未達者。蓋頃年權住催理，五十二萬餘數。及覈實鹽酒增羨錢，七十萬餘數，朝廷亦不施行，又諸郡多訴所增非實。又不到庫錢，此三項恐須在虛額之外，卻看實所除放若干。如三百萬道錢引未知如何取撥對補，前日已具此因依回牒矣。竊謂若除放有定論，則三百萬道錢引或用或否，在總領所審訂如何爾，自當從長也。趙總領初議欲以三百萬道爲十年計，仍以移屯軍馬所省之費貼補對減，且云若自此邊事寧靜，亦可足用，更看十年後如何。然亦以謂此外錢引不可添印也。若如趙卿之説，似于引法無害，又未知曲折果如何。區區雖甚欲早定，而又于所未達者不敢不盡也，所以尚此待報，伏冀台照。

又

洊蒙誨諭，不勝悚荷。虛額錢其間如櫂住催理、不到庫及鹽酒增剩之類，正欲如今來所示，既見此等數目明白，則所合除放之數始得其實矣。除此三項外，今減實到庫錢二十二萬四千八百餘道。財賦曲折，固不盡知，減放過多，或恐難繼，豈敢不念慮及此？但元降指揮令盡行除放，如用度不足，即于添印錢引三百萬道，通融取撥補用，則朝廷之意，似不止此。前來趙卿議欲以移屯軍馬所省對減而以添印錢引作十年對補，但其所減者未必皆實，所以久無定論。只添印錢引一項，如趙卿之説，亦歲可減三十萬道，于總領所財賦似不妨闕。此外既不續印，亦于引法無害。方州縣田里煎熬之時，且稍與寬減十年，亦足救目前之急。過此以往，更看事勢如何。鹽酒增剩錢，欲作一名件棄了，使後人不復取，仰見恤民慮遠之意。但朝廷指揮已令更不施行，若總領所直與棄之，既應得朝旨，亦自無他日復取之慮，不必藉以爲虛額也。竊見諸郡往往言所增剩非實，大抵皆出于所差官觀望之意，縱使實有法當以增補虧，不得出一州之數，亦當爲敗闕之備也。

請免追海船修船神福等錢狀

契勘福建路沿海州軍，自紹興二十九年至三十二年，起發當番海船。其一行船主梢手等，日食起發錢米、犒設修船、艎板、神福等錢，依元降指揮，竝于經總制、寺觀趲剩錢、常平義倉内支破。既明有指揮，又已成久例。近準户部行下内修船錢、平鋪艎板錢、神福錢不許支破，❶令逐州撥還。目今州郡所在闕乏，別無餘剩錢可以那撥，不免卻于船主之家追錢還官。與而卻取，不惟失信，又船户遠役，其家別無優恤，更令追取已請用過之錢，尤于人情不順。除已具公狀申稟外，欲望鈞慈詳酌指揮施行。伏取鈞旨。

薦李燾與宰執書

應辰伏見左朝散郎、前潼川府路轉運判官李燾，篤志學問，無他外慕，安貧守分，不妄取予。凡經傳、歷代史書，以至本朝典故，皆究極本末，參攷異同，歸于至當；隨事論著，成書不一，皆可以傳信垂後。而又通曉世務，明習法令，守郡將漕，績效顯著。前此朝廷嘗降召命，而燾偶在憂服之中。今者從吉在即，所有元降省劄，四川制置司已繳納尚書省外，應辰不敢僭易，輒有論薦。又恐鈞慈欲知其人，謹此上稟，伏乞鈞照。

列薦何耕于帨程价與宰執書

應辰竊以蜀在一隅，士之有爲有守者，往往無以自達于朝廷。輒慕古人報國之義，敢舉其所知，以備采擇。謹具下項：

❶ 「部」，原作「郡」，今據文淵閣本改。

一、左承議郎、充成都府路轉運司幹辦公事何耕，早歲類試，爲四川多士之冠。既而涵養益厚，藴積日富，文詞敏健，議論詳明，皆可以施用于世。隨牒遠方，恬静自守，勤于職事，練達精審。

一、奉議郎、知成都府華陽縣、主管學事、勸農公事于輗，明敏疏通，剖決無滯，廉直公平，久而如一，豪强退聽，胥吏慹服。

一、右通直郎、前簽書資州判官廳公事程价，篤志爲善，當官不苟，汲汲于便民利物之事，如恐不及。凡所措畫，皆有條理，使之疏決逋滯，拊循凋瘵，必能稱職。右謹具呈，欲望鈞慈詳酌，隨其器能，特與堂除差遣，以示朝廷甄擢人才，察見幽隱之意，亦以爲遠方士人之勸。伏候鈞旨。

契勘應辰嘗舉何耕充文詞典雅科，又以于輗治狀顯著聞奏，近又以于輗、程价姓名具劄子上稟。今來所與本路監司列薦，蓋是出于公論，不約而同，所以不避再三之瀆，伏乞鈞照。

薦于輗程价充成都通判與宰執書

應辰伏見左奉議郎、知成都府華陽縣于輗，明敏公正，强立有守。比者聖旨指揮，令監司守臣保明知縣、縣令治狀顯著者。應辰嘗以于輗治狀聞奏，乞賜檢照。又伏見右通直郎、前簽書資州判官廳公事程价，氣識堅明，思慮沈密，奉公如己，見義必爲。頃知蜀州江津縣，革弊撥煩，不擾而辦。繼任資州簽判兼權州事，去諸邑積年横賦，補常平累政虧損，戢暴禁姦，皆有條理。

契勘成都府通判任俊臣，準敕差知涪州。又差下賈仲鍔，已物故。成都大藩，事務繁劇，伏望鈞慈于于輗、程价兩人中差一員通判成都府，填任俊臣闕，所貴得人，協濟職事。

契勘于輗今任已過滿，所有賈仲鍔身故，成都府已具申尚書省及吏部，皆乞鈞照。

薦鮮于侃任俊臣充守與執政書

應辰伏見眉州、漢州、涪州守臣皆見闕，民政財賦，所繫非輕。又知劍州賈价，在任四年未得代，蓋東南士人往往重于入蜀，而蜀中仕宦者，又以僻在疎遠，無由自通于朝廷。應辰敢輒舉所知，仰備采擇，更乞鈞慈，詳酌施行。謹具下項：

一、右承議郎、知資州鮮于侃，聰察敏健，喜于立事，淹歷世務，所至有聲。今知福州王端明頃在蜀中，每任以事，而侃于辦事中不爲暴刻，如根刷契税，合得食錢，侃一切不受。王端明嘗以四科薦，又舉可任監司、郡守。近以避本路帥臣親嫌，陳乞宫祠。

一、右朝奉郎、成都府通判任俊臣，名臣之後，好學有立，忠信潔廉，表裏如一，詳練世務，盡心職事，可以爲循良之吏。右謹具呈，伏候鈞旨。

薦楊概充成都教官與宰執書

應辰竊見左承議郎、前邛州教授楊概，學問該博，知所去取，議論詳明，皆可施用，端亮有守，不爲苟合。凡四任蜀中教官，士論重之。欲望鈞慈于成都兩教官内，以一闕處之，非獨遠方人才以蒙朝廷收録爲重，亦使多士之地得所矜式，不勝幸甚。

與宰執書

今具申禀事件下項：

一、應辰恭奉御劄，以蜀中闕雨，儻爲旱甚，當作如何救濟，令應辰詳具聞奏。應辰除已遵禀具奏外，皆是的實利害，不敢有所不盡，伏望鈞慈特賜詳酌施行。如或給降度牒，即乞于急遞中，先次行下所委付官司照會，庶幾度牒未到之間，可以那移措置，不致失事。

一、伏見夔路最爲荒瘠，官司多方撫卹。今來轉運判周升亨已致仕，應辰輒以知果州趙不拙治狀奏聞，伏乞鈞慈更賜裁酌。右謹具呈，伏候鈞旨。

與邵提舉書

契勘催科户長，最爲難事。尋常人户當差役之際，不問當否，例須詞訴。比及本州行下屬縣，往復取會，迂回留滯。州縣人吏，得以夤緣賣弄，尤爲百姓之害。某自到任以來，立式行下諸縣，各具都保人户、物力、丁口、役次，置簿申納。每遇人户争論差役，皆令當廳檢閲。如所差已當，人自無詞，即令責認。如所差人委是不當，即追斷縣吏改正。以此稍革賣弄之弊。今者使車按臨，正當夏税催科之初，竊料所差户長須有論訴，僥倖脱免。如事屬所至之縣，取索案籍，高明洞照，頃刻可了。萬一事在他縣，欲望台慈只送本州，以憑逐一契勘回申，庶免往復取會。更乞詳酌施行。

文定集卷十四

宋汪應辰撰

書

與周參政

奔走州縣，竊見百姓之凋敝，官司之匱乏，未有甚于今日者也。誅求督迫，方且源源而下，其勢不能復堪，將有未易言者。近户部行下，以今歲下半年賦，限七月内令以其他名色先次兑那，起發一半。此誠國用窘急，有不得已者。今州郡數米而炊，朝不謀夕，豈復有贏餘以相通乎？如去年大赦堂給，所在紛紛，有執持郡守，有毆繫曹掾者。若州郡羸有餘積，肯使之至此？今迫于期會，州既無有，必責之縣，縣必責之百姓，不過科率以取足，而貪殘者又夤緣以濟其姦。竊謂此本是户部合得財賦，其遲速止數月之間，而百姓利害便有死生禍福之分。敢望參政校量得失之多寡，力救此事，以蘇民力，所以消患于未形者，非小補也。昔漢高祖征伐于外，而蕭何鎮撫百姓，給餽餉于内。孫權與周瑜謀拒曹操，而曰「已選三萬人，船、糧、戰具都辦」。自古用兵，未有本不先固而望得于僥倖，食不先備而責辦于倉猝者。仰恃知照之厚，僭易及此。

知罪。

又

自上饒登舟，歷四月餘，始抵萬州，去成都尚一千二百里。艱險萬狀，幸而無他。已于閏月十五日境上交印，俟到成都別具啓狀。敵情無厭，仰貽宵旰之慮。詔旨屢下，孰不感動？西和州兩捷，敵即引遁，似聞京西亦然。要皆非大軍，雖或間有出没，諸將捍禦甚嚴，可以無患，第不知淮上如何。竊見前此用兵，朝廷與諸將意向情狀，初不相通，各行其志，是以每相牴牾。經畫西事，令邊臣具攻守二策而禀命于上，此其類也。所謂不從中覆者，蓋臨機應變，難以遥制。若乃攻守大計，豈當初無定論乎？至于説者不一，未免有利害之私，勇怯之異，惟平心虚己、無所係累顧望者，乃可以灼見實理，而斷之以至當。此中外所望于門下也。疎拙無取，誤蒙委寄之重。事之所當料理者非一，尚須續具陳禀。萬里之外，所恃者參政知照素厚，庶幾得伸其區區耳。若坐視病敝，拘文牽俗，苟且歲月，爲自營計則可，恐非朝廷所以使令之意也。王之奇者，才行俱備，頃京西制置司差權光化軍，措畫備禦，數月間井井有條理。已具奏，乞以準備差遣處之。伏望鈞慈特從所請，幸甚。

與吏部陳侍郎❶

朱元晦在建安相遇，問學材識，足爲遠器，亦招其來此帥司准備差遣。傅鉷者，信州人，沿檄歸鄉，不復爲來此計。近相見，云明年正月即乞休致，蓋其家富厚，明年即七十也。傅雖差下替人，輒欲俟其投下文字，作非次闕申，乞辟差元晦。敢望同凌丈見宰執言之，如許得的確，方敢申上也。與宰執書亦云其詳，託吏部兩侍郎矣。切乞留念，仍示報曲折，幸甚。王龜齡、胡邦衡、劉賓之相繼造朝，當有卓絶切至之論也。

又❷

某乃者拜狀，伏蒙鈞慈，賜以報答，感荷無量。示諭悉已遵禀。朱迪功熹進修日新，殊未可量也。不知朝廷有以處之否？呂奉議大倫，貧甚，閒廢之久，士論惜之。如主筦財用，若期月之闕，亦可待也。此外如郡倅近闕，無不可者。敢望鈞慈特賜矜念。前此鼎州，甚得士民之譽，凌侍郎能言之，併乞垂察。

---

❶ 此文又見於夏本卷七。「與」，夏本作「答」。

❷ 此文夏本與上文相連，不另分篇。

與宰執❶

比者輒具啓狀，候問門下，庶幾下情得以上達。歲晚寒冽，恭惟論道餘暇，天神交相，鈞候動止萬福。仰恃平日蒙被知遇之厚，❷敢以私懇，冒瀆鈞聽。某家世農業，其爲生之具甚微，❸類皆耕而後食，織而後衣者也。一鄉之内，版籍所載，未嘗有以官爲户者。至某始得一官，其區區之心，非特以仰事俯育而已。兄弟宗族，❹若内若外，所欲以相收相恤者非一，皆其義所當爲者。而某自從仕來，其閒居者至于十餘年，其遠適者至于二三千里間者。出守婺州才數月爾，藥傷補敗，百未一二，❺而大禍仍之。屏伏墳墓，艱窘萬狀，支綴喘息，僅至今日。❻大抵二十五年間，所望以相收相卹者，其貧者日以困，壯者日以老，老者往往物故，僅有存者。每念至此，❼若鍼刺之在肺腑。重以逋責之未解而有過時之負，婚嫁之未辦而有不及時之憂。

---

❶ 此文又見於夏本卷七，題作「上宰執劄子」。

❷ 「仰」上，夏本有「某」字。

❸ 「具」，夏本作「計」。

❹ 「宗」，夏本作「家」。

❺ 「未」，夏本作「無」。

❻ 「僅」，夏本作「借」。

❼ 「每」下，夏本有「一」字。

此皆寢食所不遑安者。如蒙鈞慈裁賜一外任合入差遣，使得黽勉職事，上以補報萬一，而下以遂其私計之如前所陳者，不勝幸願。昔唐杜牧以私計迫蹙，求爲刺史，以爲甚于墜井者求出，執熱者願濯。且其言曰：爲刺史，則一家骨肉四處皆泰；爲京官，則四處皆困。某事勢正亦類此。干犯威重，無任惶懼俟命之至。

與趙總領

竊聞調夫饋餉，恐或漸及内郡，想亦非得已者，不知近日邊報如何。敵人有通和之意，理自可信，但須待朝廷議定爾。若免調發，幸甚。使司必知其詳，敢望示報。近有論此事者，謹録其要切之語上呈，恐或有可取也。鬻爵今四年，前此使司約束，不得抑勒科敷，今州縣乃欲一旦趣辦。官吏曉事者少，散遣弓手雜職輩，徧滿村落。凡稍有生業者，例皆逮繫，重以箠楚，未必有所濟，徒爲胥吏輩膏澤之地耳。累有來投牒者，皆未敢盡行，或謂若請于朝，易以度牒，則不待科敷而可辦，不過遲數日耳。未知使司利害如何？頃在福唐，嘗乞以所降將仕郎綾紙易牒，朝廷不惜也。偶有所見，不敢自外，率易言之，尚冀台照。

又

比者輒以傳聞臆度之言轉達台聽，孔子所謂道聽塗説與夫未見顔色而言者。蓋方寸怵迫，不暇顧慮，且恃盛德雅量，憂民之憂，必有以照其不得已也。伏辱誨翰，委曲開諭，豈勝悚荷！蜀道運糧，自古難之。以漢武帝之威令而發巴蜀萬人轉粟，民至驚恐逃亡。以諸葛武侯之才略，閉關息民，訓農積粟，治斜谷邸閣，作木牛流馬，可謂謀無遺諝矣。然每出師輒有乏絶之患，亦可見也。今幸敵騎引退，民得休息。至于長慮卻顧，爲經久之計，此誠不可忽者。第反復思之，諸葛武侯軍所從出，先有定計，然後移粟以就之，然猶不能善其後。今乃因敵應變，其來不測，而欲多方以備之，其難愈甚矣，實未知所以爲策也。

與張魏公

違去門下，積有年所，拳拳此心，惟是與天下之人朝夕瞻仰。方時艱難，大旱之霖雨未足以喻。伏承詔書，起鎮建康，朝野交慶，宗社增重。恭惟下車開府，百神扶相，鈞候萬福。大駕巡幸，相公去國之久，愛君之切，今茲進見之際，誠意感動，精神聚會，厥孚交如，所以開天下之福，實在于此。會逢其適，殆有不偶然者，伏乞順時倍保鈞重，以對揚休命。主上聖德日新，今者僕射相公從容啓沃，但言聽計從，有以仰答天意，則陟降左右，孰非機會！不勝區區，仰望門下之誠，敢此布禀。心之精微，蓋有言不可及者，伏乞鈞察。

又

僕射相公居守筦鑰，而朝廷隱然增九鼎之重。方衆情危疑，疫癘繼作，鎮撫綏靖，中外蒙益。茲者主上顧憂兩淮，付以經畫，詔旨一下，輿論交慶。伏蒙垂諭敵人曲折，仰見憂時憫世之志，如周公之夜以繼日，坐以待旦也。竊謂方今國用空虚，百姓窮困，將無功而已驕，兵未戰而已敝，正當恐懼修省，以内修政事之時。誠能果斷力行，積累其政，則期月三年之效，固亦未晚。今者相公節制江淮，外治舉矣。仰惟威譽德望，足以振士氣，安人心，其于更革宿弊，興建奇策，人既信服，事半功倍，庶幾愛養根本，保固藩籬，卓然有不可勝之備，天下幸甚。惟是任事之難，自古所歎。如種、蠡、蕭、曹，表裏相應，然後無一可恨。至于進取之舉，又須量力相時，見可而動，乃能仰承天意。昔者相公當國，淮西叛兵，蓋亦淺事，舉朝讙譁，前功盡廢。蓋既未信而又莫助也。今日居外，尤非昔比，事體勢力，又不同矣。諸葛武侯所論六事大概，謂兵不可不用，而成敗則不可必。意恐不察者，以舉事一不當，而輕沮大計，故丁寧委曲以曉譬之。以武侯得政之專而念慮及此，蓋多懼矣。頃讀蜀史，竊有此論。今蒙相公指示，故敢忘其僭易，輒復上稟。未知淺陋之見果能得古人之意否。竊禄無補，求去未獲，而諸公以户部繁劇，猥使承乏。材力短拙，朝夕愧恐，惟民勞財匱與所以致弊之由，不敢不爲聖主言之，他未知計之所出也。相公矜念致厚，有以教督其愚，甚幸。未即前侍，伏乞倍保清重，對揚休命，以爲宗社之慶。

又

仰惟僕射相公以盛德碩望，鎮撫内外，民心既安，士氣復振，天下幸甚。至于克勤小物，夜以繼日，竊謂宜有所減省，以怡神養壽。此非獨門下士之私情也。敵人變態不常，相公長慮遠畫，出于萬全，方且厚固吾圉，爲不可勝之備。或傳諸將頗欲乘間伺便，時有侵略，竊恐無益于今日之大計，不足爲也。東晉之末，微弱甚矣，猶能近取兖、青、司、豫之地，然而果何益哉？傳聞之言，亦未必然，相公必有以裁之，特恐萬一有之，故僭易上稟，伏乞鈞照。

又

迺者都下參候，蒙與進之意益厚，惟綿薄學力不彊，無能仰稱萬一，至于内自愧恐，而求所以稱者，不敢以頃刻怠也。八月之初，得請去國，奔走道路，十月末始到福唐。苟無疾苦，皆庇貺所及。相公去此雖久，而斯民愛慕未嘗少替。惟相公所以致此者，敢不黽勉求之，以無負平日教誨之重。更望時賜警策，使得奉以周旋也。無由前侍，伏乞倍護風采，對揚休命，以爲宗社之慶。

與張敬夫

伏承僕射相公再正台席，宗社之福，中外交慶。昔吕正獻當國，伊川先生以爲原明之助爲多，此亦今日善類所望于敬夫也。輒有一事，雖已禀知丞相，尚有未盡。廣西之寇久未平定，蓋所以致寇者非一也。説者以爲百姓凋弊日甚，而官吏貪殘無已，連年荒歉，餓殍滿路，而州縣不肯檢放租税。官兵俸給，數月不支，而帥守、監司争獻羡餘。其他政事，大抵類此。百姓嗸嗸，無所控訴。以爲良民則坐而待死，爲賊則生，此民之所以從賊也。屠將官高居弁，執郡守劉長福，破高、雷、化三州，此其顯然可見者。而我之所遣，既非良將，又非精兵，糧又不給；官司行移，賊皆前知，而我初不知賊之動息。賊酣飫酒肉，而官軍嘗有飢色，所以每出輒敗。至于死事之後，無銖兩之報，人皆以爲戰則死，退則生，此官之所以不能制賊也。傳聞之言如此，未知朝廷所聞如何。或謂州縣兵將更相蒙蔽，帥守、監司未必盡知一路之詳，其所知者又不盡以告于朝廷也。今若不究其病弊，更張而一洗之，則其患豈特如前而已哉！近除何直閣知静江，自此遠方利害之實必能盡以告于朝廷矣。何帥之意，欲乞朝廷差官兵三千人，仍領將官之可委者，蓋欲示以聲勢，使賊有所畏，庶幾可以撫定。又須應副錢糧，如度牒、官告之類無窮也。廣西見闕一漕，若得鍾世明爲之，可以協濟。又須明降指揮，以寇盜未息，促其之官，非獨得免稽滯，又足示中外以用之之意也。帥司舊有參議官，近年不除，欲得新知峽州吕令問爲之。若朝廷徑除固幸，不然當有所請矣，望一一稟知丞相也。昔儂智高叛，初遣楊畋、曹修，再遣孫沔、余靖，皆無功。至狄青出，乃克。人皆以爲討賊非書生事，而劉原父獨以爲前此諸人皆有所牽制，及青之出，僚屬得自辟除，官吏得自廢置，財賦得自移用，將士得自誅賞，此其所以成功也。況今日事體，種種皆非昔比，若朝廷不留意假借責任，則雖有能者，亦無所施其巧矣。

與漢州張知郡

伏蒙頒示先天之書，探索隱奥，會歸于一，見所未見，幸甚不可言。昔之學者，或流于術數，或溺于虚無。此書之傳，使人知聖人之道皆吾性分日用之事，其所以覺後覺多矣。且聞吏牘滿前，高明洞照，竅竇立解，莫不中者。蓋法如是，故非彊爲也。所治者大，當又有不可量者矣。頃蒙示諭，殊荷忠告之意。凡蜀中事之稍大者皆已縷悉具奏，尚未見行下。邊上似稍寧息，近聞金使來聘也。諸有可以振其不逮，願聞之。

與待制張提宫舍人

承乏如昨，第居民頗苦疾疫，竭力救療，幸亦少定。渠流通快，勝于去年，農事可以及時也。忽得金字牌，令制置司抽差四路廂禁軍二千五百人，與吳侯正兵相兼使唤，可以免差募篙梢之擾，回奏已條陳其不可，未知有能益否。要之，諸公一切受成，而異論雜出，一東一西，但只民被其害，無時而已耳。家兄在諫省僅月餘，乞出，得江西漕，今當到官矣。林安宅大諫、王伯庠副端告詞，有「若乃矯激以沽名，輕躁以觸機，使聽者難于從違，非國家之福」之語，蓋有所指也。林、王業皆求去，曾懷自度支郎中除權户侍。其他縷縷，非紙上可究。元章未聞來期。龜齡書云欲力請奉祠，未知能如意否。

與王宰

比因還介，草率上狀。兹者洊辱書誨，不勝慰荷。仲夏暑雨，恭惟王事多暇，明神叶相，尊候萬福。竊禄無補，日以愧懼，不足爲故人道也。武陵官況，當益有可樂。凌丈舍人遽易地，未知後來如何。示諭敢不在念，第諸公皆非相識，俟有可告語者，謹一不忘也。其他委令，亦幸勿外。困于人事，無少暇隙，姑此布叙，殊不逮意。惟冀順時保重，前迓休寵。

與呂逢吉

呂與叔《中庸解》「聖人有所不知，聖人有所不能」，乃云：「用者顯著而易知，不用者微密而難知，此謂費而隱。❶易知者易能，難知者難能。蓋易知易能者，常道也。難知難能者，至道也。知音者，瞽矇之所及；知味者，饔人之所及。及其至也，雖以聖人之知音、知味，不如師曠、易牙之精，❷此聖人有所不知也。」如此乃是師曠、易牙能造乎至道，而聖人反不如也。「見孺子入井，皆有怵惕之心，呼蹴而與之，行道之人皆不屑。及其至也，充不忍人之心，充無受爾汝之實，則博施濟衆，堯舜猶病。君子之道四，孔子自謂未能，此聖人有所不能也。聖人有所不知，語小者也；有所不能，語大者也。」引證之意，❸與前「有所不知」之說兩不相干。《中庸》之説一也，前以爲語小，後以爲語大，不知何所見而云。此一章灼然可疑，不知與叔何故乃如此說。未知左右本亦然否。既云「易知者易能，難知者難能」，則易知者即易能之事，難知者即難能之事，又豈當以知爲小，以能爲大乎？竊恐非與叔之言也。❹

❶「此謂費而隱」五字，夏本作雙行小字注文。

❷「精」下，夏本有「云云」二字。

❸「引證」至「相干」十六字，夏本以雙行小字注文繫於上「此聖人有所不能也」一句下。

❹「也」下，夏本有「豹隱或意別有所謂亦望見教安南書蓋附新江西周純德提舉行可無慮也」三十字。

又

婺卒至，伏領賜墨，存拊勤勤。伏讀再三，仰頤至意，蓋不知應辰之不可教，將期之使勉焉于斯道者也。內省涼薄，不可大受，徒知感服而已。惟其平日所聞于師，與夫今日茫茫岐路未知適從者，敢因是取正于門下，伏惟幸察。昔人嘗謂能碎千金之璧，或失聲于破釜；能搏猛虎，或變色于蜂蠆。蓋未聞道之心，照物不澈，是以若是不一也。士方平時勉强爲善，何所不可，至于事有出吾念慮之所不及者，其不失聲而變色幾希矣。每念至此，若芒刺之在胸臆間，居常惴惴栗栗，猶救過之不給，況敢語其他耶？頃嘗以是請問子韶先生，先生曰：「學莫先乎致知。古之正心、誠意、修身、齊家、治國，以明明德于天下，則本于格物。自充實之美，輝光之大，大而化之，以至于聖而不可知，則本于有諸己之信。存其心、養其性以事天，則本于知性。誠其身，以悦乎親，以信乎友，以獲乎上而治其民，則本于明善。且不先知之，亦何以行之哉？世所謂善，從而善之，從而行之，雖能終其身焉，謂之彊學力行則有之，而非道也。是故好學近乎知而非知也，力行近乎仁而非仁也，知恥近乎勇而非勇也。三者固善矣，然使其行矣而不察，習矣而不著，由之而不知其道，則亦衆人耳矣。惟即吾所學所履而求之，而後知夫仁之爲仁，知之爲知，勇之爲勇，則知所以修身，所以治人，所以事天矣。然而孟子曰：『勿忘也，勿助長也。』忘焉者，是不知道之可求，忽焉而不知省也。❶助長焉者，是

❶「知」，原作「之」，今據文淵閣本改。

急于求道而陷于私意也。一有私意，與道二矣。是故私意之患與忘道同，汝輩于求道之際，宜以自儆也。」信師之説，循而求之二年，于今所恨，雖有此志，未能顛沛造次必于是也，不知何以免二者之病，得一意于斯道乎。夫勿忘，是也。欲勿忘也而求之，常近于助長。二者之閒，將何以處之？宫使舍人誤相期待，有意篤之使有成，雖知不稱，不敢不勉。願推日用之餘，明賜指示，以開未悟，請得以從事焉。困蒙遠實，獨學寡聞，古人以爲懼，況于應辰乎？瞻望席下，以日爲歲，急于有聞，不暇面見而請焉。吐露本末，不覺忉忉，仰溷台聽，豈勝悚悚！

慰魏邦傑

某頓首再拜，恭以先丈承事襟抱疏闊，不以膜外易所以自樂者。天既畀之賢子矣，況平時飲啖步武，往往少年所不能及，謂且百年以享榮養，以爲世之修德者勸。豈意遽止于此，聞者皆爲之驚嘆，而交游聞之，重以痛惜而不能已也。伏惟孝心純至，當此荼毒，攀慕哭踊，何以堪勝，奈何奈何！惟先丈之令德，而有邦傑之賢以爲之子，有吕丈名德之重而實爲之志其墓，此三者皆足以不朽矣。更冀痛自節抑，思夫往者之所以不朽在我也，不以無益而傷生，此實朋遊之至望。初聞欲歸葬于常山，意得面慰，繼聞俯徇邦人戀戀之情，遂輟初議。日念以尺書道區區，雖每與侍郎通問，不敢以此等事煩之，恐其有所忌諱，他又無便，遂至今日，殊用愧悚。錢五千陌，漫致奠儀，菲薄之甚，併冀垂察。比聞已遂襄奉，不知得地何所。吉人所歸，宜不偶然，寓居復在何地？區區不勝懷念。吕舍人丈遽棄斯世，豈勝云亡之痛，想左右雖在哀疚中，其悲悼之情亦有不能已者。已就信州城北十里卜葬，諸孤謀往婺州，依其二叔父，不知曾通問否。先丈埋銘，乃其絶筆矣。儻已刻成，因便願求一本，且恕干聒也。匆遽具疏，不盡萬一。

文定集卷十五

宋汪應辰撰

書

與朱元晦

近建安附示手誨，慰荷無量。當暑，恭惟尊候萬福。某碌碌于此，日益愧負，思見君子，且謀所以當如何者，此心往來，如飢如渴。近事復益可慮，雖在疏遠，豈能弭忘？張真甫爲德不竟，然此君實有區區之心。孔子稱管仲有仁之功，若真甫之功實近之。示諭當以爲戒，誠是也。羅丈語録，得之甚幸。尚有可疑者，謹具别紙。他日《龜山集》刻板，併以諸家語録附之，不必送延平也。羅丈語録中有可疑者，不居其聖與得無所得，形色天性與色即是空，恐難作一類語看。有「事君人者」一章，頃嘗問王丈信伯有次第否。❶王

❶「丈」，夏本作「文」。

丈云：❶「前兩句有次第，後兩句難分。」又問同是一章，若如此說，則語脈不貫穿。王丈云：❷「恐如信、善、美，須有次第。至于大也，聖也，神也，豈可分優劣？正與『事君人者』一章相似。」「神廟時，富公嘗薦荆公爲翰林學士，韓魏公不聽。」按神廟時，韓、富未嘗同朝也。原註韓魏公罷相，荆公乃召。❸荆公曰：「絳之相，非維意。」原註熙寧七年，韓子華再相。八年，荆公再相。謝爲人誠實，但聰悟不及先生。原註嘗見胡明仲説明道以上，蔡太俊敏，常抑之玩物喪志之類。驩兜、共工事，原註驩兜薦共工，事偶見于《堯典》。崇山之放，恐未必爲薦共工也。荆公正如此說。道不足以任之，故有典；典不足以治之，故有刑。原註此語如何？不屈于法度之威。原註此恐未足以言舜。

煮海之事，誠非獲已。令益寬，所入益微，然更當思所以救之。折張之政固爲未遠，然今日事勢豈可同年而語？自葉左丞作帥，盡以郡中財賦之餘獻諸朝，今爲歲額。而帥司諸色糜費昔取之郡者，皆帥司自辦。又立定寺院納官之額，蓋不如此則不能有餘以爲獻也。既而拘定寬剩錢，原註鍾世明所爲。寺院益以窮蹙，所立之額又不能如數矣。而朝廷發下養老軍員、揀汰使臣，軍員動以十百，❹皆昔所無者。近年以來方有事于征討、召募、調發、敷買、打造之類，符移日至，殆不勝其應接也。若窮而不變，未知竟如何耳！

---

❶「丈」，夏本作「文」。

❷「丈」，夏本作「文」。

❸「公」，夏本作「王」。

❹「十」，夏本作「數」。

又

某所欲言者甚多。初謂秋凉，或可再得承教，今遂未可卜也，殊以悵仰。諫省二公論龍大淵、曾覿，❶未報間却各除知閣，仍兼舊職。金給事、周舍人相繼論其不可，❷中批語甚峻，二人皆待罪，有旨無罪可待。劉諫除工侍，而張真甫以待制知會稽。真甫陳義甚力，引富韓公、司馬温公辭副樞事，未知能必行其志否。郎官李若樸、林栗緣禁中點檢小使臣升陟狀，❸而二人所薦乃雜流，批出詰問，既而各展磨勘，蓋上于細務一一省覽如此也。

又

見報有旨引見，而未報登對之日。竊計誠心正論，從容獻納，所以開寤上意者多矣。信來倘得聞一二，❹良幸。李愿中先生十月半間見訪，館于眉壽堂。方説話間，忽覺欲仆，急扶之。問其無所苦否，則曰

❶「覿」下，夏本有注文「皆舊人」三字。
❷「金給事周舍人」，夏本作「給事金舍人周」。
❸「若」，原作「君」，今據夏本改。
❹「信」，夏本作「固」。

無事無事，尋即不省人事。舁之就榻，則已蜕矣。後事皆親爲料理，似可無悔。建安簿已扶護歸鄉，想聞之必增惻楚也。

又

蒙以延平先生銘文見屬，自顧不腆，何足以發明道學之懿？所幸元晦論次皆已詳備，庶幾有所證爾。福唐久旱，奔走祈請，殊未霑足，朝夕凛凛，不知所措，奈何奈何！有以教督，良幸。魏公再往淮上，其意必有不可得而聞者。第合堂同席，一東一西，不知如此做得否，令人念念不已。竊聞元晦他日必再到延平，倘因而下顧，莫大之幸。

又

見許下顧，朝夕以冀，下旬即遣人往也。温公答明道帖、論横渠謚事，欲附見于《龜山集》中，切望録示。魏公與水軍統制魏尚復官，言者以爲不可，乃止。遣王、錢兩侍郎撫諭兩淮，仍措置。他無所聞。

又

兵級共七人，謹遣聽使令，自此數日，以待來臨。王、龍二使還自盱眙，力言淮上無備，士心不固，所以遣宣諭更戍兵。又督府方治淮東，總領司事，而洪總領入對，復言督府之失，所以令總領每半歲或一歲入奏。魏公必以罪去，但未知輕重如何耳。

又

某舟行至安仁，而聞魏公八月二十八日薨背于餘干，雖道路之人亦相與咨嗟痛惜也。前者之約，孰謂事乃至此耶！

又

某到闕下，留旬日，兩得入對。第訓諭所及，責任甚重，殊未知所稱塞耳。元晦奉祠之請亦嘗言之，丞相問甚詳，其意甚遲疑，且云如此是棄賢也。張建安之行，初者堂白，皆欣然許可。適有減罷員闕指揮，諸公以令行之初殊難之，遂已。此外有幹辦公事兩闕，見任人皆堂除，臨行，乞從本司辟差，亦既得請，但闕在一年之後，又未知肯俯就否。行止非人所能，良以自嘆也。敵遣使請和，❶朝廷亦欲報之。聞海泗皆已撤戍矣，自此須稍休息，但未知何以善後耳。陳丞相判紹興，比弋陽相見，足疾如故，若出則須過關也。

❶「敵」，夏本作「虜」。

又

伏蒙示諭一字之失，仰見忠告之嚴，誠當如此也！伊川于濂溪，若止云少年嘗從學，則無害矣。康節之學，豈敢輕議？所以舉和靖者，正欲明從遊兩字太重耳。❶東坡初年力闢禪學，如鹽官縣《安國寺大悲閣記》，省記不分明，其中引「日知其所亡，月無忘其所能」之類。其後讀釋氏書，見其汗漫而無極；從文關西等遊，又見其辯博不可屈服也，始悔其少作。于是凡釋氏之説，盡欲以智慮億度，以文字解説。如論成佛難易，而引《孟子》「仁義不可勝用」。子由又有《傳燈録解》，原註見集中。而子由晚作《老子解》，乃欲和會三家爲一。此蓋氣習之弊，竊以爲無邪心，謂其不知道可也。君欲指其失以示人，❷則如某事某説明其不然可也。若概而言之，以與王氏同貶，恐或太甚。論法者必原其情，願更察之也。

又

別德寖久，邈在天末，無復講習之益，豈勝勤仰！去秋上狀，并納所寫李先生墓誌，不知已到否？春氣清和，恭惟尊候萬福。便中再辱書誨，良以慰荷。示諭蘇氏之學疵病非一，然今世人誦習，但取其文章之

❶「正」，夏本作「止」。
❷「君」，夏本作「若」。

妙而已，初不于此求道也，則其舛謬牴牾似可置之。❶ 濂溪先生高明純正，然謂二程受學，恐未能盡。范文正公一見横渠，奇之，授以《中庸》，謂横渠學文正則不可也。更乞裁酌。李先生墓誌寫得甚草草，其間有謬誤處，請徑爲改正也。《論語集解序》益簡當，所恨不見全書耳。蜀士甚盛，大率以三蘇爲師，亦止是學其文章步驟。至于窮經攷古之學，則往往闊略，未知究竟如何。横渠先生之曾孫流落在蜀，有《横渠語録》，前所未見。又文集亦多于私家所傳者，俟有的便納去，幸爲審訂也。

又

某承乏無補，重以目疾廢事，丐祠未獲，當再請也，種種非紙上可究。應求秉政，足爲治表，未知其得伸志否。僻遠如坐井底，報狀大率兩月餘方到，惓惓此心，終有不能已者。查元章明敏，時得相見，稍慰寥落。此外惟王龜齡、張真甫通問爾。某拜問尊夫人壽履康寧，以次眷集均福。有所委令，願聞之。邵康節子孫大抵不取二程，蓋私意也。邵公濟作《聞見後録》，有一段謾録呈，不知果是伊川有此帖否。又伊川集中論殺薄昭事，元晦以爲何如？

❶「舛」，夏本作「踈」。

又

丞相云嘗作書相招，又以堂帖促行，蓋自得上巳手帖後，寂無嗣音，不知君子之行止如何，朝夕勤仰。夏暑雨，恭惟德履禔福。元晦當一來，似無可疑。若既到之後，或有未安，又在我矣。要之自處既盡，然後可無愧于道也。願以此道爲準，不必過爲疑慮。某疎拙最無補，猶覬未罪去間，或得瞻見于此，以展發所欲言耳。

又❶

某奉祠如昨，第目昏殊甚，稍勞勤即或全無所見也。又偏身疥癩，坐卧不安。疾病如此，未始寧息，而離羣索居，了無進修之益，朝夕愧懼。《西銘》、《通書》兩書當置之座右，以求所未至。竊謂體用一原，顯微無間，《東》、《西》二銘所以相爲表裏，而頃來諸公皆不及《東銘》，何耶？前蒙示諭，于平易處蹉過，益見體道之功，久而日親。道無遠近高卑之異，但見有不同爾。然方其未至也，雖欲便造平易，而其勢有未能者。曾子聞「一以貫之」之説，因門人之問而曰：「忠恕而已矣。」蓋其見得明白，行得純熟，如飢食渴飲，非有奇異也。每念此事，非億度言語所能及，尚幸時有以警發其愚陋也。陳明仲篤志爲善，甚不易得。其當官諸

❶ 此文夏本與上文相連，不另分篇。

事想能書中詳言之，但可嘆惜爾。

又

某屏居如故，第目昏益甚，亦良苦也。許寄楊文靖、胡文定帖，甚幸。朱公掞帖，見令摹本，别寄納。伊川先生文字亦逐旋據檢到者，送伯恭矣。婺州所刊《横渠集》近方見之，前此所得本亦寄他處。忌日之變，見《吕和叔集》，蓋必傳之横渠也。《塵史》所謂者，更看伯恭報如何。敬夫正月間一病甚殆，❶今雖良愈，尤當加意調護，要須止酒乃善也。

又

某兀坐荒山，惟日瞻仰奉。八月二十八日賜教，慰荷無量。冬寒，恭惟進修有相，尊候褆福。某諸僅如昨，雖此閒居，略無進道之益，每切悚懼，思見君子，尤不能已也。《太極説》既欲指示人，豈免剖析，然其理則一而已矣，無可疑者。上蔡所學精到，文詞又足以發之，每服膺焉。來教所諭誠然，此學之所以不可已也。竊承有修言二書，甚渴見也。《易傳後叙》、《傳易堂記》，俟更檢討，别拜聞次。陳明仲家事初不之聞，當作書報之也。

---

❶ 「敬」，夏本作「欽」。

與黄岡人

比因還介上狀，當即呈達。今因妻兄專詣門下，復附此紙。此間哀苦窮愁寥落之狀，可問而知，不重説也。内外食口亦四十人，因讀《信天緣堂記》，所謂「世間寧有一門同日困于無飯者，天之所賦，自應不闕」。先生之言，端不我欺，既以自解，復借之以止兒啼而解客嘲也。❶無由瞻見，惟乞倍萬珍重，即還禁塗，以慰上論。❷不次。

與呂叔潛

某承乏如故，第冬春久旱，奔走祈請，終未見效，不勝悚恐也。魏公再相，雖出獨斷，不知能行其志否。種種似未免俯就，雖古人有之，亦已難矣。兩月之間，竝未見其施設，必有所甚重者，徒令善類嘆息瞻仰而已。季文竟去，亦失于見幾不早爾。舍人恩澤事，僅得季文書，魏公欣然以爲當還，切須及時料理也。伯恭今安在？兩日前作書，託韓無咎附便，亦只是報此。朱元晦到此一月而歸，其學問精進，所養益厚，所謂日新而未見其止也。恐欲知，故及之。妻弟與尤延之皆欲來此。久未聞近音。

---

❶「復」上，夏本有「尤」字。

❷「上」，夏本作「士」。

與喻玉泉 原註：玉泉在蘄。

前所説王晉老大夫不待按脈而知人病者，近得延平守相見，論病甚有理。蘄州黄梅村中有周先生者，異人也。江州祁居之，尹和靖之高第，嘗患鼻中時有碎骨出，周云乃飲甘棠湖水所中，以生薑爲末，服及一秤，則此病自愈。已而果然，問之，云水有屍氣觸其骨，飲此水，爲氣所薰，鼻先聞之，所以有此病，惟生薑性烈，可以入鼻，久之乃能蕩滌諸穢，所以能愈也。其他異事甚多，更無取于人，王晉老亦稱之。遠方乃有此人，豈易得哉！辟親之事，恐未須忙。前日見二公，卻忘記説。鄰人聞人删定，其子爲張晉彦壻，云晉彦留之，他日欲送安國往成親也。向説沈洵者，今亦爲晉彦壻矣。

與張真甫

某承乏無補，日懷愧悚，仰望超然遠引之舉，如樊籠之羨雲霄也。馬船事前奏尚未下，既而騷然煩擾，益悔所論之不切。比復再論，副本謹録呈聖人所謂「汝弗能救與，是誰之過」者，其敢逃罪也耶！李竑新州編管，虞參政知建康，王曮春官直學士院，❶程叔達丁憂，塗中想亦自見報也。

❶「曮」，原作「曔」，今據夏本改。

與何運使

《論語集解》得以細覽，不專己見，不尚文飾，而惟其義理之當，尤以嘆仰。頃承諭及《文中子》，❶嘗見《司馬温公行狀》，言有《文中子補傳》一卷，比方得之，謹以録呈。其所去取，大概略盡矣。此外如云楊素、李德林見之類，尤爲可笑。《論語》于三家必云季康子、孟懿子之類，必稱孔子對曰，蓋貴貴尊賢，其義一也。安有身爲布衣，而于當時之執政而曰「素與吾言」、「德林與吾言」云云耶！

與陳樞密❷

某疎拙無取，謬當閫寄之重，曠日持久，寂無報効，疾病侵凌，愈難黽勉，怨仇叢聚，理必顛隮，力丐奉祠，未蒙矜察。仰惟樞密知院知照素厚，倘得借以餘論，使某得免于罪戾，遂其分願而去，亦所以爲國計也，幸甚幸甚！廟堂登用正臣，中外拭目以觀舉直錯枉之政。然右府之事亦固有未易爲者。❸竊謂如劉賓之、龔釋之、劉子駒縱未還朝，豈宜久置閒散？朱元晦直諒多聞，然已除武學博士，今若更除都下一差遣，

---

❶「承」，夏本作「蒙」。

❷此文又見於夏本卷七，題下有小注「康伯」二字。

❸「之」，夏本作「本兵枋之外」。

其人必有以報補知遇，❶裨贊盛德。馮圓仲之家，貧困特甚，若得復官致仕，庶幾不絶禄食，猶可存活。此皆善類所望于門下者。前所稟任俊臣，已蒙朝廷除知涪州矣，蓋良吏也。

又

遞中伏蒙枉賜誨翰，仰見存眷之厚。至于詢訪時事，委曲周密，又見所以任重慮遠之意。此不獨某所當拜而賀也，天下幸甚！蜀中人才有張行成者，頃嘗薦之，蒙召對，除郎中，兩月引去，今知潼州府。其學博而尤邃于《易》，其才高而尤長于理財賦，毅然有捐軀徇國之志。惜乎，朝廷用之不盡也！然其人老矣，不能復遠出，若就四川有重難職事付之，必能稱辦。又有左朝散郎、前潼川府路轉運判官李燾，某近嘗以其問學行義具稟，必已仰徹鈞聽。如此人者，非獨蜀人未易多得也。蜀中監司郡守闕員，除已奏聞外，如張待制震正是精力强明之時，而退就閒地，殊爲可惜。又有左朝請大夫郭印，老成詳練，恬静有守，士論所推重，雖年垂八十而精力不衰，尚可用也。財用不足，今日之大患。竊見朝廷命令更易不常，暗所耗失自不爲少。只以四川論之，如乾道元年令宣撫司差兵五千于鄂州防秋，到未數日，又復發回原所。調發往來，津遣犒設，沿途供億之費，不知幾何矣。又于總領所取鐵錢百萬貫，欲應副兩淮，先發十七萬，船脚之費居其大半，尋即罷之。近日令制置司抄造錢引紙，工料之直約二十三萬貫有奇，起綱糜費在外，今又以無用令罷矣。

❶「補」，夏本作「稱」。

推此類言之，若審于出令，亦節用愛人之一端也。民力困竭矣，而建言者每爲掊克之請；州縣匱乏矣，而當官者競爲羨餘之獻，皆非治世美事，孰若治其本而末自應乎？自古南北分争，事變非一，未聞北人浮海用兵者，❶惟金人獨出于此，❷亦是多爲岐路，以困吾師。蓋彼視民如土芥，初不計其失亡也。使其無膠西之敗，遂能深入，亦送死耳。凡海船之來，必候潮，然後能入港；易舟，然後能登岸。誠有强弓勁弩，乘高據要以待之，可使坐斃也。若海船不用，其所省當以百萬計矣。武學博士朱熹，不知鈞慈有以處之否。衆人之諾諾，不若一士之諤諤也。伏乞留念。某頃在東南所聞蜀中事，今既親見，乃知所聞謬誤多矣。大理陳少卿，既親見又詳審，其心公平，乞詳細詢之，庶得其實，蓋有非書所能盡者。吴宣撫二月二十一日急召其二子知利州、綿州者，既傳其所苦已自安然，二子尚未回任也。某仰辱下問，輒此縷縷上禀，僭易知罪。

答李仲信

某蒙恩兼職翰苑，尤非所長，方力具辭免也，示諭益以愧悚。《酌古要論》，舟中得細觀，議論宏博，筆力雄健，欽嘆無已。其間鄙意有所疑者，輒具别紙。竊謂文章之用，不過叙事與明理而已。理中有事，事中有

❶「用兵」，夏本作「入寇」。
❷「金人」，夏本作「完顔亮」。

理。然事必得其實，理必得其正。東坡以言語妙天下，而制科文字或未免語焉而不精，❶擇焉而不詳。如賈誼一論，謂當先交絳、灌，使其不忌，然後舉天下惟吾所欲爲，安有立談之間遽爲人痛哭者。賈生痛哭之時，則灌已死，絳已之國矣，此非其實也。先交絳、灌而實欲取其權，此非其正也。致使王荆公得以藉口。故區區既竊嘆仰，又願審處之，必蒙照察也。其餘三編，續奉報。❷

與吕子厚

某方念不獲嗣音，伏辱書誨，慰荷無量。《正獻文集》等跋語，殊愧不稱。昔嘗聞于紫薇舍人，以爲伊川祭文最能明正獻之心者，區區輒述所聞。然精微之際，未敢謂僅能勿失也。垂諭過厚，尤以悚仄，匆遽上狀，不能逮意，尚幸裁照。

答蘇仁仲

某竊惟年德之高，而經緯本末足以表式斯世，言論風旨足以開益後來。顧乃僻在一涯，超然物外，蓋識者所共嘆息。才難之患，今日尤甚，時而出之，政恐不免耳。丙辰時議，高識卓見者，燭照數計，三十餘年

❶「或未免」，夏本作「未免或」。
❷「續」下，夏本有「得」字。

間，效亦彌可睹矣。而談説者云云猶如故，況在當時乎？聽察之間，所繫大矣，益可嘆也。示諭改奏文字，大抵吏文稍涉疑似，必取決于朝廷，不然雖徒決無益，蓋近例如此，所以不能專。其他曲折，有尺書所不能盡者，殊爲愧悚。

與李運使

某山居絶無外事，可以一意觀書，第目昏日甚，殊相妨也。又聞頗苦目疾，此中年常患，而應辰特甚耳。沈存中方每日用白湯沃洗，勝于服藥，不知曾行之否？邊報竟如何，目前未見其可恃以無恐者，但幸其無他耳。仲秉繳還曾覿詞頭，尋趙舍人歸，遂行之，却不報行也。敬夫中批知袁州，❶次日除鄭藻儀同，文潛殊不曉，第恐亦難久也。賢良召試，辭免，文字極得體，第恐命再下，亦須一出耳，幸望審處之。墾田之議，頃于邸報中見之，頗訝其首尾不貫穿，今得見全文，甚幸。《乖崖堂記》所謂「發潛德之幽光」，非可爲淺見寡聞道也。大抵《實録》乃王欽若主之，如澶淵之役，竝不及寇萊公一字，而其自辨處甚悉也。永叔、原父等文字多奇絶處，方欲謀一定居之地，盡裒集所有藏之，他時可録寄也。

---

❶ 「敬」，夏本作「欽」。

答劉樞密

垂諭力陳時事，非特以退爲諫而已，尤見所以非苟然者。昔韓忠獻與司馬文正公書云：「竊聞執事以宗社生靈爲念，懇辭樞弼，必冀感悟上意，大忠大義，充塞天地，横絶古今。」蓋世人但知温公辭官之爲高，而忠獻獨明其心也。比者時事紛紛，更見先知之明，衆益嘆仰矣。某素辱知照，尤不勝拳拳之誠。屬目昏日甚，沃洗數百遍，僅能勉强執筆，不能詳謹，乞賜矜察。

答梁子輔

伏蒙垂諭温、建二守曲折。竊謂「三仁」、夷、惠之行不同，而孔子皆以仁予之。蓋本無私心，各行其志，不足以相非也。「三仁」固更相爲謀，使夷、惠而同時，則亦必以心相知矣。如進不隱賢，必以其道，不以三公易其介，又自謂直道而事人，則其和也，豈苟同而已哉！孔子之于夷、惠，固無可無不可，然而旅泰山，伐顓臾，則責由、求以不能正救，蓋有不得已者矣。惟發于誠心，以敬君愛民爲念，而不敢有一毫顧恤毁譽、計較利害之心，以盡人道，聽天命可也。天下之禍，固有養成者，亦有激成者。西漢張禹、孔光之流，阿附唯諾，專其身謀，以至大盗移國而莫之誰何，此養成者也。東漢之君子必欲與小人立敵，終于俱傷兩敗，而國隨以亡，❶此

❶ 「亡」，夏本作「去」。

激成者也。然則爲君子者，豈無中道于其間哉？伊川先生嘗曰：「中則正矣，正未必中也。」世蓋有正而未必中者，不可以其未得中行而謂之不正也。」正未必中，學者所當玩味此語，體究此理，以常自省察。某愚陋衰惰，蓋惴惴然恐不及者。乞賜指教，幸甚。

答尤延之

蒙喻劉、陳二公，此皆一時宗師，尤難措詞。頃嘗問吕居仁丈，《神宗實録・張天祺》《張横渠傳》，殆非尋常文士所能作。吕丈云：「此兩傳皆是范純甫自做，他人豈易及此。」《天祺傳》言：「新法之害，當與王安石分受其過。」《横渠》言：「乃攷索所至，非默識心通。」今此二公恐亦類此，輒以所聞謾録呈上。舊見范忠宣、王正仲、曾子開皆云元祐間有朋黨之論，忠宣辨尤力，録歐陽公《朋黨論》以進，《忠宣奏議》、《言行録》皆可攷，然竟不知何人爲黨論，其論指何事也。後得一書，曰《元祐密疏》者，有劉器之一章，分王安石、吕惠卿、蔡確之黨，各具姓名于其下方，知忠宣所争者此也。器之《盡言集》亦不載此章。《元祐密疏》，李仁甫曾借去，録本留史院，恐須載併及忠宣所論于傳末。瑩中再作《四明尊堯集》，爲悔過之書，以寄器之。器之答云：「神宗未嘗師安石，❶安石豈足爲聖人？昔既稱道如此，今乃置之僭逆悖亂之域，是非去取，有非鄙拙所能曉者。然事君行己，苟亦無憾，而今而後，可以已矣。」「事君行己」等語，蓋亦察其心也。又有書與

❶「宗」，夏本作「考」。

楊中立，以爲「不辭一身之有過，願成來者之無過」，楊答以：「賢知過之，則道不明不行，安能成來者之無過乎？」因及禹、稷、顔回事，或出或處，皆當其可耳。瑩中齒長，而答書以先生稱揚之。復以書辭避瑩中，云「先生指纓閉以救其惑」，謂纓冠閉户。《龜山》及《了翁集》，其書具載可攷也。此兩段合載于《瑩中傳》末。「視黯無作」，欲改作「于黯無作」。「道固如是，不由外鑠」，其下欲添兩句，云「視彼汲直，如玉而琢」。

與方叔輿

聞既還蘄春，諸況安適。大抵學問之道，止是揆于心而安，稽于古而合，措于事而宜，所以體究涵養，躬行日用，要以盡此道而已。若家務人事，以至應舉從仕，皆不相妨。叔輿用心于内，當益有日新之功也。賦兩篇，甚有工處，然須廣看前輩諸作，取其所長，盡爲我用，方能從容中節也。有問鄭毅夫作賦之法，鄭云亦在乎熟之而已。歐陽公言爲文，須是看多、作多、講論多。蓋此雖小技，亦須功力到，乃能精爾。

與吕伯恭

首夏清和，恭惟勉就吉制，哀慕未忘，百神協相，尊候萬福。想臺移趨覲，朝廷亦必循例以舊物招致，不知何以處之，當豫有定論也。伊川文字編次如何？向所納去者，有可取否？近檢得伊川與富韓公之子書，又尹和靖答十一丈書，皆録呈。《横渠集》，元晦頗以爲未盡，曾再理會否？集後有温公帖，偶有吕和叔與明道帖，正是答温公所論，今亦同往也。敬夫雖不得書，而聞所苦良已，要須止酒爲善耳。近有以其所論兩楹之章而稱門人題跋者，❶刻板散布，頗亦上聞，亦知之否？承屏居明招，益復省事，但書問難通爾。

❶「兩」，夏本作「西」。

文定集卷十六

宋汪應辰撰

書

與汪叔嘉❶

蒙諭，《書》中大旨，某何足以知之，第昔嘗承師訓，今僅能守而不失者，姑以爲報。所謂歷象五行，治水作樂，觀象作服之制，必有提綱振領之道，又慮難于攷究。竊謂天文地理、刑名度數，在學者皆當攷究，非特爲舉業也。註疏之中，固已詳矣。間有不同處，如東坡、介甫嘗言之，亦不過六七處，可以參攷。若欲極其微妙，則古人固有終身知一藝，而用之不能無差者。若其大概，則不可不知也，如此亦無難于攷究矣。大抵聖人仰觀俯察，制禮作樂，皆有至賾存乎其間，不然則是紛紛者贅矣。故曰其數可陳也，其義難知也。昔者孔子觀于蜡，而曰仁之至，義之盡；觀于鄉飲，而曰知王道之易易也；論郊祀之禮，禘嘗之義，而曰治國其猶

❶ 此文又見於夏本卷七，題下有小注「大猷」二字。

視諸掌乎。吴季札觀簫韶之舞，而知帝德之廣大；韓宣子見《易象》、《春秋》，知周公之德，周之所以王。此豈拘著于刑名度數與文字之間哉？是以君子博學詳説，將以反説約使。不知所謂約，則所學者特技耳，何以爲吾儒？《舜典》之命九官，與《吕刑》本不異，但註似誤以皇帝爲堯。王介甫專不取註疏，于此乃不能正其失。竄三苗，命伯益、禹、稷，皆舜事也，而以爲堯，不知何所據也。若其命官先後之次，此則偶爾不同，不必論也。立政所謂九德，即皋陶所謂也。揚子曰：羲進重，和進黎，則羲和非重黎也，特進之而已。先儒所謂重黎，司天地之官；羲和，四時之官也。春夏，陽也，故進重；秋冬，陰也，故進黎。後世遂以羲和爲重黎。或謂《中庸》九經先于修身，而尊賢次之，此不應不及修身。或謂《大學》引《帝典》，曰「克明峻德，自明也」，則是自明其德矣。此皆不攷《帝典》、《大學》之意。❶《書》稱堯之德自欽明文思以至格于上下，其爲修身也至矣，故繼以克明峻德，此正合乎《中庸》之叙。若使上文言堯德如此之盛，又云克明吾之德，其語可謂叢雜。至《大學》蓋謂堯之所以能明峻德者，以其自明也。由吾之明德，故能明人之德，所謂「以其昭昭，使人昭昭」。「自明」二字，其所發揮最爲有力。若使《大學》之意以明峻德爲堯之德，則何必更下註脚云云乎？此可以意曉也。又其所引「顧諟天之明命」，則將何以言之？以此而論，固灼然矣，雖壬人之説皆通。生乎千載之下，雖窮其志思，安能合乎聖人，要其無悖于義理，有補于名教，使聖人復起不能易者，即經之所在

❶「之」，夏本作「文」。

也。久去師友之訓，常懼棄息，❶輒因來問，復爾忉忉。更望以所疑時見訂正，幸甚幸甚！❷

答毛季中

某侍下幸無他，第日益貧耳。奉祠且滿矣，比作劄子求再任，萬一不諧，則可索我于枯魚之肆矣。不曉事自應得此，不敢不安之也。承諭爲定居臨川之計，相望益遠，奈何奈何！或因歸鄉，取道玉山，切一報我，當得一見之幸。沈元用甚欲求識，此回經由，曾少款否？吕丈于吾人甚眷眷，願不惜時與之通問。子韶處不通書，恐亦未然，幸更思之。交游間稍通顯者，便與之疎，則似有意。至于世之窺伺，亦不足恤，利害豈人所能爲耶？某山居，卻頗得讀書，然獨學無友，離羣索居，陷于古人之所病，終亦勤而無功。平時師友，蓋日夜在念也，今皆在數百里外，書問且不能數，況異時盍簪之樂也？以此言之，聚散豈偶然哉！平時嘗斐然有志斯世，今窮居循省，日久百念已矣，但求有以餬口，優游卒歲，庶爲鄉曲一無咎無譽之人耳。尚望時有以振之，使遂此志。許子理後曾通書否？此間蓋闊焉不相聞，但聞其至湖南首劾帥司數事，使人

❶「息」，夏本作「怠」。

❷下「甚」下，夏本有「抑崇之説昔者所聞亦然蓋如啓與有扈戰於甘之野以天子而與諸侯戰則其德衰矣此皆不可考也」四十字。

增氣，然竟不行也。因便至辰州，一問季文如何？井養原亦有一書同往。❶宣城官況大不佳，俸不足用，差出每月止一二日在家。又職事有非人力所堪辦者，如曠三十里許無人家，而責以捕盜之類是也。岳侯比赴棘寺，又傳已出，不詳所以。再遣使介至金國邊鄙，❷其遂少安乎？陳丈得書，云十一月間欲赴惠州，不知今行未。來書具留此，❸渠亦約欲專人來相問也。喻丈得休致，即往光福，居中赴溧水，必須同行。彦柔、敏中、禹錫相繼去世，可爲痛惜者！❹范忠宣公赴謫所，至中途舟幾覆，忠宣墜水。既上，笑謂妻孥曰：「此豈章子厚爲之哉？」消息盈虛之理固如是也。胸中千萬，此後不能記憶，草草附問，遇便即寄數字，❺以慰寥落至望。他惟順時保重，以俟天命耳。

答徐知止

某伏退蕭寺，日以懷念，蒸濕欲雨，伏惟尊候萬福。奉教極荷，此正吾輩幼而學之，壯而欲行之，不可以不素講也。乃蒙切磋之益，幸甚幸甚。天下之事，常傷于鋭而無漸。弊之在人者，固不可以不革。然使其

---

❶「往」下，夏本有「乞知之」三字。
❷「金國」，夏本作「索虜」。
❸「具」，夏本作「且」。
❹「者」，夏本作「昔」，屬下讀。
❺「寄」，夏本作「告墜」。

有忠信誠慤之心，則當究弊之所從來，慮其始而及其終，行之以漸，消之以晦，而持之以久。固未有初不攷究，但見其于人情不合，率然以爲非是，不俟終日而盡罷之者。美則美矣，然此出于鋭氣，❶而非出于誠心者也。先甲三日，後甲三日，革弊之難如此。今人于泛交之間，苟見其過，猶爲之掩覆保全，諫之于密，況父子君臣之間乎！昔章聖皇帝晚年頗崇神仙，興土木，及仁宗即位，以爲天書者，天所以錫先帝也，不當留在人間，而納之陵中。玉清昭應宫有火災，于是更不修繕，以答天戒。及章憲明肅上仙，首詔中外無得言垂簾時事，而事之當革固已消于冥冥之際矣。此真萬世法也。故元祐間所更法度，皆本先帝之意而爲之，亦以此也。如舜誅四凶事，堯、舜本一道，用四凶非堯之過，誅四凶非彰堯之過。若使四凶乃是所信任心腹之臣，❷則舜之去之亦必有道。矧堯姑試之以職事，既績用不成則誅之，此乃成堯之志，何過之彰哉？願更思之。匆匆上報，苟未合，不惜見示，亦庶乎朋友講習之樂也。乞倍萬愛重，不宣。

上趙丞相鼎

某近嘗拜狀，必已上關省覽。孟秋猶熱，伏惟純誠鉅德，百神相之，鈞候起居萬福。得行在書，乃聞居

❶「然」下，夏本有「則」字。
❷「是」，夏本作「堯」。

興化之命。❶相公數千里間關而歸，謂自此遂得休息，而蠢蠢之徒猶排報不已。風波可畏，直道難行一至于此！然孜之載籍，昔之以元勳盛德而見勝羣小如此類者，何可勝數？今日之事，不足爲異也。跋疐所以見周公，不容所以見孔子，是殆天意也。頃見相識間議者往往以相公慈溪之居太近。某獨謂仁人君子，存心行己，無愧天地，至于意外之患，則雖智者不能豫爲之，所欲加之罪，亦何適而不可哉？相公高識宏度，于是非利害之際處之熟矣。伏惟坐照消息，怡然順受，聞命引道，平氣遜辭以避方熾之鋒。有識之士亦將觀相公何以處此也。懇切而言，忘其僭易。暑氣未艾，川陸云遠，更望倍保鈞重，以慰中外之望。

答趙允明

前日將如常山，途中遇素所使令者，乃知車御還自虎林，殊慰久仰。方欲爲問，忽辱近書，審承綵戲多暇，尊候萬福。某奉祠窮居，幸爾如常，他無足道。長暑相別，❷忽爾涼冷，日月易徂，當共惜此暇日，庶不虚度也。東行所幹果何如？示諭循規矩之説，此實要法，然當求其放心，收之規矩之中。若近世之士，胸中營營，而姑以糠粃束縛其形骸，又以欺愚不知道者，❸此則非所敢聞也。昔嘗與益謙言，士固有終身無過

❶「居」，夏本作「有」。
❷「長」，夏本作「畏」。
❸「不」，夏本作「曰」。

行，直至臨死生不亂，然而未可以言道者，況其下乎？恐吾友求規矩于尺寸之外，故復發此。他日舉似益謙，當亦以爲然矣。使行，匆匆上問，益加進修，追蹤古人是望。不宣。

答張定夫

蒙頒示舊作四篇，至言奥旨皆自得之，後學之所未聞，幸甚幸甚。然其間鄙拙之見，猶有不能無疑者。敢試言之，以求教于執事。某聞之聖人之教，有小學，有大學。若《周官》所謂「六藝」，來書所謂胡安定教人以吏事、知兵與水利、算數等事者，小學也。若《中庸》、《大學》之所謂者，大學也。學無大小之分，小學蓋所以爲大學也。孔子曰：「温故而知新，可以爲師矣。」又曰：「下學上達，知我者其天乎？」使局于一技而無知新上達之功，則不免于藝成而下、致遠而泥矣。後世學者高談微妙，而闊略名數，度越繩墨，蕩然無所執守，枵然不適于用。若此者，非特不知小學，亦非所以爲大學也。以刑名法術名其家，以章句訓詁傳其徒，陋而無法，博而寡要。若此者，非特不知大學，亦非所以爲小學也。以此論者，學無大小之分，知其一則萬事畢，否則兩失之矣。自秦漢而下，至二程先生，始能發明微言，使學者知本末不二，體用一源，而聖人之書始可得而讀。其有功于道甚大。來教以爲荀、揚、王、韓固非其比，此可以爲允論也，❶而猶謂其道則是也，其教人者非也。竊謂學者學此，教者教此而已，不應于道之外又别有以教人也。沈涵漸漬，涣然冰釋，怡然理

❶「允」，夏本作「定」。

順，則雖不責之重，禁之切，而人自歸于善矣。彼其詐僞者，非也。以此治經，以此讀書，以此作文，何不可之有？彼其自處于卑陋者，亦非也。胡安定之學，晚進不能知其詳，抑其止于此乎？或又有所謂知新上達之功乎？此則未敢以輕論也。

答葉南美

所謂文潛性論，謂性爲善惡混，固非矣。然彼蓋隱之吾心，以爲誠然，而後言者也。今之所謂性善者，蓋尊信孟子而云耳，未必心見其誠然也。盍求所謂見其誠然者乎？謂格物爲扞格，竊恐未安。克伐怨欲不行，孔子不以爲仁，此可見矣。《易頌》甚佳，則既已超然立言矣，而曰欲用此意以學《易》，得非謙損之辭也。今似許迂臨，甚幸。今遣人馬去，然甚愧表率也。

答胡明仲

恭以閣學侍郎聞望在人，既更閱進退之際而愈高，識與不識，孰不慕望！矧某受知受教之舊，其歸向之心，豈間久近！然以僻居山谷人跡罕至之地，朝夕焦焦焉，饘粥不給之是謀，其勢固不能趨造門下。至于咫尺之書，亦坐貧與僻左之故，無由時致于前。鄉者附便拜書，五年于此矣，又不知其果達否也。顧事勢齟齬如此，與區區之心大不相類，謂且得誅絶之罪于左右矣。比者鄉人方刪定附示手誨，所以存撫教誨之意不啻疇昔，感戢之餘，而昔者妄自隱度，恐懼私情，涣然冰釋，幸甚幸甚。某閒居八年，臝糲之味，艱難險阻之狀，久已甘之，斷不敢以此動念。惟是學業不見所超，使異時幸而得侍，未知何以爲進見之資耳。伏承奉祠既終，不復再請，蓋祖宗以祠禄爲憫勞優賢之異數，其予之則曰任滿赴闕，故請者有以爲詞。今使執政侍從之臣而猶家貧仰禄自言，玆固大賢之有所不爲。第恐衆人之所不識，則以爲其意安在，旁推曲引，將無所不至。雖君子之行，固不循俗毀譽，然固有道，雖委蛇而不失爲大直者，未知台意以爲何如？苟有所懷，不敢不盡，且因以求教也，僭易死罪。

某竊聞文定先生所與諸賢往還簡牘皆已鍥石，願各得一本，置之左右。閣學侍郎高文偉論，其繕寫者固不敢妄意得之，或有墨本，儻使得以拜觀，不勝厚幸。輒恃眷私之舊，遂敢及此，仰惟先覺固不倦于教也。今因僧至衡川，屬其專持此至門下，未即趨侍，執筆倍以依仰，敢乞順時倍保台重。

答徐漢英

比人回奉手誨，讀之再三，不勝感嘆。且承涉冬履候如宜，少慰瞻仰。伏承垂問墓額，但恐李公擇事，當時傳聞未必得其真，而後來記憶容有不盡然者。不作墓銘，不求挽詩可也，似不必揭于墓道。挽詩如祭文，然爲之者，所以自道其痛惜長違之意，本非求而得者。雖今人不免于求，然吾告人曰不求，則是失其實矣。司馬文正《書儀》以爲墓前立小碑，可高二三尺許，大書曰某姓某名，❶更不書官。此蓋壙中已有志文，

❶ 「某名」，夏本作「名某」。

則墓前只須如此。今既無志文，則墓額稍爲文言，似未爲過。孔子題季子墓，曰「嗚呼！有吴延陵季子之墓」，此事始也。文潞公題廣平先生之墓，❶蓋有自來矣。後人多認明道爲謚，非也。但以其人平生行狀而節以一言，宜令簡重切當，乃可傳信而行遠。竊惟先丈承事，心地坦夷，無所矜忤，好士樂善，甚于世人之嗜利，可謂長者矣。若只云「長者徐公之墓」，則是妥貼而得其實，而有陰德之意亦在其中矣。蓋若云某姓長者，則止是稱號，若先生、府君之類。若云長者某人，則二字乃是明其德，如明道之類是已。漢時稱重其人，多云「長者」。文帝問田叔：「公知天下長者乎？」對曰：「臣何足以知之！」上曰：「公長者，宜知之。」叔頓首曰：「雲中守孟舒，長者也。」張釋之問文帝：「周勃何如人？」上曰：「長者。」又問：「張丞相何如人？」上復曰：「長者。」直不疑之徒，❷史稱其長者。宣帝以黄霸治行終長者，又問龔遂安得長者之言。攷此，則「長者」二字甚重，但世人泛泛言之，遂不以爲重耳，君子固當論其實也。更有鄙見，若只是姓名，如温公《書儀》，則子孫自爲也。至于稱道德行，不免假之于人。所謂寓言十九，親父不爲其子媒。非吾罪也，人之罪也。不知高見以爲如何？伏惟追慕罔極，思所以表見于無窮，慎之重之。又以下問，苟有所見，不敢不盡。其去取之際，更在從長，必不以爲僭也，皇恐皇恐！加以見聞不多，山居無文字檢閱，其有牴牾，更得教誨之，尤幸。輓詩不成語言，謹録呈。公擇事如必欲如此，吕逢吉乃李氏甥，俟他日問之而後從事，如何？更

❶「文」上，夏本有「又」字。
❷「疑」下，夏本有「張歐」二字。

在垂諭。

與信州程尚書

伏以比年以來，民方幸于息肩，而信州又得如尚書者辱鎮撫之，其蒙幸又有加焉。而天不靖民，❶橫流肆虐，戴白之老，未始見聞。恭惟龍學尚書誠心惻怛，惟以利民及物爲事。方無事時，求所以饒裕矜恤之者無所不至。況今遭此鉅異，漂蕩墊溺，孑遺無幾。亡者暴露，委食于烏鳶；存者困乏，寄命于俄頃。鄉下細民所仰食者，大則畎畝，而畎畝化爲谿垙矣；❷次者菽粟，而菽粟混爲泥沙矣。富者方挾所有以幸災，貧者將無所恃而抵禁。是以良民惴惴。私憂過計，恐其害不止水而已，然而未聞使州有所賑恤，以慰存没之心，爲之措畫，建久長之利者。竊意屬吏徒欲仰寬夙夜之憂，不以實告，而如某等輩，雖受恩顧之異，而自以杜門閒居，又不敢僭易而言之也。伏見鄰郡屬縣有程氏數家者，皆以財爲長雄。乃者漂蕩之餘，止留倉庫一所，飢民叩門而求之不得，于是嘯呼發所藏而去。訴之縣，縣不能治也。時方聞之，固已憂鄰境有倣而爲之者矣。兹又聞上饒縣石人鄉有李氏者，閉糴以待賈，民持錢造門而不答，則恐之曰：必不得，將自發廩。李

❶「天」下，夏本有「下」字。
❷「垙」，原作「洑」，今據夏本改。

始懼而受之。某鄉有某氏者，欲增價以糴，民與之商確，❶移時不決，有數人遠來者，不復計所直而從之，其不從者，患其不與己同也，須其出而奪之。某閒居不能盡知外事，所聞止此二者而已。然所以未至如旁郡之甚者，蓋有憚于尚書之威重也。而某氏之事愬之縣，縣亦不能治。蓋往往烏合之人，莫知主名，雖欲治之，不可得已。竊恐小民日迫于死亡之憂，不復顧慮，然後什伍爲曹，鄉閭既無如之何，官司又不得而治，必有甚于今者矣。所謂其害，將不止于水者也。伏望使州察此事理，早賜措畫，度當今可行之宜，求古人救災之政。每縣專擇明察慈惠之吏，委之奉行，其有便宜，許其以法條陳。要使上下之情通，則民必被其實惠。通變于不得不爲之時，消患于無聲無形之内，不勝幸甚。若只作尋常文字，泛泛行下，實恐徒爲文具而無益也。又聞民以災傷赴愬者甚衆，雖未聞指揮，竊計使州必且次第施行。伏見庚申歲大水爲害，當時按視蠲租，德惠甚渥，民間不免有所賠費。逮既蠲放之後，縣中乃令放米及一石者出錢買務酒一石，置酒之直，自足以輸租，而向之賠費又在外矣。朝廷虚失常賦，而民間初不被惠，甚可惜也。若非豫行約束，曾不若不蠲減之爲愈也。至于受納之際，或非其人，往往加倍概量，以足入倉之數，餘者例印虚鈔。今使某户合納米二石，以災傷蠲其半，所使受納非其人，❷則所謂二石米者未嘗蠲也。夫以百姓之財共公上之用，于艱難之際，宜若于義未爲害也，而朝廷猶且有所不忍，屈己修睦，使民休息。以公上之所不忍取者，乃舉而納之汙

❶「確」，夏本作「推」，屬下讀。
❷「所」，夏本作「前」。

吏之家，❶甚可嘆也。亦望他日特行約束，以警貪狡之心，少紓痌瘝之力。其他事之纖悉，有非所能盡知，尚書周爰咨詢，必有能言之者矣。古人有言曰：剪爪宜及膚，割髮宜及體。髮膚尚無足愛，況其他乎？又曰：救人之難，飢不及飧。飢渴飲食，猶在所緩，則事之所急，孰有先于此者乎？某不在其位，而僭易言之，可謂罪矣。然思古人救災之意如此其切，況食奉祠無功之禄，辱門下異常之眷，而坐視民病如此，而以避嫌緘默自處，可謂有愧于心矣。伏惟尚書以邦本國體爲心，唯恐有所不聞，亦必不以僭易賜罪也。然而今特已然之害如此，陰陽隔屏，理有常數，夏潦秋旱，自古所記。今之田畝十存一二，使又有他日之憂，則民病何時而已？修庶政以召和氣，罄誠意以祈多福，以弭禍于未形，而起福于將來，想已在台念久矣，不待芻蕘之言也。干冒台重，下情不勝戰慄之至。

答張侍郎

比人回領賜教，不勝感慰。初雖聞駐節清口，繼又聞已奏乞歸鹽官，固知清口必非久，但區區之意，以謂須取道城中而歸，庶幾得遂瞻侍，以慰釋十有五年去德之思。且所欲面稟者亦非一二，故前日專人拜書，已俟詳報。今乃云廿四日取徑路去，而某廿六日始奉教，已入蘭溪界矣。參差如此，悵怏何已！某欲去之計，前此屢以稟知，不惟才力短拙，無補于事，其間曲折甚多。又以老母前此隨家兄在黄州，一別七年，今年

❶「納」，夏本作「歸」。

七十有七矣，近方正母子之名。前此雖有欲養之心，將以誰告？今身在省闥，可以言而不言，復何待乎？七月末，嘗欲乞嘉禾，偶有都司之命，遂復黽勉。十月初，四明有闕，徧見諸府，以情告諸公，皆謂進用在即，而乃求補外，豈有所疑乎？終不見察。左府云少待結果了，❶去亦未晚，某云豈敢有此望，正使誤蒙朝廷除擢，却恐去計愈難矣。時節因緣，未有易于今日者。未幾四明除人，適辛企李赴召除春官，遂以東陽爲請，諸公初相留之意甚勤，既而見其決去，亦頗不樂。然某以是日輪對，先生以是日得宫祠，又十日而有東陽之除，好事者不知本末，以爲與永嘉相表裏，至有死黨之説。又以謂面對不合，騰播百端。惟是廟堂諸公備知曲折，有間焉亦以告之，故久乃稍定。子集所報，得于傳聞，亦不無所自也。某上殿所論，以謂：「祖宗時治獄則有開封府、御史臺，又置糾察刑獄司。斷獄則有大理寺、刑部，又置審刑院。自元豐改官制，大理寺兼治獄事。然猶置少卿兩員，一以治獄，一以斷刑。今則止置少卿一員，治獄、斷刑皆出于一。然則獄之有當平反者，當責之誰乎？又如祖宗時，雖有刑部、大理與審刑院，然每至赦宥，必别置詳定罪犯一司，以侍從館閣領之，刑部、大理、審刑皆無預焉。蓋所謂罪犯者，議法之初皆更其手。今若又使之詳定，誰肯自以爲非乎？至于梓、益、夔、利，去朝廷遠，每赦則委轉運、鈐轄司詳定，而不委提刑，亦此意也。今刑部，昔之議法，今之詳定，皆出一手，其能使民不冤乎？只如故相用事，鍛鍊文致皆韓仲通爲之，今又使仲通改

❶「府」，夏本作「明」。

正，❶豈復有是理？況又因星變降詔，許民庶言事，而事于刑部、户部者，復送本部，然則户部之有枉謬，誰敢以爲言乎？」是時韓已去矣，上大稱賞，以爲切當，許以即當施行。時已有大理少卿楊揆一員矣，又除司農少卿陳章爲大理少卿，專治獄。某又言：「近降指揮，治贓吏盡用祖宗法。今時與國初不同。國初承五代，殺伐之餘，嚴刑峻法，未能盡革。當時州郡多付之武夫，至有不識字畫而以僕從代書判者。至于判司簿尉，往往以牙校爲之。故朝廷亦不復以士類待之。至于天下既定，選舉益清，前日之刑，寢不復用。故范祖禹著《唐鑑》，以爲士自一命以上，刑辱不及，以爲本朝美事。然臣之愚，非以贓吏爲可恤也，彼既已冒犯典憲，自絶士類，亦何足以士類待之？第恐此刑既用，久而濫及于士類爾。不必遠引，只如前日用事之臣意所不樂者，往往皆誣以贓罪，今之大臣有親被其害者。陛下聖明，今已灼見誣枉。若使當時盡用祖宗法治之，今雖欲改正而復用之，豈可得乎？此不可以不慎也。」上云：「卿所慮甚高遠，人所莫及。然朕當擇巨蠹者治之，以儆其餘。」宣諭之語甚多，今録其要者。某云：「臣謂贓吏皆當治，但此刑不可輕用爾。若使監司得其人，按治得其實，雖停降編竄，亦足以懲惡，非謂縱姦而不問也。」上云：「卿所論甚善。」當日所對，大略如此。同舍有聞之者，從而緣飾撰造，欲相中傷。然面對之事，主上所知，乞出之事，宰執所知，皆有本末，彼亦徒爲紛紛爾。恐先生欲知其然，故此布稟。東陽初以賦財足用故請，今乃不如所聞，未知所以爲計。所示文字，謹當一一遵奉，別有委令，亦乞不鄙。

❶ 「正」下，夏本有「敘」字。

與劉樞密

某屏居蕭寺，衰悴多病，目昏脚弱，日以增劇，未知竟如何也。元晦改秩奉祠，聞必欲力辭，決非苟然者矣。敬夫必數相見。邇來士人頗知爲己之學，實二公倡之爲多，斯道爲不墜矣。劉憲來自臨安，近事頗能詳言之，可以得其大概。某目昏甚，執筆艱苦，勉强拜狀，不能詳謹，併乞矜察。

上陳丞相

惟是賣鹽一事，頃歲承乏，見帥司財用窘迫殊甚，嘗謀于鄭少嘉、朱元晦、陳季若。惟元晦以謂寧可作窮知州，不可與民爭利。而少嘉、季若則以爲可。故于三人中，從二人之言。止是行于城中，間有犯者，不過量行笞罰，雖杖罪亦絶少。時有不相樂者言于廟堂，以謂福唐禁鹽，徒流無虚日，又有民在塗炭之語。省部行下，嘗具申朝廷，乞委官體究。若果如言者之説，乞重行黜罰。❶朝廷知其無他，止行下照會而已。然聞後來併外邑亦皆分賣，地頭既廣，刑罰頗峻。每切追悔前日之舉，殆亦作法于涼者也。竊聞僕射相公寬平簡易，民自不犯，非復前日，紛擾之弊，皆暗消于冥冥之中。竊謂常如今日可也，後之來者，人各有心，未必能一遵約束，則紛擾之害或更甚矣。君子之政，當爲斯民無窮之慮。

❶「罰」，夏本作「責」。

與喻居中

朱元晦以召命再下，諸公迫之方行。既對，力排和議，其他皆人所難言者。得武學博士，待四年闕。然其家貧母老，勢須再請嶽祠也。葉幹頗有望于丞相，得申言之，良幸。

與呂居仁舍人

某平日未嘗學《春秋》，比因攷究諸家之説，竊謂願讀《春秋》，必先明聖人所以制作之意。苟于宗旨有所未明，雖有得于片言隻字之間，終無益也。因有疑曰，《中庸》曰：「非天子，不議禮，不制度，不考文。」又曰：「雖有其德，苟無其位，不敢作禮樂焉。雖有其位，苟無其德，亦不敢作禮樂焉。」然而作《春秋》者何也？今胡氏之説，曰《中庸》誠有是言也，不曰《春秋》天子之事乎？止以一言蔽之，而不辯何以作《春秋》，終不足以袪方來之惑。既曰不可矣，不敢矣，又從而爲天子之事，則聖人之言行盭矣。或曰《春秋》非有所褒貶，特託行事以明王道而已，故曰天子之事。夫如是，則六經皆明王道也，而獨于《春秋》曰「知我者其惟《春秋》，罪我者其惟《春秋》」，何也？吳、楚之君，爵則公也，僭則王也，而《春秋》書曰「子」，此其彰明者，不得謂之無所褒貶也。賞罰不出于時王，而聖人自爲之，可乎？此所甚不曉，營營于中而未知所決者。敢望不倦指教，幸甚幸甚！至于所謂以夏時冠月，以周正紀事，極爲牴牾。周人雖建子，必不以十一月爲冬正月。使其以爲冬，則是用夏時矣。今孔子雖用周正，而以十一月爲春，乃與夏時相悖，安得謂之行夏之時乎？其説春正月無冰，曰今在仲冬之月，燠而無冰，是以周正月爲仲冬矣。至其説冬大無麥禾，則曰麥熟于夏，禾成在秋，而書于冬者，有司計歲入之多寡，然後知倉廩之竭也。夫正朔可改，而天時一定，今所書冬者以爲夏時之冬耶，則是聖人所用正朔前後自相乖戾。以爲周時耶，則麥不熟于夏，禾不成于秋，而冬乃納禾稼、滌場圃之時矣。不知何以牴牾至此，因書及之，併乞知察，亦以見立言之難也。無由侍坐，以請所疑，臨書不勝拳拳。

與呂逢吉

比辱回翰，不勝感刻。水潦爲害，父老皆云未之見，聞城中特甚，想不無遷徙之勞。山居，幸而人與屋舍皆無恙，數畝之田，皆爲沮洳矣。人情嗷嗷，所不忍見，若鄰境又不止此也。魏侍郎之女嫁趙氏者，壓死于昭慶寺，至今尋其遺體不見。前日雨後，因揮鉏之際，又陷二十餘人于藏下，可歎可歎！每爲鄰里言，雖歲事失望，然視他處已爲樂土矣。不審比辰起居何似，伏惟萬福也。家叔既至城，適事已結斷，竟不赴公庭而歸，荷賜非淺。五馬得無疑其不來耶，果爾，更得略説及。乃荷示諭子由所作東坡墓誌，❶昔見陳齊之，云嘗見龜山楊丈言及，龜山云他只是要道我不是元祐人，可謂誤用其心。所言三段，❷此固害理，而其最不

❶「諭」，夏本作「喻」。「誌」，夏本作「志」。
❷「言」，夏本作「示」。

可以示後者，如云因經筵言時事，大臣不悦，風言者攻公。當時大臣蓋吕微仲、劉莘老也，而以爲與臺諫交通，豈非誣罔？惇、卞輩政以此罪微仲諸公，天下後世固不之信，而子由乃當時執政，遂助實其事，何以使小人無詞耶？然觀其作《潁濱遺老傳》，邪正分明，略無回隱，有不可誣者。蓋傳將付之子孫，而誌銘刻之石意者，恃曲筆以避羣小之鋒，❶然孰若不作之爲愈耶！歐陽公作《濮議》，謂范堯夫、傅欽之、吕獻可、趙大觀皆誣謗英宗，以取直名。其後章惇以此書納之禁中，使歐陽公有知，❷當悔怍于地下矣。以此文字不可不慎也！林旦事固如來教，當時攻之者太過。嘗謂元祐諸公忠直有餘，而識見不足，不知高見以爲如何。不敢不盡也。

又

某連奉手誨，仰荷君子眷眷不忘之意，非言可謝。雨餘微凉，審承侍外，尊候萬福，感慰之至。某冒暑至此，得雨幸有生意。來日可離此，因求一見之幸，豫以爲喜也。安石邪説，一至于此，今其效彌可睹矣，而學者尚未知其然。自新制專尚經術，四方不知朝廷之意，遂謂欲復用安石之學。《六經新義》，其價倍貴，甚可嘆也。忠宣公決無他意，如平章之言，似亦太過。但其持論專欲消合黨類，兼收並用，而不知其勢亦有未

❶「恃」，夏本作「特」。
❷「知」，夏本作「此」。

易爲者。以僕觀之，君子小人之勢，決無兩立。元祐晚年，吕微仲逐去劉莘老門下士，而引李清臣、鄧温伯、蒲宗孟于從班，忠宣公兼收並用之説略施行矣。然出而首倡紹述之説者，李鄧也。其流害以迄于今，亦可見矣。曾子開謂使范公之言行于元祐之時，必無紹聖大臣報復之禍。然使蔡確不殛死，他日復出爲惡，當不下惇、卞，但不當以詩罪之耳。雖不殛蔡確，以開後例，章惇得志，亦肯輕恕諸人乎？惇、卞在元祐間，或偃息大郡，或優游奉祠，所以貸之者厚矣，略無懷惠悔過之意，則知專以優柔待小人者，恐非其理也。若謂忠宣公有他意，此則不可。其再相，力辯臺諫誣罔，吐剛茹柔。其罷相後，又乞寬元祐黨人之罪以至得謫，是果何求哉！願更慎言之。韓、富二公讜論，真藥石也。劉道原、蘇子由皆疑《周官》，子由以爲非周公之全書則可，而道原詆之過矣。自孟子時，固已言諸侯惡其害己，皆去其籍矣。則後世所傳，或非全書，但在慎擇之耳，不可盡廢，以爲不然也。晁以道力闢王安石，因安石之尊孟子也，併孟子而非之，不亦過乎？歐陽公謂《繫辭》非孔子所作，前輩多以爲不然。韓魏公未嘗與之言，蓋護其短也。區區所見如此，更須面盡。人行，借紙筆具此作報，未間自愛。不宣。

又

爲别近爾，已若數月，窮山兀坐，惟有思鄉。秋氣益清，伏惟汲古，涵養神相，尊候萬福。某以前此塗中觸熱，日不免飲冷，初第覺其快耳，歸來乃大病，終多吐清，不能更進飲食。兩日來稍有生意，所謂「快心事過必爲傷，爽口物多終作毒」，良可以爲戒也。所欲《明道集》、《了翁集》並納去。《温公日記》如録畢，亦願一見。聞宣城守别除人，不知何故，其詳并有他聞，皆願聞之。許子履、毛季中兩書輒納上，因便敢煩指揮附行。方耕道之弟欲往泉南，想須到廣教。求書，某亦欲作潮陽書，他日再當奉浼也。王安石邪説既已灼見其非，不必多辯。東漢之君子，節義凛然，視死如歸，固非後世所能及。然更當思聖人「過猶不及」之訓，復于中道可也。蓋自黨論一興，賢人君子無噍類，而當世之士始知其不可，往往俛首巖谷，結舌時事。董卓之暴，有甚于梁冀、王甫、曹節、侯覽，宜士君子所切齒也。然以黄琬、楊彪，朝之宿望與之同列而不愧，荀爽、陳紀、韓融，時之名士受其聘召而不辭，蓋有意于保身而濟事矣。申屠蟠于衆人互相標置之時，則遠引而不言，及爽等相繼而起，蟠又固守而不出。前不陷于黨禍，後不汙于賊臣，可謂卓然數君子之間矣。不知左右以謂如何？有以儆發愚蒙者，時得聞一二，幸甚。

又

比人回奉教，不勝感刻。赫日可畏，伏惟招提清勝，尊候萬福。某碌碌自守，幸無其他，猶恨未知請見之期爾。每得來問，不見鄙棄，所講繹者，莫非前言往行之要，幸甚幸甚！邦直元符以後事，某初無所攷，蓋意其如此耳。其後思之，不當如此易言之。辱示諭，當更加詳焉。右丞之功，焯然與日月争光，此固無可議者。但許公事，因涑水之言，人往往信之。某頃嘗與知識議及，以爲未論其他，世之稍識利害者亦不肯爲，況許公乎！然終不知其詳。聞之記聞之書，乃西京一守陵閹官所傳，蓋温公嘗囑其子孫以勿傳也，則其所由來固可疑矣。又如記趙中令雖報復私怨而不害其爲功業，豈不啓姦臣恃功而無忌憚之心乎？昔嘗見胡德輝言《温公日記》極有可疑，如記富鄭公惑一尼之言，至願得爲蛆蟲，食其不潔。富公雖所見不同，何至此乎？而温公平日最推重富公，其他如文、韓，皆不能無譏，不應如此記事。德輝亦意必後來所增加。蓋當時王介甫嘗奏富弼無見識，惑一妖尼之言，則德輝所謂後來所增加者，安知其不然乎？耕道見屬《二齋記》，學問膚淺，安敢率爾，他日自當求教也。前日所拜，煩附去書一，乞指揮早達之爲幸。

文定集卷十七

宋汪應辰撰

啓

謝解啓

鄉里之選，宜先老成。輩行甚卑，乃叨舉首，初非所望，敢以爲榮？伏念洋案《宋史·汪應辰本傳》：「應辰，初名洋，及第後，以與姓字有語病，特賜改應辰。」此啓係謝解時作，故尚仍舊名。志大心勞，才疎學陋。焚膏繼晷，探求聖賢之用心；束帶遠遊，周覽山川之秀氣。雖王公大人未嘗識其面目，而先生長者亦多借之齒牙。承師問道于庠序之間，論世尚友于方册之上。篤在自信，敢求速成？其爲士者笑之，皆曰子之迂也。屬盛時之側席，下明詔以搜賢。竊羞童子之雕蟲，請對諸儒而折角。視荀、揚、賈、馬之作，何足道哉；有虞、夏、商、周之書，皆雅言也。固當去彼而取此，安敢是古而非今？淬礪辭鋒，墾鋤藝圃。千萬人吾往矣，二三子何患焉？共驚一介之微，豪奪三軍之帥。自量踰分，推庇有階。此蓋伏遇判府侍郎，閥閱名家，珪璋素望。揭二天之日月，被千里之江山。買犢買牛，浄洗潢池之刀劍；采芹采藻，一新泮水之衣冠。熙然廣信之區，盡被洙濱之化。致兹庸下，亦預選掄。洋敢不求爲？可知勉所未至。騰文章萬丈之燄，掃筆陣千人之軍。鯤化爲鵬，乘北海長風之便；豹變則虎，脱南山隱霧之蹤。過此以還，未知所措。

上虞宣撫❶

伏以經武斗樞之庭，宣風井絡之野。安危所寄，内外惟均。注意特隆，具瞻胥慶。恭惟宣撫樞密知院，受才宏博，藴德純全，以孝爲事君之忠，以仁爲救物之勇。我戰則克，蓋傳心于聖門；匪夷所思，獨取必于天理。經畫世故，調胹政幾，無施不宜，有本如是。雖舉身而遠引，亟承命以遄歸。惟蜀僻在一隅，惟帝明見萬里。當宁太息，命公往釐。靡憚暑行之勤，以寬旰食之慮。制勝堂上，即坐收于全功；拜相軍中，當復見于盛事。益沛爲霖之潤，永扶置器之安。應辰疏拙無庸，知照有素。免于罪戾，悉蒙庇冒之恩；❷奉以周旋，兹復趨承之幸。其爲欣忭，實倍等夷。

與吕經略

徯期有待，欲罷不能。忽承折簡之音，已遂交符之幸。反初服而自慶，稱故吏以知歸。事有從來，感無

❶ 此文又見於夏本卷六。「上」，夏本作「賀」。

❷ 「蒙」，夏本作「緊」。「恩」，夏本作「然」。

以喻。伏念某寒鄉晚出，薄宦遠遊。數口無飢，姑全生于升斗；一日必葺，惟竭力于簿書。既踰瓜時，尚復匏繫。邦人見察，偶未推擠。親老懷歸，自難啓處。不遑假寐，如有隱憂。天其憐之，分乃莅止。奉令承教，開心見誠。雖斷斷無他，獨慰藉之良厚；彼捷捷欲譖，終浸潤之不行。自惟眇然，何以得此？而復察私計之曲折，閔微蹤之滯留。使沿公牒之行，實遂安輿之奉。招延更僕，臨餞出郊，特屈常尊，蔑聞往列。惟卒伍之凌雜，方道塗之阻脩。三令五申之既嚴，百舍重趼而無倦。望故國之喬木，初非敢期；賴中流之一壺，乃克有濟。方將反命大府，謝恩公庭，事與願而相違，慙且懼而交戰。謂宜督過，益厚拊存。有味之言，疊拜嘉于翰墨；無功之禄，併受賜于廪庖。蔀室生光，涸轍蒙潤。迄依巨芘，以獲終更。此蓋伏遇某官，美繼八元，聲冠九牧。負宏材而使人也器，都貴位而急士之窮。不聽畸偏之辭，自敦特達之義。應辰有同孑立，誰爲先容？始末保全，纖悉調護。筋骨瑟縮，固無可用之資；肝膽輪困，徒懷欲報之意。仰惟遠業，簡在清衷。已奏銅柱之功，即趨金節之召。歸艎可望，庶伏謁于道旁；大厦既成，永依棲于宇下。

與廣西陳經略

伏審期年報政，獨推漕最之優；十國爲連，就倚帥符之重。惟周邦之咸喜，如大厦之既成。恭惟某官，天畀全能，世濟其美。屹若鎮時之望，薰然接物之仁。探索羣言，既逢原而自得；醻酢萬變，固投刃以皆虛。無施不宜，有本如是。自舒翹于俊域，即布武于要津。紆郡綬則民有田里之安，擁使華則吏有簡書之畏。因仍舊部，進領元戎。昔已致于澄清，今豈勞于施設！應辰抗塵末路，託迹後車，將有賴于公庥，尤不勝其厚幸。

與方經略

甫罷郡佐，復叨恩除。飢寒所驅，道路云遠。惟是甚幸，得其所依。疇昔諸公之並遊，從容一顧之特厚。志在流水，每懷知己之言；身如浮雲，寖闊趨風之地。竊不自意，適爲此行。託美蔭以息肩，聞妙音而忘味。事非偶爾，天實畀之。某官器采翹明，風度凝遠。閱衆甫以致用，追前修而與歸。推自得之學以及人，混混乎盈科而後進；挾不貲之材而應物，恢恢乎游刃之有餘。所謂無施而不宜，蓋其有本者如是。帝念嶺表，地遠朝廷。特分委于漕權，仍就更于帥閫。歲華再閱，輿頌四騰。明試以功，宜有康侯之蕃錫；入告乃后，更觀方叔之壯猷。自顧奇窮，方欣際會。譬諸草木，宜以臭味而見存；畏此簡書，庶乎罪戾之或免。政恐即膺于召節，不容久託于後車。瞻仰之誠，敘言罔既。

與沈安撫

伏念涉道甚疎，抗塵云久。一違册府，三奉宫祠。受禄無功，幸少延于涸轍；出門有礙，因自錮于荒山。方惟菽水之謀，寧復詩書之夢。兹蒙廟論，俾佽郡條。彈冠振衣，復收還于舊觀；扶老攜幼，竊自比于常人。既奉令于屬城，敢修辭于下吏。伏惟某官高文絢發，偉論鮮明。舒翹揚英，名不容于自晦；批郤導窾，才每見于竝窮。不已于行，所至可紀。阜餘財于劇部，待明制于清時。雖仕路之所榮，顧師言之未厭。

自閫以外，有嚴帥節之雄；大江以西，尤謂价藩之重。甦勤填拊，普洽隆平。旬月之間，令已修于庭户；九河之潤，福更及于京師。凡吏于兹，豈勝其幸！迹同韓子，出意見以無繇；心仰弱翁，霽威嚴之是望。庶以恩臨之故，未爲罪斥之人。依賴之誠，敘言罔既。

與吴提舉

伏審乘傳一封，來臨使事，先庚三日，寅布詔條。民言交欣，王命增重。伏惟某官天才卓越，儒術精詳，學逢其原，以閱衆甫，文出于己，自成一家。有猷復見于有爲，所譽悉符于所試。而乃回翔久次之地，徧閱後來之英。屬結綬于中都，且問津于要路。顧樂鄉間之便，自祈原隰之行。遠有光華，雖式嚴于臨遣；周爰咨度，宜即奉于論思。應辰自爲成童，則已受教。奇窮至此，姑爲升斗之謀；幸會適然，又託帡幪之庇。其爲欣忭，豈易敷陳！

與吴宣撫

東甌蕃屏之嚴，未能報政；西蜀兵民之寄，益愧非才。嘗力貢于忱詞，終莫回于成命。將就帡幪之庇，輒修咫尺之書。恭惟宣撫少師相公貫日精忠，濟時英略。棠棣之華韡韡，繼當閫制之雄；南山維石巖巖，復陟臺司之貴。應接關輔，蔽遮江淮。肇敏戎公，盡護諸將。執訊獲醜，已摧玁狁之鋒；保勝安邊，方倚營平之略。地雖遠而實本根之勢，身雖外而爲社稷之臣。是謂功勞而位尊，尤宜託重而持力。顧慚疎拙，竊幸依承。治法征謀，既軍旅之未學；風聲氣俗，復語言之不通。第殫夙夜之寅，益謹周旋之奉。庶幾免戾，非復言功。歸向之誠，敷陳罔既。

又

祇奉詔旨，謬持帥節。柁舟遡峽，幸險阻之無他；入境交符，歎拊綏之未易。仰止宣威之重，隱然制閫之雄。庶幾蒙休，其或免戾。恭惟宣撫少師相公精忠許國，英略濟時。地壓西南，繫江淮之根本；望隆中外，兼將相之威儀。不自有于成功，方益恢于遠略。奮張師旅，靖强敵之窺邊；指顧關河，慰遺民之思漢。既策勳于爲冠，宜受祉于無窮。應辰猥以非才，偶兹承乏。藜藿不采，但見田閭之安；風雨攸除，實依夏屋之庇。其爲欣幸，罔既敷陳。

與總領汪少卿

伏念某技無他長，窮有定數。蓬山咫尺，風引去以難親；木偶東西，雨流行而未已。雖安蹇薄之分，未免飢寒之憂。仰蒙上恩，洊佐郡寄。遠道百舍，豈重趼之敢辭；中流一壺，視千金而奚啻。矧復廷臣之重，久當使指之嚴。昔已賴于保持，今仍依于臨按。兹爲幸甚，殆匪徒然。恭惟某官學識高明，才猷敏劭，宿望獨高于省寺，羣知皆避其威嚴。❶屬邦計之浩繁，紆皇華而典領。錢流于地，雖稱劉晏之功；刃發于硎，豈識庖丁之妙。即登大任，乃究遠圖。某無以亢身，苟焉竊禄。論臭味于草木，敢曰宗盟？謹期會于簿書，庶逃吏責。尚祈終惠，使得全安。傾仰之誠，敷陳罔既。

與提刑黄察院

叨蒙恩除，往佐郡寄，屬當會府，實建外臺。欽乃攸司，日得親承于善教；芘其所賴，勢宜特異于他邦。竊自懽然，殆非偶爾。某官宏材絶衆，敏識造微。舒翹揚英于多士之辰，明目張膽于可言之地。惟風憲無分于内外，而刑章尤賴于平亭。特迂使華，以惠嶺表。發硎游刃，曾何費于緒餘；策足要津，行即膺于枋任。應辰謀不及遠，仕止爲貧，中流方仰于一壺，百舍敢辭于重趼。幸威嚴之少霽，庶罪戾之可逃。不逐聾丞，或念送迎之費；願師委吏，每殫會計之勤。依仰之誠，敷陳罔既。

與知信州程尚書

伏審祗奉中詔，出分左符。惟信美之肇州，本鄱陽之析壤。河潤九里，久已接于餘波；我獨二天，今親承于仁政。聞命而喜，有心所同。恭惟某官冠冕士倫，表儀禁路。高文大册，發爲國華；覈論危言，播在人

❶「羣知皆避其威嚴」，夏本作「羣公皆避於茵馮」。

口。是以彌年家食，有其如蒼生之憂；一日詔還，有既見君子之喜。所以致此，夫豈偶然？方需顯庸，盡發賢蘊。後凋之節，要歲寒而始知；勇退之心，雖急流而莫禦。斂此餘刃，施于專城。人誇衣錦之榮，誰識浮雲之志？某仰高滋久，顧見無階。不獨與此邦之人，安其田里；庶幾聞長者之論，奉以周旋。其爲歡娱，倍萬夷等。

與趙經幹

伏審既被辟書，即奉俞旨。轅門增重，桂嶺有輝。伏惟某官蔚以卿材，生于公族。仁厚皆如麟趾，夙著清芬；弦歌焉用牛刀，亟登最課。屬南邦之開鎮，虚右席以招賢。錐之處于囊中，昔已知其特異；羅而致之幕下，❶今豈待于先容？姑藉佐戎之謀，實爲儲帥之地。某去德云久，竊禄于兹，特承謦欬之音，更託帡幪之庇。其爲欣忭，豈易敷陳！

與福建王運使

伏審祗奉詔音，出持漕節，先聲所暨，輿論交欣。恭惟某官識造精微，學窮浩博。文采英華之發，自成一家；風流清白之傳，于今五世。既上應于列宿，宜立登于要津。惟中外更迭之文，具存近制；方始初清明

❶ 「致」，夏本作「置」。

之政，尤重遠民。蹔紆使軺，來接閫部。佇聞最課，益究遠猷。應辰方領州符，正依德庇。其爲欣忭，罔既敷陳。

與成都李運使

某官材猷敏劭，學識高深。明習憲章于殘闕之餘，緣飾吏事于倥傯之際。宜在登瀛之選，乃勤使蜀之行。誇弩矢之前驅，殆非素志；憂樵蘇之後爨，益濟多艱。佇奏休功，進膺異數。

與司馬運使

某官材猷敏劭，學識高明。惟阿衡專美有商，宜臧孫有後于魯。蓬瀛寓直，姑循序進之常；褱漢宿師，暫倚轉輸之重。佇凝最課，即繼前休。竊承臨按于上流，當獲逢迎于中道。

與晁都大

伏審載揚前旆，冒盛暑之袢延；俯壓近郊，適孟秋之初吉。念去德之云久，每遡風而實勤。將有遠行，尚少留于頃刻；亦既見止，庶自慰于渴飢。欣忭之誠，敷陳罔既。

與運使察院

伏審肅持漕節，臨按炎方，置郵之命初騰，載路之聲交慶。恭惟某官學貫千載，文成一家。追前輩以擅場，晲要津而策足。鋒車促召，輕辭蜀道之難；黼座對揚，絕出漢庭之右。亟躋憲府，洊委使華，遂令五嶺之區，亦幸二天之芘。宣聖主丕冒海隅之德，運公家如流地上之財。即著休功，遂膺大任。應辰頃在京國，獲登門牆。悵歲月之幾何，欻雲泥之相望。方且全生于斗水，豈期託蔭于華榱。欣忭之誠，敷陳罔既。

納幣啓

不顯亦世，仰風流之具存；惟好是求，忘門地之非偶。伏承某官第幾女，富有家法，嫺于婦儀。而某從弟朝議位長男某，甫逮成人之年，猥當晲室之重。諏辰其吉，奉幣以前。藉之用茅，姑致誠于菲薄；芘其所賴，尚徼福于方將。

文定集卷十八

宋汪應辰撰

啓

賀陳左相兼樞密使

伏審對揚休命，兼領鴻樞，主意方隆，❶具瞻胥慶。恭惟某官高明而碩大，篤實而疏通。格于皇天，式是百辟。身任安危之寄，心忘物我之私。密啓建儲，首開萬世之福；決策禦侮，坐判衆人之疑。如丙吉之不言，如謝安之無競。志雖切于遠引，上益堅于仰成。惟萬幾當出于中書，迨五季始分于右府。雖聖明之有作，亦沿革之不常。議非僉諧，動輒牴牾。或宿師而攻守之計不決，或奏功而賞罰之令各行。人無適從，事鮮能濟。欲救斯敝，必惟其人。爰咨上公，盡總二枋。既示君臣之無間，亦由左右之具宜。方且宣宥密緝熙之勞，專發縱指示之略。按邊郡策，益贊漢宣之明；披輿地圖，終歸鄧禹之畫。有識所望，不謀而同。

❶ 「主」，原作「注」，今據文淵閣本改。

應辰分符海濱，引領門下，其爲欣忭，實倍等夷。

賀沈左相進書加恩

伏審紀閎休于竹帛，趣具奏篇；增峻秩于銀青，繼頒涣號。郵音旁達，輿論交欣。恭惟某官奧學造微，弘材經遠。見幾萬物之表，發策衆人之先。寤主一言，帝知人而則哲；和戎五利，民受賜以到今。粤當總攬之辰，首冠弼諧之地。期年而變，庶績其凝。惟我宋肇邦，盡革五代八姓因循之敝；迨主上復古，遹追一祖七宗丕顯之謨。宜有特書大書之傳，以明前聖後聖之懿。王通之序漢七制，韓愈之作唐一經。孰謂熙朝之郅隆，乃容鉅典之久缺！疇咨上宰，總領諸儒，發凡皆本于周公，折衷取裁于夫子。潤色祖業，既以稱我后奉先之誠；對揚王休，又以致大臣歸美之誼。赫赫姜任之族姓，振振文武之子孫。或泝測于淵源，或分別其派緒。毫髮殆無于遺恨，網羅幾盡于舊聞。惟大章實賴于一夔，故令聞有光于三代。薦之宗廟，簡在帝心。參訂故常，申加徽數。作君臣相悦之樂，豈徒事于虛文！立邦家太平之基，將益觀于實效。應辰屬以補外，無由至前。瞻頌之誠，敷陳罔究。

賀吕經略進職

伏審祗奉寵光，併增職秩，元侯以德懷遠，明主之賞當功。播爲美談，聳動羣聽。恭惟某官機神穎邁，智慮高明。事雖甚難，決江河而莫禦；才無不具，吞雲夢而有餘。紆郡綬則流移之民襁負而來歸，擁使華則貪猾之吏股弁而引去。席郎位之清要，總軍儲之浩煩。刃若發硎，錢如流地。日咨文武之略，往殿東南之隅。麾幟之色增明，枹鼓之聲不作。標柱敢踰于約束，獻琛争效于忠誠。惟彼南丹，恃其狡穴，溪巖重複，篁箐蔽遮。種類旁連，易以嘯聚；孔道百出，難于周防。秋蹂稼以爲常，晝攫金而無憚。潦霧交作，兵久戍而多傷；舟車不通，民轉輸者倍費。付之無策，迨此累年。雖爲虺當戒于弗除，而彈雀復牽于所重。或恫疑虚喝而適足以來其慢，或選耎畏避而不足以弭其驕。爰自教條一新，輿誦四洽，聞先聲而褫魄，仰嘉惠以垂涎。諭以至仁，❶捨其往過。皆委命于下吏，願爲氓于一廛。侏儺列拜于轅門，駃騠悉輸于上廐。屈其晕醜，同我太平。未嘗煩一卒之勞，何止活千人之命。飛章列上，褒詔亟頒。永爲已試之功，行有非常之寵。應辰去違麾下，屏伏山中，莫陪冉冉之趨，第極欣欣之喜。

賀廣東經略方敷文

伏審進直西清，作鎮南海，是爲盛選，允協僉俞。恭惟某官才具淹賅，機神穎邁。批郤導窾，從容皆中于宫商；舒翹揚英，特達不資于繅藉。無忝乃祖，克壯其猷。簡于淵衷，授以閫外。果報成于善政，復申錫于贊書。寵數維新，事權增重。内臨鎮于百粤，外羈屬于晕蠻。帕首袴鞾，争望塵于道左；卉裳魋結，皆聽命于幕中。必且並行恩威，明示條教。吏有貪泉之恥，物無厲氣之虞。雜五方之民，願藏于市；重九譯之

❶ 「至仁」，文淵閣本作「民生」。

國，來獻其琛。有以致朝廷之尊，然後居公卿之位。應辰間關薄宦，竭蹶長塗。方幸依仁，遽承易地。側聽羣言之慶，敢懷一己之私！

賀廣西曹運使

伏審欽承詔音，典領漕計。促行之命，絡繹于道途；交賀之聲，洋溢乎嶺海。諒戴星而就職，即諏日以頒條。伏惟某官學識淵微，風猷翹爽。繼平陽相國之烈，光太史世家之傳。發舒智謀，顯著聲績。坐鎮上游之會，亟登最課之優。眷兹桂林、象郡之遐，付以山國、虎符之重。釃聖主之澤，若決江河；籠公家之財，不失圭撮。益觀能事，進對殊休。應辰久矣仰高，幸兹備吏。及瓜未代，偶沿檄于江東；已事當竣，即瞻風于閫右。依歸之至，竭蹶而趨。

賀張樞密

伏審祇奉詔音，進登樞府。廟堂增重，朝野交欣。恭惟某官道大而方，氣剛以直。出入中外幾四十年，反覆是非蓋千百變。屹乎其中立不倚，綽乎其從容有常。年高而德愈新，身退而名愈白。想風采者，或意其魁梧而奇偉；問起居者，皆願其壽考而康寧。世不我忘，政將焉往。屬王明之有作，❶果召節之亟頒。汔

❶「王」，夏本作「皇」。

回雅志之堅，以慰具瞻之久。今之急務，人所共知。有一言可以興邦，曰上策莫如自治。使還至而有效，顧力行之何如。惟老成重于典刑，而名實加于上下。意有所向，爲無不成。解弦更張，已陳激切之論；置郵傳命，願見設施之方。幸因千載之逢，力救萬方之病。❶庶幾大節無媿古人！應辰方遠守于海隅，❷莫進趨于門下。其爲依仰，實倍等夷。

賀汪樞密

伏審誕揚明制，進長元樞，帝眷特隆，民瞻胥慶。恭惟某官英猷經遠，宿望冠時。執法端朝，言底可績；宣威制勝，令出惟行。越參政幾，協濟國事，文武備足，左右具宜。絶域亦知其名，在廷無出其右。於皇新政，方懋遠圖。偃戢干戈，仁雖存于兼愛；綢繆牖户，患猶謹于豫防。日咨元老之猷，式固中興之業。以聞望則惟舊，以謀猷則具臧。既茂建于使名，復優加于寵數。惟太尉之在漢室，與相維鈞；而熙寧之待潞公，其命特異。參稽往制，簡自淵衷。以示非常之恩，以明爰立之意。武功七德，益恢可大之規；《説命》三篇，即正久虚之位。栟幪四海，師表羣工。應辰久託餘光，❸欣聞傳命，方分符于閫外，阻望履于幕中。

---

❶「方」，夏本作「民」。
❷「應辰」，夏本作「某」。
❸「應辰」，夏本作「某」。

賀凌司諫

光膺制命，顯陟諫垣。郵置傳聞，薦紳胥慶。恭惟某官學窮聖奧，德冠民彝。善不期于近名，仁固宜于有勇。待時而動，果膺聖主之求；正學以言，不負官名之重。兹爲序進，益示眷知。品秩雖殊，權實均于宰相；謀猷有補，澤將下于生民。聳聽休聲，益觀治效。應辰夙蒙異眷，方託餘光，屬郡綬之拘縻，阻賓庭之旅謁。

賀楊總領

伏審亞卿太府，總計四川，明命既傳，輿情胥慶。恭惟總領少卿，風猷凝遠，氣度淵閎。前視禁塗，不詭終朝之遇；俯臨遠郡，自安直道之行。惟蜀一方，養兵億計，人力已困，曾無宿儲。邊隅雖寧，愈復增賦。詔旨丁寧而惠澤之猶壅，文移旁午而議論之未諧。必惟高明，能定取予。兹利權之盡付，將政令之一新。僚屬洗心，疲氓引領。顧惟疎拙，素辱照知，冀協濟于多艱，願敬聞于餘教。其爲欣忭，罔既敷陳。

賀虞宣撫

伏審某官屈元樞之尊，大全蜀之寄。自任以重，陋昔人晝錦之榮；不已于行，體聖主宵衣之念。藐兹孤宦，辱在下風。將致屬韃之恭，獲諧望履之願。其爲欣忭，實倍等夷。

賀趙安撫

伏審諏辰泰筮，開府神皋，威望所臨，輿情胥慶。恭惟某官學窮浩博，識造精微。恢游刃之新硎，自諧節奏；策要津之高足，豈限尋常！洊擁使華，獨登課最。帝城不遠，暫借重于保釐；天子是毗，行入陪于近密。應辰夙蒙知眷，方託庇休，欣忭之誠，敷陳罔既。

賀福帥曾尚書

伏審光膺明命，起鎮巨藩。方面得人，士民胥慶。恭惟知府安撫閣學尚書，學高儒苑，望重漢廷。夙崇静退之風，久處燕閒之地。宸衷簡在，物論攸歸。果承綸綍之褒，付以帥師之任。褰帷入境，已增焕于江山；頒詔宣風，行興謡于襦袴。顧兹迂拙，蚤荷照知。屏伏山林，幸遂依于餘芘；瞻承眉宇，欣將奉于緒言。慰忭之私，敷宣罔既。

賀汪學士

伏審某官奉承大對，擢寘巍科，凡在見聞，莫不歎羨。仰惟世德，蓋嘗參翊于政塗；矧復天倫，今乃竝升于牓甲。併爲盛事，著在輿言。既能自致于聲名，必且遠追于風烈。而某繆司貢士，竊自喜于得人；獲

託宗盟，又庶幾于蒙潤。特勤都騎，躬致長牋，慰荷之誠，敷陳罔遂。❶

賀浙東趙安撫

伏審對敭明命，填拊大藩，閫制增雄，輿言胥慶。恭惟某官宗支毓秀，賢路蜚英。皇華幾徧于四方，最課洊登于二府。既資高而望重，亦屬近而行尊。大雅不羣，宜繼疏封之寵；徐行後長，訖全雅操之堅。帝眷淛河以東，地連魏闕之下。命之作牧，倚以維城。方簡注之特隆，諒召還之不遠。應辰備員支郡，引領前驅，欣忭之誠，敷宣罔既。

賀趙總領

伏審欽承明詔，進陟正卿，帝眷加隆，輿言胥慶。恭惟總領大卿學覃浩博，識造淵微。年輩俱高，歸靈光之獨在；精明益劭，恢游刃之有餘。惟蜀一隅，宿師億計。給餽餉不絶糧道，操贏貲以佐軍興。三年有成，孰先于課最；九德咸事，特峻于班聯。式遄其歸，可立而待。應辰依仁有素，聞命載欣。方坐困于簡書，莫進趨于牆屏。其爲向往，罔既敷陳。

❶「遂」，夏本作「既」。

賀吴宣撫

伏審進升帝傅，真啓王封，典策流傳，搢紳欽聳。恭惟某官宏才冠世，敏識幾神。臨事制宜，沛江河之莫禦；竭誠徇國，凛山嶽之不移。偉伯季之繼興，專西南之重寄。遺黎安堵，悉蒙再造之仁；諸將連城，屹有四維之固。屬頒温詔，促覲嚴宸，靡憚暑行，進承晝接。會朝絶席，❶見國體之增崇；帷幄運籌，獨淵衷之默契。惟高密元功之首，惟汾陽異姓之王。參酌舊章，合爲寵數。以焕太常之祀，以隆巖石之瞻。不顯其光，于斯爲盛。應辰夙蒙異眷，❷方託餘輝。引領門牆，第切拘縻之歎；庇身夏屋，庶無隕越之羞。欣忭之誠，敷陳罔既。

又

伏審造朝畢事，擁節言還。爰擇剛辰，肇開大府。宣威雖舊，易地維新。恭惟某官識造神明，才兼文武。不顯亦世，與伯氏以代興；克壯其猷，揜羣公而爲冠。欽承温詔，入覲嚴宸，密勿廟謨，便蕃天寵。謂外禦其侮，已厎定于北戎；而我圖爾居，蓋莫如于南鄭。原隰平衍，舟車湊通。以填拊于上流，以指麾于諸

❶「絶席」，夏本作「繼食」。
❷「應辰」，夏本作「某」。

侯。制專閫外，既益峻于等威；地亦關中，示不忘于遠略。增重坤維之望，永扶乾道之隆。應辰承乏無庸，託庇有素。俯觀遠俗，方蒙田里之安；仰企崇墉，第歎簡書之畏。其爲欣忭，罔既敷陳。

爲虞宣撫賀正

伏以夏正三朝，雖輿情之胥慶；尹躬一德，尤百順之交歸。民具爾瞻，理必有至。恭惟某官爲時柱石，秉國樞機。金節煌煌，帝咨裴度之重；赤舄几几，人望周公之還。宜茂對時，益多受祉。一相處内，方承册命之嚴；三壽作朋，永協頌聲之盛。應辰猥以弱植，託于大鈞，閲歲籥之洊更，望門庭而伊阻。其爲禱系，罔既敷陳。

爲吴宣撫賀正

伏以時惟行夏，歲且發春。陽彙進以成三，物簇通而生萬。恭惟某官精忠徇國，偉望冠時。鄧太傅之功名，豈專將略？郭汾陽之福禄，實系邦基。履端惟新，受祉滋厚。永毗興運，普濟生民。應辰猥以拙疎，託于庇貺，莫預造門之列，第增引領之勤。祝頌之誠，敷陳罔既。

又

伏以元善之長，物以更新，德福之基，神其交相。恭惟宣撫太傅郡王相公，忠衛社稷，誠通神明。冠二十八將之功，卓爲帝傅；履三百六旬之首，益迓天休。邁方叔之壯猷，倍汾陽之書攷。進膺異數，永濟生民。應辰猥以拙疎，託于庇貺，莫預登門之列，第增引脰之勤。瞻頌之誠，敷陳罔既。

爲平江魏丞相賀正

伏以夏正三朝，方更新于歲律；尹躬一德，實茂對于天時。恭惟某官厚重而文，直方以大。入持宰柄，密參造化之工；出欿藩條，寖廣京師之潤。履端兹始，受祉其多。式遄其歸，永弼乃后。益侈魏名之大，力扶泰道之亨。應辰仰託庇休，屬拘衰疾。棬韝鞠曆，莫修慶謁之恭；燕寢清香，徒想威容之盛。其爲瞻頌，罔既敷陳。

爲左右丞相賀正

獻歲發春，式啓亨嘉之會；大鈞播物，實參造化之功。時所由昌，福斯獨厚。恭惟某官山河間氣，社稷元臣。原註與陳樞密云：「爲時柱石，秉國樞機。」四序密移，孰見燮調之迹；三陽彙進，自符交泰之期。極萬目之具瞻，祝千齡之未艾。應辰甫違省闥，出綰郡章，莫伸鞠曆之恭，徒切摇旌之念。

回諸郡賀正

伏以首四序以爲正，聖經所重；内三陽而成泰，賢德其亨。恭惟某官學識造微，材猷經遠。出臨名郡，已凝治最之優；茂對熙辰，宜協彙征之慶。進膺寵渥，以愜公言。念修問之未遑，辱移書之先及。其爲感愧，罔既敷陳。

回餘姚趙知縣賀正

太蔟旋宫，謹獻歲發春之候；東風應律，正贊陽出滯之辰。恭惟某官秀出天支，學優聖域。惟日不足，懷爲善最樂之誠；與時偕行，體自强不息之德。欽想履端之始，倍迎純嘏之常。屬繫迹于匏瓜，阻稱觴于椒柏。遠蒙流問，祗服謙光。徒深頌詠之私，莫叙勤拳之意。

爲虞宣撫賀冬

伏以太極函三，是生萬物；黄鍾初九，以統羣陰。時令一新，輿情胥慶。恭惟某官誠貫日月，望塞天淵。屬重華協帝之隆，應聖主得賢之盛。訏謨閎遠，罽假和平。其往視師，式倚晉公之重；爰立作相，益圖商室之寧。既順履于修辰，即對揚于明命。應辰效官有守，進謁無階，欣忭之誠，敷陳罔既。

代答常平錢舍人賀冬

天地之心見于復，物且向榮；邦家之基立于賢，神其薦祉。某官學窮聖域，望重士林。從容皆中于準繩，特達不資于繅藉。御于帝所，擅討論潤色之功；正是國人，倚師帥承流之重。陽剛寖長，福履具宜。即膺圖任之求，以愜具瞻之望。應辰頃緣末第，嘗附餘光。疾病侵凌，久退休于聖世；飢寒轉徙，復託庇于部封。徒與安其田里之民，皆有俾爾壽臧之祝。

爲吴宣撫賀冬

伏以土圭測景，順迎化日之長；雲物書祥，豫卜豐年之慶。天其發育，人以歡欣。恭惟某官望隆華夷，功在社稷。雲臺審象，孰居鄧傅之先；井絡宣威，正倚武侯之重。宜乘穀旦，倍擁蕃禧。與國同休，俾民受賜。應辰方兹託庇，莫遂趨風，瞻頌之誠，敷陳罔既。

爲監司賀冬

太極函三，是生萬彙；黄鍾初九，以倡羣陰。恭惟某官天資特高，世美惟肖。百城引領，皇皇使者之光華；三尺持衡，井井外臺之條理。王命因人而增重，休聲與實而並馳。德既協于剛亨，福必緣于類至。實爲吏屬，仰託公庥。畏此簡書，曾莫陪于進旅；俾爾戩穀，徒能誦于陳言。

爲劉侍郎賀冬

伏以五緯連珠，起天元之密度；一陽襲管，迎愛日之初長。恭惟某官雅望冠時，忠規奕世。論思謇諤，久膺明主之知；卧治雍容，茂對輿人之誦。宜臨脩旦，倍集殊休。應辰庇賴于兹，瞻依未幾。無從進旅，陪下客之後塵；徒與居民，祈使君之難老。區區之意，言不能殫。

回李知郡賀冬

伏以太極函三，是生萬彙；黄鍾初九，以倡羣陰。恭惟某官德履粹和，材猷敏劭。俯觀民俗，潛消愁歎之聲；仰順天時，寖樂舒長之日。益迓朋來之祉，以符剛長之祥。惟擊柝之相聞，辱移書之良厚。其爲感愧，罔既敷陳。

文定集卷十九

宋汪應辰撰

啓

答沈總領

服在邇僚，蔑聞于報效；畀之輔郡，仍假于寵名。引退而蒙優異之恩，負疴而當浩穰之寄。皆難稱塞，方切戰兢。載瞻使華，實總邦計。庶幾託庇，得以蒙休。方欲修詞，遽勤惠問。仰謙光之過厚，愧遲鈍之後時。恭惟某官學造高明，器涵剛實。存心惻怛，期康濟于斯時；持論正平，獨力行于是道。踐揚滋久，聞望日新。豈徒蕭何給餽之功，尤得劉晏養民之意。進膺大任，益究遠猷。念造謁以無從，徒依仁之是幸。其爲向往，罔既敷陳。

答提宫楊朝議

簡書之畏，莫遂于披承；竿牘之勤，亦稽于修布。曾謂眷存之厚，特貽問訊之先。恭惟某官才猷淵宏，器尚沖雅。周旋四郡，率多善政之聲；偃息一廛，甫遂高年之樂。已釋簪裳之累，尚垂桑梓之恭。豈云見私，足以觀德。更冀珍育，益保壽臧。

答查運使

泝洄萬里，跋涉三時。蓋艱險之備嘗，殆形神之不屬。息肩弛擔，雖疲茶之少瘳；問俗觀風，緊撫綏之未易。敢謂眷存之厚，特貽問訊之勤。無以克承，第知愧荷。恭惟運使直閣學問純正，識造精微。化未澄清，暫倚登車之重；事雖肯綮，豈勞游刃之餘。已藹著于休聲，即進膺于大任。顧惟踈拙，竊幸依憑。蒙霧而行，自獲不言之潤；同舟以濟，庶收必至之功。

又

向賴均茵之舊，方紆攬轡之嚴。庶幾蒙成，其或免戾。未遑修問，先辱賜書。情文並隆，感愧參集。恭惟運使直閣躬受異稟，學承正傳。傑然館閣之中，藉甚搢紳之譽。納約自牖，進盡忠嘉之言；舍車而徒，退安閒燕之地。屬元臣之開府，啓婉畫以濟時。宜遂贊于廟謨，乃出持于漕節。矧遠氓之凋敝，復遠候之繹騷。方臨盤錯之交，尤藉調胹之妙。豈惟踈拙，得所依憑。念請謁之可期，冀興居之毖護。

又

伏審乘傳一封，肅將漕節；先庚三日，亟布教條。入境之初，望風胥慶。恭惟運使直閣學傳正統，躬蹈聖言。探索逢原，蓋顯微之無間；從容應務，固左右以具宜。雖使指之洊更，實蜀人之蒙幸。顧惟疎拙，復獲依承。聞親戚謦欬之音，孰云遠宦；從仁義燕閒之樂，復如昔時。方欲修辭，遽勤惠問。其爲欣荷，罔既敷陳。

答祝運使

伏審祇奉郵傳，進持漕節。不待贊書之下，式嵩攬轡之行。蓋宿師十萬之嚴，日需供億；而發軔再三之後，民久罷勞。顧方急于得人，豈復拘于常法？恭惟某官才猷贍博，德度粹和。踐揚屢著于賢勞，出入益推于久次。仕隨所遇，忘蜀道之登天；政底于成，俾蠻方之按堵。惟兹委寄，亦已褒優。應辰自視拙疎，實叨雅素。乃幸同舟之濟，庶諧彼岸之登。未及修辭，先蒙惠問，其爲感愧，罔既敷陳。

答周運使

伏審瞻咫尺之威，親承臨遣；持光明之節，出董輸將。泝峽良勤，褰帷云始。寬條既布，輿論交欣。恭惟某官學識疏通，材猷敏劭。從容醻酢，恢然游刃之餘；揚歷淹回，湛若重淵之静。惟聖主不忘于遠俗，欲疲氓皆識于上恩。姑借重于澄清，即進膺于遷擢。自惟承乏，所幸同寅。念請見之無由，辱移書之良厚。其爲愧荷，罔既敷陳。

答趙運使

伏審寓直瀛洲，將漕夔峽，遠民良幸，輿論交欣。恭惟某官以敏博之才，行仁厚之政。屬州縣水旱相仍之後，方倉廩朝夕不繼之時，賑給困窮，拊摩瘡瘵，盜賊遠屏，流傭復還。既課最之著聞，果詔音之褒擢。愛人利物，諒誠心之不移；問俗觀風，將惠澤之益廣。顧惟承乏，洊獲同寅。特承問訊之勤，殊感眷存之渥。其爲欣荷，罔既敷陳。

答潼川提刑運使

伏審祇奉除書，洊持漕節。休聲云遠，輿論交欣。恭惟某官學識賅通，材猷敏劭。從容疇酢，恢然游刃之餘；敭歷淹回，湛若重淵之静。暫紆使節，以惠遠方。惟此疲氓，困于重賦。利入已贏于十倍，安取厥餘；詔音雖至于再三，未知攸濟。當按臨之甫始，已利病之前知。切聞緒言，欲救宿弊。惟誠心之所格，終公論之必伸。應辰去德十年，遡風萬里，豈期甚幸，獲罪同寅。❶ 未遑問訊之勤，先辱緘題之貺。其爲感

❶「罪」，原作「遂」，今據文淵閣本改。

愧，罔既敷陳。

答趙總領

伏審以其官召，亟奉于詔音；不俟駕行，式虔于君命。顧惟疎拙，久獲依承。三尺拘縻，莫陪于出祖；一隅留滯，徒仰于登仙。方欲修辭，遽蒙惠問。既切違離之歎，更增愧荷之誠。恭惟某官學識精微，才猷宏博，老而克壯，宿乃彌明。總出納于四川，竭勤誠于三載。宿師十萬，平居猶患于闕供；發軔再三，應猝每多于餘裕。洊登卿列，簡在上心。式遄其歸，將益觀于遠畫；知與爲取，當宏濟于多艱。願庇護于寢饔，以對揚于休寵。

答觀使韋節使

伏審揚于王庭，授以峻節。兼親賢之盛選，符中外之公言。某官美秀而文，威儀是力。仰紹金籯之學，藉甚家聲；久從琳館之游，超然物表。屬東朝之有慶，眷外氏之多賢。擇日設壇，特重麾旄之寄；比名併牒，更增跗萼之榮。自惟州縣之徒勞，所謂雲泥之相望。不敢輒修于賀問，迺蒙先墜于緘縢。三命益恭，知寵光之未艾；多文爲富，顧疵陋以何堪。欣感之誠，敷陳罔既。

答晁制置

召還萬里，擢長六卿。杕杜勤歸，蓋特矜于永久；積薪居上，竊自歎于後來。每念叨逾，豈勝戰慄！敢謂眷存之渥，特紆誨問之臨。譽雖過情，義豈云薄！恭惟某官宏才任重，敏識造微。御史諫官，振直聲于多士；方伯連帥，流惠化于遠民。肆帝眷之惟新，舉坤維而盡護。雖節以制度，前追忠定之規橅；而薰然慈仁，蓋本文元之心法。顧惟疇昔，嘗獲瞻承。偶逃絀免之科，遂記踐更之契。三年無補，既蒙藏疾之私；一旦誤恩，並出嘘枯之論。道路云遠，情文益隆。惟感愧之所并，豈敷陳之能究！

回總領王郎中

伏審進登郎位，外總軍儲，始布教條，一新觀聽。恭惟某官器能敏裕，識慮高明。知無不爲，期竭忠而尊主；言厎可績，恥譁衆以取榮。踐揚居多，名實兼茂。乃眷上流之重，方嚴勁旅之屯。陸走水浮，轉輸之費增倍；頭會箕斂，痌瘝之民未蘇。竊聽平生之言，每懷憂世之志。將使公私之均濟，佇觀次第之設施。益懋遠猷，亟膺大任。方圖修問，遽辱賜書。既懷不敏之慚，且見相先之誼。其爲感佩，罔既敷陳。

答李提刑

伏審欽奉詔書，洊持憲節，先聲云及，輿論交欣。恭惟提刑敷文，識慮精明，才猷宏博。仙李之根遠矣，世德彌芳；《常棣》之萼韡然，❶相門未艾。視彼黄閣，實吾青氈。而乃俯就外官，坐成遺老。郡守監司之寄，幾偏歷于四方；門生故吏之餘，或先登于要路。矧兹夔峽，亦辱使軺。庶獄紛紜，❷幸平反之無害；疲民凋瘵，賴賑卹之有方。苟種德之可爲，豈屈身之足問？顧惟嬾拙，久幸依承。兹復同寅，庶幾蒙益。枉誨音之良厚，知眷意之特隆。感媿之懷，敷陳罔既。

回程提舶❸

睽遠風度，洊易歲華。各在一隅，殆將萬里。心雖無間，迹若相忘。兹被命以言歸，幸遡風之稍近。方圖修問，遽辱貽書。見眷予之不忘，審起居之多福。恭惟某官才周浩劇，識究精微。屈伊洛之名家，臨夷蠻之互市。海舶四集，益豐財貨之源；官曹一清，無復脂膏之潤。已被褒嘉之渥，即膺進擢之優。應辰方此丐閒，❹庶幾養病，無從披晤，第切傾馳。塵冗所叢，敷陳罔既。

❶「韡」，夏本作「粲」。
❷「紛」，夏本作「攽」。
❸此文又見於夏本卷六。「回」，夏本作「答」。
❹「應辰」，夏本作「某」。

答勾龍提宫

祗奉詔除，叨分閫寄。惟蜀地實同于齊魯，而漢朝繼出于淵雲。究觀源流，想見人物。方願聞其姓字，遽辱貺于書詞。情文竝隆，感慰何已！恭惟某官材猷敏劭，學識疏通。踐揚久著于賢勞，斂退樂從于閒適。賢不家食，方屬于明時；士有特招，佇聞于休命。將遂披瞻之願，更祈寢餗之調。向往之誠，敷陳罔既。

回通判徐提宫

爲郎無補，久宜襆被之行；將母有求，輒冒分符之寄。地當甸服，里有仁人。方幸親依，遽蒙問訊。執謙過厚，知鄉黨之恂恂；養志自如，審吉祥之止止。恭惟某官材猷敏劭，學識高明。發游刃之新硎，自諧節奏；策要津之高足，豈限期程！何溶佐于藩條，復退安于祠館。其室則邇，雖未遂于趨風；厥木惟喬，竊有期于庇賴。

答馬舍人

奔走遠宦，經從治邦。項背相望，問勞之詞狎至；肴核維旅，殷勤之意有加。屬既領于郡符，恍已更于歲籥。未遑修問，又辱移書。益諗眷存之隆，且增遲鈍之愧。審豈弟之多裕，固祥福之大來。恭惟某官器蘊淵閎，風猷凝遠。崛起蜀道，明揚漢廷。講經書之業于禁中，裁訓誥之文于天下。暫兹出守，行即召還。念請謁之無繇，冀寢興之毖護。其爲向往，罔既敷陳。

答程運幹

習聞聲跡，深歷歲時。敢謂眷勤，首紆誨問。講修先世之好，曲示過情之褒。感莫能名，媿無以稱。恭惟運幹學士受材膚敏，制行温恭。趨而過庭，親承問學之富；行不由徑，益見操修之堅。凡士論之所期，曰家聲之是似。顧惟晚進，及識前修。仰風烈之如存，喜典刑之有繼。末由造請，第切傾馳。倍覬保綏，亟膺進用。

答查運判

竊以自昔才難，莫如閫外；于今任重，尤在蜀中。豈意空疎，亦叨寄屬。柁舟遡峽，幸險阻之無他；入境觀風，歎撫綏之未易。伏辱眷私之舊，❶特迂誨問之勤。此葢運使直閣持自牧之謙，篤相先之義。兩喜必多，溢美顧莫稱于褒揚；久要不忘，平生願繼聞于告戒。其爲感慰，罔既敷陳。

❶「舊」，夏本作「厚」。

回鄭狀元啓

伏審某官條陳大對，首魁諸儒。凡在見聞，莫不稱羨。三年之科第尚矣，而獨被主上親擢者尤榮；一日之文詞燦然，而素爲公論推重者未易。兼此全美，藹然休聲。應辰頃奉詔音，俾司貢士，方竊得人之喜，庶逃不職之愆。辱都騎之過存，貽長牋而見寵。徒增感慰，罔既敷陳。

答吴殿撰

伏審某官俯就一麾，僅逾三月。正己以率下，節用而愛人。郡吏承風，皆有簡書之畏；疲民受賜，復知襦袴之温。方切依仁，遽聞易地。奔走投牒，皆願于挽留；喧呶盈庭，不容于揮卻。念下情之難壅，因上奏以具聞。豈期道路之傳，特辱音題之貺。既欽勤腆，復見謙沖。感媿之私，敷陳罔既。

回王尚書賀吏部侍郎

仰承帝制，攝貳天官，私切省循，倍增戰慄。伏念應辰稟生不腆，處世多艱，頃待盡于松楸，俄備員于館閣。摧耗百憂之後，不自意全；低回多士之中，焉能爲有？所宜汰斥，乃爾叨踰。以非材而領銓曹之繁，以不學而參法從之列。性既疎拙，勢復羇單，冒昧而居，顛隮是懼。豈謂某官沈潛而樂易，篤實而疏通。久要不忘平生，每致眷憐之意；兩喜必多溢美，更加奬引之詞。念修謝以未遑，辱移音于先及。其爲感愧，罔既敷陳。

答陳安撫

謬分閫寄，洊閱歲陰，徒殫夙夜之勞，每切淵冰之懼。兹蒙賜召，得遂終更。釋重負之千鈞，稍寬疲茶；望故園之三徑，漸卜歸休。初非敢期，竊以自幸。伏蒙某官篤同寮之契好，念遠戍之艱勤，貺以尺書，問其行李。雖愧過情之譽，敢忘私淑之仁？屬道路之奔馳，幸門牆之密邇。即瞻符采，敬布腹心。欣慰之誠，敷陳罔既。

回洪州鄧安撫

陳力無補，敢曰厭承明之廬；誤恩過優，乃使修連帥之職。兼程就道，卜日交符。惟仁人之所居，蓋民俗之甚厚。庶幾蒙潤，遽辱賜書。既慚溢美之言，且見必恭之義。恭惟某官材猷宏遠，學識高明。攬轡登車，早著澄清之最；輕裘緩帶，洊推鎮拊之功。宜還本朝，以究賢業。敢祈密護，前迓殊休。向往之誠，敷陳罔既。

回季安撫

伏審祗奉詔音，鎮臨邊郡。申令一下，旗幟爲之精明；歡謡四傳，市䣊至于騰貴。伏惟安撫觀察才猷敏劭，識慮疏通，踐揚兹多，忠謹彌著。得聲梁楚，宜克紹于世家；率服蠻夷，今正需于方略。佇聞政績，以稱上恩。應辰屬在鄰封，實依庇貺，未遑貢問，先沐移音。欣感之誠，敷陳罔既。

回王安撫

竊承帥節，俯鎮邊城。惟游刃之有餘，庶同舟而獲濟。未遑修問，先辱移書。情文竝隆，感愧參集。恭惟知府安撫中大，材猷敏劭，氣守堅明。臨繁劇而不辭，雖多益辦；忤貴權而無悔，于義必爲。復用于聖君獨斷之時，歷任于戎事方興之際。忠勞尤著，夙迹具存。乃眷瀘川，實兼戎索。式倚懷柔之略，益觀悠久之規。豈惟拙疎，得所憑藉，尚阻披承之便，更祈寢餗之調。

又

伏審升華法從，作鎮雄藩。自京邑而拊遠方之民，以文儒而易武吏之政。委寄特重，寵光一新。觸熱視師，諏辰開府，恩威已著，觀聽交欣。恭惟某官學識高明，才猷敏裕。穎悟于眇綿之表，立則參前；從容于肯綮之間，發皆中節。處艱難而功效愈白，治浩穰而風力益彊。荆居上流，晉比分陝。爰輟近侍，以分顧憂。某久焉去德，兹乃爲鄰，所幸輔車之相依，庶幾藜藿之不采。方圖修問，先辱移書。感愧之誠，敷陳罔既。

答張都大

伏審欽承詔音，就畀使指，總按秦蜀，拊綏夷蠻，盡操閫闢之權，馴致富强之業。委寄甚重，觀瞻一新。恭惟都大直閣學富多文，才周萬事。穎悟于眇緜之表，立則參前；從容于肯綮之間，發皆中節。洊奏澄清之最，遂膺擢任之優。堇荼如飴，外通關市之利；駟鐵孔阜，内壯師干之容。必且不勞而功成，可使所居之官大。進登要近，益究猷爲。應辰久矣遡風，幸將展謁，豈獨謹簿書之期會，庶幾聞議論之緒餘。未及修辭，先蒙惠問。其爲感愧，罔既敷陳。

又

欽承告命，優進職名，不獲終辭，第慚非據。竊念某學皆陳腐，事每闊疎，久洿近班，無補聖世。可當一面，誤被于詔除；比及三年，蔑聞于善最。心已疲于太用，齒復迫于始衰。疾病交侵，形神俱敝。猶幸黜幽之未及，庶幾置散之爲安。既莫遂于私誠，乃就更于華序。進退失措，起居靡皇。兹蓋某官正始名流，老成厚德。同舟而濟，夙幸于依承；有味其言，每形于奬予。曲成虚譽，馴致誤恩。更蒙誨問之臨，尤見眷存之厚。其爲感愧，罔既敷陳。

回續都大

欽奉詔音，謬分閫寄。捫參歷井，敢憚驅馳之勞；臨淵履冰，未知填拊之策。瞻言宿德，隱若外臺。豈徒庇賴之蒙，復有交符之幸。人惟求舊，尚眷記之不遺；政必告新，庶拙疎之有望。方圖修問，先辱賜書。情文竝隆，感悔何似。恭惟某官才猷敏劭，學識高明。風流追配于前修，輩行獨先于多士。户口百萬，鎮荆楚之上流；騋牝三千，總蠻夷之互市。皆第功而居最，姑增秩以示襃。宜還本朝，益究賢業。將遂參承之願，更祈寢餗之調。欣仰之誠，敷陳罔既。

又

伏審祗奉茂恩，進升美職。重斯文之論譔，慰遠俗之觀瞻。恭惟某官學識高明，才猷宏博。洊更要劇，久矣賢勞之多；徧閱後來，蔚然明德之舊。非特典司于坰牧，實惟撫輯于蠻方。最課著聞，襃章亟下。佇還大任，益究遠猷。應辰玆幸依仁，方圖修問，先辱惠音之厚，益知秉德之謙。欣荷之誠，敷陳罔既。

答陳都大

伏審進直道山，出宣使指。在坰之野，欲馴致于富强；自陜以西，俾悉歸于廉按。先聲所暨，輿論交欣。内顧拙疎，獨蒙知照。藐然孤宦，越在一隅。豈無他人，念孰爲于久要？莫非王事，尤有賴于同寅。

乃幸依仁，遽勤惠問。竊承溯洄萬里，緜歷三時，神明相休，啓處禔福。恭惟都大直閣器涵剛實，學造淵微。惟于義以必爲，故所至而可紀。好是正直，自處于靖恭；範我馳驅，不期于詭遇。雖稍淹于進用，益足見于安恬。蜀道惟艱，秋陽尚熾。將遂披承之願，更祈毖護之宜。欣仰之誠，敷陳罔既。

答夔路范運使

違去使華，洊更月朔，審及瓜之既代，謂行李之且來。拳拳此心，日日以俟。伏奉手誨，如聞足音。屬祥鬱之未蘇，宜起居之有相。恭惟某官家傳正學，躬受偉才，見義必爲，守職不撓，已騰漕最，益著賢勞。雖錦里逢迎，將獲親于餘論；而鋒車趣召，諒非久于遠方。更祈保綏，以副傾屬。

答樊運使

伏審祇奉詔音，洊持漕節。地連榆社，初無叱馭之勞；民愛棠陰，皆有望塵之快。恭惟運使中大，清明亮直，寬大惠和。久矣踐揚之多，居然聞望之懿。力辭籲召，志樂燕閒。就乘使華，姑爲井絡之重；進禆袞職，終倚樊侯之賢。即觀晚之功名，前繼古之風烈。顧惟疎拙，夙仰耆明。傾蓋雖新，情實均于久要；同舟以濟，幸將託于餘光。未及修辭，先蒙惠問。其爲感愧，罔既敷陳。

答范運使

竊承賢哲，實董輸將。仰游刃之有餘，庶同舟之獲濟。未遑修問，先辱移書。情文並隆，感慰何已！伏惟某官炳靈秀氣，奕世清芬，學得純全之傳，才周左右之用。閲職寖久，蜚聲益休。尚紆使華，以惠遠俗。矧發軔再三之後，民力已疲；雖算緡百萬之多，軍需僅給。方講求于寬卹，尤有賴于將明。益究遠猷，進膺大任。將遂披承之願，更祈寢餗之調。欣仰之誠，敷陳罔既。

答馬運使

伏審祇奉詔音，典司漕計，矧出守之惟舊，而去思之尚新。迨兹持節之復來，翕然比屋之相賀。不勞施設，可致澄清。恭惟某官體備中和，學窮浩博，近侍親承于言動，直前屢効于論思。敷繹精微之經，納乎聖聽；裁成雅奥之訓，揚于王庭。已斂惠于兩州，猶宣風于一道。佇膺大任，益究遠猷。應辰黽勉一司，因循浹歲，僅同贅附，正賴波餘。敢謂眷勤，先貽問訊。其爲欣荷，罔既敷陳。

答利路張運使

謬領帥符，獲同王事。于彼原隰，徒想于光華；畏此簡書，莫諧于請謁。敢謂眷存之厚，洊紆問訊之勤。審臨按之多餘，固吉祥之畢集。恭惟某官質直而義，參和以仁，遍閲後來，蔚爲久次。肅將使指，方轉輸以備邊；仰繼世家，宜孝友之處内。尚祈毖護，益迓殊休。向往之誠，敷陳罔既。

回江東向運使

伏審祗奉詔書，出持漕節。賢才復用，公議少伸。恭惟某官器藴恢閎，機神穎邁。慷慨于艱危之際，義不辭難；從容于盤錯之前，動皆中節。間者退藏之云久，居然涵養之愈充。豈容與世以兩忘，果爲斯民而再起。觀其所主，實爲元老之薦揚；欽乃攸司，已見外臺之增重。行膺大任，益究遠猷。應辰夙仰高風，喜聞新命。未遑修問，先辱賜書。感愧之誠，敷陳罔既。

回周運使

伏審持外臺之使節，已布寬條；錫内史之贊書，始承新渥。坦然明白，遠有光華。恭惟運使朝議學識該通，才猷敏劭，踐揚云久，左右具宜。眷言夔峽之轉輸，擇材方急；不待漢庭之臨遣，授任即行。申以絲綸之言，焕乎原隰之寵。不違咫尺，豈徒盡臣節之恭；罔墜周旋，有以稱淵衷之厚。即觀最課，前迓殊休。應辰洊獲同寅，每勤惠問，其爲愧感，莫既敷陳。

回賀陳運使

伏審欽奉詔音，肅持漕節。以御史按郡國，示内外之惟均；以儒者理貨財，欲本末之有序。上意可見，輿論交欣。啓行實始于七閩，罙入更踰于三峽。雖徒馭備嘗于險阻，而神明實相于忠嘉。恭惟某官學窮淵源，行中繩準，蜚蜚聲于俊域，寖策足于憲臺。範我馳驅，不期于詭遇；好是正直，自處于靖共。懇避要塗，出宣明命。如蜀部之西僻，亦使星之下臨。遠俗有光，疲民何幸！顧惟疎拙，夙荷照知。庶幾承議論之從容，豈特謹簿書之期會。方圖修問，遽辱移書。欣荷之誠，敷陳罔既。

答王運使

法當薦士，歲有定員。敢不盡忠？庶幾報國！豈謂眷存之厚，特形遜謝之詞。雖云私書，是協公議。恭惟某官心存仁厚，體備中和。寬而本之以明，正而持之以重。消田里之愁嘆，已著政聲；擁原隰之光華，復登課最。即膺大任，乃慰公言。自顧拙疎，何能輕重！徒增感愧，罔既敷陳。

又

伏審肅擁漕節，按臨益州，教條一新，觀聽咸喜。恭惟某官允迪厥德，參和以仁。澹若重淵，非澄撓之能動；恢乎游刃，蓋剸裁而有餘。休聲亟著于本朝，使轍幾環于全蜀。洗岷峨之悽愴，益懋遠猷；浮江漢以朝宗，即登近列。顧惟衰病，方幸退閒。鼪鼬之徑其空，既兹窮僻；馬牛之風不及，矧復阻脩。忽蒙惠問之臨，特厚嘗寮之契。其爲感愧，豈易敷陳。

答新嚴州張倅

違遏十載，媿音問之闕然；屏居三衢，幸車從之至止。未遑布訊，先辱移書。不忘平生，良欽于厚誼；既見君子，將慰于夙心。恭惟某官性資高明，器藴端厚。故國喬木，共仰世臣之存；百川狂瀾，獨傳家學之正。勉隨官牒，待攸藩條，即聽休聲，益光前烈。歲華遒盡，陰氣沍寒，更冀保綏，以符傾繫。

回興業秦知縣

叨被恩除，來丞郡寄。誦韓吏部之句，地實在于湘南；求温處士之廬，羣已空于冀北。方懷風味，遽辱音題。既荷芬若椒蘭之情，又知敬止桑梓之義。自顧涼薄，何以戩承？伏惟某官學通聖言，名播士類。千室之邑，諒宰割以何勞；九層之臺，抑階升之有漸。佇聞休命，益究遠圖。更冀保綏，以符傾禱。

答董知縣

伏審勉隨宦牒，來領縣章。凡在庇庥，皆相欣慶。恭惟某官富于學殖，蔚以文鳴。仲舒之黜百家，實傳素業；冉求之宰千室，姑踵常塗。即聽治聲，遂膺休命。顧惟疎拙，獲遂退閒。方幸依仁，遽蒙惠問。其爲媿荷，罔既敷陳。

回玉山知縣

桑梓之邦，久依善政。萍梗之跡，越在遠方。兹幸言歸，將諧造請。先辱惠音之厚，殊欽眷意之勤。恭惟某官德履粹和，才猷敏劭。俯循近制，出宰斯民。簿書雖繁，自得剸裁之要；旱潦相繼，尤殫撫字之勞。即聽休聲，遂膺異數。念承顔之伊邇，先引領以載欣。

回新吴江趙知縣

佐州于此，弛擔之初。惟十年不見之故人，在一葦可杭之比境。未遑修問，遽沐移音。殷勤若接于笑談，俯仰恍疑于夢寐。伏惟某官處心仁厚，持己方廉。如不勝衣，孰識王孫之貴；可使爲宰，姑從吏部之銓。曲敦雅素之歡，彌見撝謙之美。其室則邇，無因而前。瞻詠之勤，敷陳奚既。

回萬載知縣

伏承都騎，來領縣章。聞名久之，聯事幸甚。伏惟某官以能自奮，所至可稱。位雖未充，亦云寄百里之命；志必有在，不獨爲三徑之資。自憐别駕之何功，竊冀同舟而獲濟。特紓問候，況佩勤誠。

回嘉興李知縣

伏以暌違既久，瞻望益賒，闃然嗣音，是以負媿。辱書詞之甚寵，知眷注之不忘。欣承起居，倍納休福。恭惟知縣學士材猷敏劭，學識該通。淇水風流，從來者遠；常山政事，已去而思。惟今嘉興，素號劇縣，户口億計，舟車四通。諒惟高才，綽有餘力。即登課最，行奉詔褒。益懋遠猷，以繼前烈。應辰守官窮僻，與世闊疎，無復趨承之期，第勤向往之望。

回山陰江知縣

叨被帝俞，出分郡寄。雖便私之良幸，顧治劇之非長。敢謂聽聞，特貽問訊。執謙過厚，知鄉黨之恂恂；爲政多餘，審吉祥之止止。恭惟某官材猷敏贍，識慮疏通。乘朱輪者十人，夙推世閥；綰墨綬于百里，姑試賢勞。已著休聲，即膺異數。尚祈毖護，式副傾瞻。

回高知縣

拜恩佐郡，諏日造官，竊企風猷，獲聯職治。伏惟某官譽推月旦，節貫歲寒。尚沈下僚，雖未究于賢蘊；以望此府，諒無媿于前修。惟昔試言，蓋嘗接武。既歲月之云久，亦江湖之相忘。豈期于今，復適所願。未遑通問，先辱移音。感媿之誠，叙言罔既。

答玉山宰謝薦

備數禁塗，尤宜報國，投閒祠館，無所效功。惟于薦士之定員，尚有銓曹之著令。庶幾塞責，乃辱移書。祇服謙勤，第增悚戢。恭惟某官家傳碩學，躬蹈清規。出宰斯民，已休聲之藹蔚；進膺明命，豈常制之拘攣。更冀保綏，即聞褒擢。

回宜春黄知縣

奔走一官，飄浮五嶺。蓋人跡罕至之地，亦交情可見之時。敢期百舍之遥，俯致雙函之訊。唱高風而敦薄，發妙語以嘘枯。肝膽輪囷，倍切窮途之感；親戚謦欬，少寬去國之思。欣承撫字之餘，坐擁休祥之至。伏惟某官材猷敏劭，學識高明。叔度如萬頃之陂，源流有自；冉求爲千室之邑，兩地何勞。即慶超遷，以伸久屈。好黼藻其德，願益勵于遠猷；毋金玉爾音，尚不忘于惠教。

答闕知郡

采入益州，倏焉四載；仰望册府，藐如九霄。竊承厭直以西歸，兹亦罷官而東下。邂逅相遇，幸獲償于夙心；雍容甚都，庶復見于今日。側聽挐音之近，遽蒙尺牘之臨。恭惟某官學識造微，文章爾雅。方問津于要路，乃力請于分符。雖不敢寧息，方從奔走之勞；而願延須臾，少奉話言之益。其爲欣慰，罔既敷陳。

答吴知郡

伏以帝念邊郡，詔用儒臣。因其別駕之功，授以刺史之印。效既已試，去方見思。迨此復來，翕然相賀。恭惟知郡朝議道心恬澹，世務該通。出其蓄藴之餘，發爲醻酢之妙。奏課連最，必將益著于治聲；終更亟還，矧已豫頒于召命。佇膺大任，悉究遠猷。應辰洊獲同寅，庶幾蒙益。辱書見及，荷意良勤。

回新劍南傅知郡

伏審祇奉詔音，就分郡寄。瓜時甫及，輿議交欣。恭惟某官，元祐輔弼之門，靖康忠義之後。能濟其美，有聞于時。藐是遠方，久于隨牒。其容不改，所養可知。暫煩一麾，以福千里。佇凝最課，即踐要津。竊承前驅，將壓近境。方喜披瞻之在即，遽蒙問訊之良勤。感媿之誠，敷陳罔既。

回新化州知郡

伏審祇奉詔俞，洊膺郡寄。遠民幸甚，公論宜之。伏惟某官持己方廉，處心仁恕。惇兮若樸，自忘健羨之心；巋然獨存，益見後凋之節。俯就漕臺之選，聊分越徼之符。諒久屈之當伸，將大來而莫禦。應辰方圖貢問，先辱移書。仰謙德之有光，撫儒衷而增感。

回化州知郡

衣冠之盛，昔嘗仰遡于名門；襦袴之謡，今復稔聞于比境。蓋欲修辭而未果，豈期惠問以相先。稱譽過情，避敢稽于三舍；文章溢目，重何翅于萬金。伏惟某官世系高明，天資翹爽，敏悟于幾微之表，從容于肯綮之間。嶺外一麾，諒不勞于游刃；日邊三節，行即奉于清光。賓閎尚賒，歲律云晏。敢祈毖護，以迓亨嘉。

答懷安李知郡

伏審祇奉詔音，進紆郡紱。瓜時而往，靡辭袢暑之勞；穀旦于差，即布先庚之令。恭惟某官家傳衮繡，業茂箕裘。文采夙成，已出諸儒之右；材能小試，復高别駕之功。始以序升，乃兹出守。矧庭闈之就養，復伯仲之連城。石君一門，孟子三樂。其爲希有，夫豈偶然？屬叨分閫之嚴，實賴同舟之濟。移書見及，荷意良勤。感媿之私，敷陳罔既。

答信州唐知府

伏審厭直蓬瀛之祕，分符吴楚之交。下車云初，闔境咸喜。恭惟某官學覃浩博，辭富英華。既聲名之甚都，復文行之相稱。好是正直，確守家世之傳；範我馳驅，退安郡紱之寄。雖少淹于遐躅，實少惠于疲氓。即聽詔音，以愜公論。應辰衰悴晚景，羈栖異鄉。竊欣桑梓之邦，獲被袴襦之澤。未遑修問，先辱賜書。慰荷之私，敷陳罔既。

答信州王知府

伏審欽奉詔音，洊紆郡紱。地兼吴楚，實當水陸之衝；名繼趙張，咸仰世家之懿。恭惟某官材猷閎博，識慮高明。黄閣調元，蓋源流之有自；朱轓共理，果風迹之特高。眷惟信美之邦，復藉惟良之政。諒因民之所利，必易地以皆然。即聽休聲，亟膺異數。應辰猥緣鄉井，獲在部封。念修敬之未遑，辱移書而先及。其爲欣荷，罔既敷陳。

答潼川張知府❶

伏審寓直西清，分符東蜀，以曲從于懇請，故特示于褒優。下車云初，浹境胥慶。伏惟某官得先天康節之學，俟後世子雲之知。其無施而不宜，蓋有本者如是。被召殆行于萬里，爲郎僅及于六旬。即當超遷，乃復外補。介于石，故能不終日；艮其背，所以不失時。實斯道之固然，抑遠民之幸甚。顧惟疎拙，洊獲依承。特蒙惠問之勤，益見同寅之義。其爲感媿，罔既敷陳。

---

❶ 此文又見於夏本卷六，題作「答張潼川」。

回柳州萬司法

邂逅適我願，遽復語離；倥傯裝其懷，遂稽致訊。敢期眷記，先辱音題。繄獎予之甚隆，非庸虚之宜得。欣承動止，倍集吉祥。伏惟某官天賦異能，家傳素業。六經成誦，昔已號于奇童；三尺司平，今暫淹于列掾。佇聞休命，即步亨衢。所冀保綏，以符傾禱。

回新喻梁縣丞

疆封相錯，波所及者君之餘；官守所拘，室則邇而人甚遠。曲貽惠問，仰服謙勤。伏惟某官天材特殊，世美惟肖。一行作吏，雖久著于能名；再轉爲丞，猶未離于選調。猥緣識面之雅，誤辱賞音之求。方自困于泥塗，復何能于軒輊。其爲悚媿，未易敷陳。

回王縣丞

伏審載脂車轄，來佐銅章。得見可期，爲僚甚幸！恭以某官生于名閥，好是懿文。賞以世延，姑一行而作吏；事非力致，僅再轉而爲丞。移書粲然，厚意勤止。其于感怍，未易敷陳。

文定集卷二十

宋汪應辰撰

祝文

車駕詣景靈宫朝獻祝香文

孟春

伏願誠心感格，神鑒昭臨。春日載陽，益廣發生之德；兆民允殖，悉蒙和樂之休。

孟夏

伏願倍迎神貺，茂對天休。家用平康，均庇萬方之衆；物無疵癘，悉陶一氣之和。

孟秋

伏願高真鑒臨，諸福填委。民之攸塈，皆涵泳于和平；歲以有年，永蠲除于疵癘。

孟　冬

伏願衆真孚佑，萬福增隆。措民物于咸寧，浹華夷而均慶。

太廟別廟殿宇抽換柱木等畢工告遷神主還殿室祝文

前期奏告

伏以有覺其楹，敝宜改作。不忝于素，舊悉更新。將祇奉于神靈，復還安于廟室。仰祈昭鑒，俯諒忱誠。

奉安神主奏告

伏以頃命工師，載新殿宇。揆靈辰而叶吉，奉匱主以還初。仰覬妥安，永垂庇佑。

修武成王殿宇裝塑畢工告遷神像祝文

維師尚父，廟食學宮。棟宇寖隳，繕修甫畢。肆遷像設，還復故常。

仲春補種昭慈聖獻皇后殯宮永佑陵殯宮奏告表文

伏以增植園林，繕修棟宇。爰卜仲春之吉，式虔每歲之常。仰覬妥靈，俾諧庀役。

仲春補種安穆皇后安恭皇后殯宮祝文

寢園所寓，繕葺以時。屬此仲春，既諏吉日。將庀徒之云始，俾致告以惟虔。

祭　文

祭張魏公文

嗚呼！輔相之業，必曰格天。嗟後世之籍籍，角巧力以爲賢。❶將導迎于善氣，必有與天爲一者焉。於維我公，體道之真。聖有謨訓，力行以身。念慮精一，不已其純。雖在闇室，如見大賓。移所以事親者事上，推所以愛己者愛人。任重道遠，白首日新。武夫悍卒，兒童婦女，聞公之名者如仰日星，望公之貌者如

❶「賢」下，夏本有「萬姓塗炭中原腥羶豈夷狄之能爲蓋感應召致而則然」二十二字。

見父母。❶之人之德，發揚普詡，綏之斯來，其孰能禦！然而變故百出，艱難倍嘗。拯神器于既傾，❷遏大敵于方張。❸既顛危之獲濟，亦進退之靡常。志雖馳于幽燕，跡乃滯于湖湘。二十年餘，再秉樞鈞。百未施其一二，復異説之紛綸。蓋公之所能者天，其所不能者人。自古所嗟，今復奚云。方晏適于林泉，謂永綏于壽考。胡不憖遺，喪此元老。

應辰自昔出入公門，❹期式瞻于儀表，以畢願于斯文。孰謂此來，言無復聞！既念其私，復哀彼民。徒反袂而長號，淚淋浪而沾巾。嗚呼哀哉！

祭陳相國魯國文恭公文

惟公稟氣之和，體道之全，渾厚純粹，得于自然。端委廟堂，如山如淵。以公宰物，以誠格天。仁者之勇，德人之言。有發必中，有待必堅。❺密啓建儲，見幾之先。決策安邊，❻達事之權。四方既寧，聖主初

❶「母」下，夏本有「蠢彼犬羊亦作人語每問中國用公與否」十六字。
❷「既」，夏本作「已」。
❸「大敵」，夏本作「醜虜」。
❹「應辰自昔」，夏本作「惟某」。
❺「待」，夏本作「持」。
❻「安邊」，夏本作「攘夷」。

元。公拜稽首，丐歸丘園。歸未暖席，詔書促還。勤勞王家，病不復痊。當宁震悼，塗人涕漣。嗟世之人，挾數矜智，公初無心，上益注意。嗟世之人，斂惠邀譽，公初無言，人自欽慕。生榮死哀，夫豈人力？一言以蔽，惟其盛德。應辰拙疎，公實見之。前後薦引，始終保持。聞公之喪，身在西蜀。有愧古人，不能匍匐。痛楚摧傷，怛然此心。萬里致奠，公其俯臨。嗚呼哀哉！

祭凌尚書文

惟公氣質粹美，學問純正，充養既厚，持守益定。視其容貌，如不勝衣。孰知其勇，見義必爲。聽其議論，如不出口。孰知其直，言無所苟。謂公爲清清而有容，謂公爲和和而不同。人有一善，或以自矜。公終其身，兢兢靡寧。蚤以文鳴，出類拔萃。歷守五郡，所至稱治。進冠侍從，惓惓獻納。退領真祠，遂老耆耋。平生百爲，無一可愧。夫豈偶然，有本如是。年垂八十，古昔所稀。人猶望公，胡不期頤？矧如蠢愚，于世鮮耦。公獨忘年，俾與爲友。其知以心，其愛以德。庶幾永久，得因蒙益。今則已矣，流涕橫臆。衰病疲茶，不能匍匐。緘詞千里，寄此心惻。哀哉！❶

❶ 「哀」上，夏本有「烏呼」二字。

祭趙忠簡公文

維公兩登上宰，俱值阽危之時；一斥南荒，遂爲生死之別。莫非命也，豈有他哉！事既定于蓋棺，恩特容于歸骨。僅脱鯨波之險，獲至于斯；孰謂馬鬣之封，未知所向。昔任昉無漬酒之彦，而劉峻廣絶交之書。吁嗟此風，何獨今日！念嘗游于幕府，忍自比于路人。奠以告哀，言不盡意。

祭待制兄文

嗚呼！念昔兄弟，幼小艱苦。在鄉井間，未嘗相捨。應舉得官，始出從仕。間有離别，聲問猶繼。惟是入蜀，萬里相望。尺書往來，動輒經歲。首尾五年，兄再還朝。我亦被召，似非偶然。始拜見兄，驚歎良久。語音雖存，形容非舊。雖得團聚，未嘗笑樂。求醫之外，不暇他語。未及期月，兄請奉祠。飲食稍增，意氣亦快。終朝接應，不見疲倦。謂言自此，身心俱閒。庶幾休養，漸復舊觀。如何不淑，遽聞訃音！惟兄平生，忠信孝友。出于純誠，表裏如一。立乎本朝，知無不言。不顧禍福，不徼名譽。雖有忮心，無所致怨。雖或異己，莫余敢侮。凡百君子，孰不流涕！矧惟手足，痛苦奈何。身縻于兹，欲往未可。陟岡望之，心焉如割。嗚呼哀哉！

又

於戲！兄之云亡，于此五月。孤嫠無歸，浮寄異縣。嘗奉大事，艱苦萬狀。地偶得卜，葬遂及期。天實矜之，初豈敢必。念昔與兄，同列禁從。兄既去國，誨言諄諄。曰宜退歸，行復相見。誰謂俯仰，遂成永訣。瀝懇叩閽，覬得引去。庶幾送死，猶可無憾。身非己有，事與願違。向風長號，孰知我哀？嗚呼哀哉！

祭女四娘子文

維年月日，爹爹媽媽以清酌時果庶羞之奠，祭于四小娘子之靈。自汝云亡，于今一月。追念痛苦，殆無生意。汝夫于汝死生之際，竭誠盡力。汝而有知，可以無憾。今將舉汝之柩，歸卜葬于明州。于義當然，毋或驚怖。爲汝父母，事至于此，無可奈何。惟有撫養汝子，望其成立，庶能奉汝之祭祀而已。嗚呼哀哉！

銘　誌

黄公墓誌銘

紹興二十有四年，應辰通判静江，而黄君克己爲帥司僚屬。前此嶺南帥守、監司相爲敵讐，屢起大獄。

其僚各爲曹朋，以相傾軋，至是餘習未殄也。而黃君純厚靜重，不見圭角。衆人方譁，而泊然如不見聞。往來諸公間，亦莫得而親疎也。余竊心重之。既而有習于君之家世者曰，此其家法有自來矣。因爲余言其先君子之詳。余歎曰，所謂故家遺俗者，此其是也。又六年，黃君以其先君子行實屬余爲之銘，余固不敢辭也，乃攷其本末而敘次之。曰：公諱陞，字進仲，殿中丞覺之曾孫，朝奉郎孝綽之孫，中奉大夫藝之季子也。世居建之浦城，至朝奉公遊東平，樂其風土，因家焉。公與二兄皆登進士第，而公則崇寧二年進士也。初授濟州鄆城縣主簿，丁中奉公憂，除服，爲真定府真定縣主簿，授鄧州南陽縣丞。丁母憂，服除，授順安軍司户曹事，改宣教郎，授襲慶府仙源縣丞，知真定府真定縣、廬州合淝縣、邵州、永州，主管建州沖佑觀、台州崇道觀，又除知筠州，以紹興八年十二月辛未卒于臨安旅舍。積官至左朝散大夫，享年六十有五。諸孤以明年三月丁酉，葬公于撫州金谿縣歸德鄉傳禪山之下。公自爲縣佐，郡有事不能決，率以委公，輒辦治。真定帥遇吏屬嚴甚，動即訶斥，公以主簿與之論是非不少屈，帥亦不敢以他吏待之。合淝當兵興之際，州有急，一切賦取于民，公隨事力争，有不得已，視其等衰而均之，吏不得並緣爲姦，民亦無怨。湖南大旱，米斗千錢。公在永，既發官廩賑之，又勸富民出粟。猶不足給，乃請于連帥李丞相，願出諸司封樁粟以續之，丞相從之。沾丐一路，永民至今有遺愛焉。蓋公之爲人，雖平居縝密，似不能言，而剖析吏事，精明勇決；雖待人和易，惟恐傷之，而遇事有守，權勢不能奪也。終身小官，處之泰然。于書無所不讀，其文以理致爲尚，有家集十卷。娶魚氏，御史中丞周詢之孫，有賢行，封宜人。四男子，曰正己，右通直郎；曰克己，右通直郎、新知洪州南昌縣事；曰行己，右從正郎、廣東市舶司幹辦公事；曰立己，未仕而卒。四女子，長適右修職郎、吉州永新縣令王田功，次適右朝請郎、通判黄州軍州事劉符，次適右儒林郎、通州軍事判官聶昇，又次適右從事郎、饒州録事參軍孫聽。孫男四人。銘曰：

位不充德，其施也小。行浮于言，知者亦少。有子似之，不改其舊。天于善人，其報則厚。

御史中丞常公墓誌銘

御史中丞常公既葬，後十有三年，其孤裕使其弟祑以公之世次、官封、功行來中都，泣請于應辰曰：「孤裕等不天，惟先君子以直道事主上，盡言無隱，名節聞天下。不幸先君子無禄即世，冢上之木拱矣，而隧碑未立。兹惟缺典，私心恧焉。子其爲我叙先君子光烈，以信于遠，而先君子之死爲不亡，而孤裕等不孝之罪或得以少逭。」應辰作而曰：「噫！先正猶日月也，非惡筆所能繪畫。追惟風采，起敬不忘。其闢熙、豐之邪説也，如闢申、商；尊元祐之正論也，如尊周、孔。故吕本中行公之詞有曰：『排斥異端，回狂瀾于既倒；維持正論，發潛德之幽光。』而張九成撰公之志有曰：『言路既開，臺諫增重。異端既黜，六經大明。』世以爲名言。應辰復何所容其喙？」祑請不已，應辰閔其誠而且哀，曰：「敢不惟命！」試掇其尤者識之。謹按常氏自鼻祖先相黄帝，厥後曰季、曰惠、曰林、曰爽，班班見于史傳，不絶至唐，而衮相代宗。唐末其孫宥仕于蜀，世爲邛之鶴山人。國朝尚書工部侍郎諱元者，于公爲高祖。尚書屯田郎中諱溥者，于公爲曾祖。大中大夫諱某者，于公爲祖。監察御史、特贈右諫議大夫、累贈光禄大夫諱安民者，于公爲父。光禄在哲宗朝爲御史，論章惇如王鳳亂漢、林甫亂唐，論蔡京姦足以惑衆，辯足以飾非，巧足以移奪人主之視聽，力足以顛倒天下之是非。惇、京比而讒之，入元祐黨籍，貧不能歸，乃徙于陳。公其仲子也，諱同，字子正。生而豐下，穎悟不羣。七歲侍光禄公謫滁。滁多山水，名公卿詩賦記文題刻殆徧，公一過輒能默誦。翰林學士曾公肇時爲郡守，見而異之。曾公嘗與客論近世君子、小人，公前揖曰：「涑水君子之魁，金陵小人之首。」曾公喜，謂光禄曰：「它日挺挺有父風，未可量也。」十二歲，光禄授以六經之學，再三覆講，無一字誤。尤長于《周官》《六典》，圖其儀物，驗諸制度，不差一日。光禄公詔之曰：「吾老矣，汝其務求師乎？吾同年有元城劉先生，同里有宛丘張先生，當世偉人也。汝欲學義理，當師元城；欲學文章，當師宛丘。」于是公兩師之，二先生高以評目。政和八年，賜上舍及第。靖康初，上以大元帥置東南道都總管司，差充專管機宜文字。建炎二年，扈蹕南渡，除知大宗正丞，涖職廣右。四年，召赴行在。紹興二年，知柳州，又再召。三年，入見，首奏「今日之患，宰相之權太重，將帥之任太專」凡六事，累千百言，悉請更革，以彊國勢。除殿中侍御史，才十閲月，彈擊八十人，其間宰相執政四、侍從十六、郎官寺監官十三、監司帥守二十六、庶官十五、大將六，臺綱大振，中外肅然。四年，除起居郎、中書舍人，兼史館修撰。朝廷命令有不允公論者輒言之，坐是忤時宰意，以集英殿修撰知衢州。五年，請祠，以徽猷閣待制提舉江州太平觀。六年，除禮部侍郎。七年，除御史中丞，奏疏凡五十上，所論皆小人，然所薦趙鼎、王庶、李彌遜、梁汝嘉、劉岑、張致遠、胡寅、張九成、魏矼、晁謙之、陳正同、孫道夫、徐度、朱松、張祁、黄鍰、李宲、閭丘昕、施廷臣、張絢、張戒、許忻、吴彦章等，率又舉之口而不筆之書。何者？退小人，公則任怨于己；進君子，公則歸恩于君也。八年，秦檜、向子諲請與金和，潘良貴請戰。公慮敵詐和，獨請善備，且奏曰：「檜自金歸，受其大帥所傳密諭，陰爲金地，願陛下察其姦。臣嘗論其兄梓，今又論檜，臣與檜初無怨隙，獨爲國事爾。」上命侍從同議，子諲堅執講和之説，良貴大叱之，交爭于上前。上驚，欲抵良貴罪。及公奏事，上意子諲户侍之除，公所薦，必助子諲也，因顧問。公乃曰：「前日以其才可貳版曹而薦之，今日之事則不然。子諲請和而附檜，曲在子諲；良貴請戰而忤檜，直在良貴。」上不悦，因丐補外，以顯謨閣直學士知湖州，子諲、良貴俱罷。當是時，趙鼎在廟堂，則奏曰：「常某、良貴誠得罪，不宜因子諲而出之。」張致遠在給舍，則奏曰：「不應以一子諲失二佳士。」張九成在講筵，則奏曰：「若以子諲之故逐右史，又逐中司，非所以愛子諲。」在内如黄鍰則詒書于公曰：「《無將大車》之詩，大夫悔將小人也。其一章曰『無將大車，祇自塵兮』，其二章曰『維塵冥冥』，其三章曰『維塵雝兮』，以言君子之將小人，其初則自取洿涴以致病，稍盛則能蔽掩，使不得光明之道，其卒也壅塞而自重其累。才則薦之，而佞則斥之，于中丞乎何悔！」在外如葛立方則又詒書于公曰：「昔朱雲論張禹罪，成帝欲刑之，則辛慶忌死爭；王章直言，成帝欲戮之，則梅福申救。劉毅以晉武比漢桓、靈，則鄒湛寬廣帝意；陽城論裴延齡不宜相，則張萬福揖衆稱賀。數子非有言責，猶自奮若是，況爲聖主耳目之官，以古之正臣自任者乎！身雖暫退，而忠節德義滋進矣。」蓋檜專主和，子諲專附檜，良貴廷叱子諲，將得罪，公先論子諲以救良貴。及草章論檜而公已罷，故諸賢皆惜公之去。當時公論，其不可掩如此。九年，促召，不就。請祠，得提舉江州太平觀。貧無立錐地，又徙于秀之海鹽縣，精舍居焉。歷祠禄三任，至十三年，凡三召，又不就。檜嘗遣其客謂公曰：「人望所繫莫如公，願幡然一出，毋持前論，當以參知政事處公。」公語其客曰：「前日之不附是，今日之附非也。吾寧老死丘園，豈忍上負天子，下負所學耶！」檜益憾。十九年十二月十二日，以疾薨于海鹽之寓舍，享年六十。積官至左朝議大夫、河内郡開國侯，食邑一千七百户，實封一百户。天下學士咸歎惜之。二十年十月，葬于平江府吴縣長山鄉金山之原。公晚年自號虚閒居士，有古律詩、表啓、詞疏、外制、劄狀、書序、題跋、傳記、碑銘二十卷，名曰《虚閒集》，《奏議》十卷，《烏臺日記》三卷，《多聞録》一卷。公自六經而下，凡子史百氏、天文地理、陰陽律吕、兵法字書，無不通達。雖多事之秋，筆不停綴。今藏書數千卷，大半手澤也。又嘗親校柳文，創刻于柳。校蘇子由《古史》及編《宛丘張先生集》，併刊于衢，以淑後學。其記衢之學，必推明孫明復、石守道、胡翼之、李泰伯、邵堯夫、程正叔之道，俾諸生有所矜式。湖之郡博士吴元美能以翼之學規迪湖人，則力薦于上。公前後三典名郡，其政必以儒飾，皆爲立生祠焉。公爲人凝重端方，邃夷鯁亮，明而不察，直而不訐，嚴而不苛，仁以庇民，智以利物，勇以興利除害。論事人主前，亹亹不倦。如乞減月樁、免拆民居等事，咸以爲便。乞減鹽法、留宿遷縣降附等事，活人以千萬計。信乎，有德者必有言也！初娶太子少師滕公友之女，累贈大寧郡夫人。後娶大中大夫方公元脩之女，累封文安郡夫人。男八人：裕，奉議郎、新通判武岡軍；禋，朝散郎、新通判湖州；禕，奉議郎、知江州德化縣；袗，承奉郎、知紹興府蕭山縣丞；禫，承務郎，早世；袾，承奉郎、新知宣州寧國縣丞；袂，承奉郎、監潭州南嶽廟；衿，承奉郎。女二人，適蘇玭、方導，皆名父之子，將通籍。孫男十人，叔孫、御孫、季孫、濬孫、昌孫、顒孫、盈孫、漢孫、詵孫、林孫。孫女四人，尚幼。初，公與康與之並鄰居。與之以里中子弟謁公于湖，以養母爲請。公創一檢察御書之員，月賙緡錢三萬，俾奉甘旨。與之乃不以爲養，公聞之愀然，因探取數月，徑致其母。與之鞅鞅，去而之平江，求一妓女于知府事周三畏。而通判蘇師德，公亞壻也，知公絶與之，止而勿與。與之望公及二君，迺告于檜曰：「常某死，三畏屬師德爲文祭之，有曰『姦臣在位，公棄而死』。」檜爲之震怒，命中丞俞堯弼劾三畏鐫職，命提舉浙西茶鹽公事王珏鞫師德與其子玭于獄，且遣吏卒夜圍公家，似若捕囚辟。公、夫人與裕等惴息待罪，迄無之，僅脱虎口。然檜猶切齒，將族裕等干禄，因以羅織，裕等終檜之世不敢調。檜亡之明年，公以左中奉大夫致仕，以左通奉大夫追贈之。命方繼下，後以諸子遇恩，累贈至特進。嗚呼，嚮非天祐正人，不其殆哉！應辰昔備員策府，嘗因轉對及和議，曰上下相蒙，深爲可憂，而檜亦以爲忤己，擯之去國。公時爲中執法，不因晚出，嘉其臭味之同，繇是受知非一日矣。應辰亦以檜亡之明年，蒙恩召對，累遷至于邇列，而裕以發明公之事業見委，袟又來請汲汲。檜亡矣，可以銘矣。銘曰：

常氏鴻牒，代有顯人。粤黄迨唐，二相秉均。委質皇朝，再世御史。皇極之扶，是父是子。元祐分察，斥惇與京。紹興執法，斥檜姦朋。人不敢言，而忠而讜。嶽嶽枋臣，竟誣以黨。惟明天子，鑒父子忠。其亡斯閔，其存斯容。又子又孫，盛德之驗。人懷死羞，公罔遺憾。太湖之滸，長山之顔。山高水深，妥靈其間。凡百君子，仰止嘉則。刻詩于碑，備太史擇。

文定集卷二十一

宋汪應辰撰

誌銘

徽猷閣直學士右大中大夫向公墓誌銘❶

紹興二十有三年三月辛亥，徽猷閣直學士、右大中大夫致仕河南向公以疾終于家。歲七月庚申，葬于臨江軍清江縣建安鄉之金澤。既而公之子以武夷胡宏所狀公之行以來請銘。某晚進，公實屈折行輩與之交，凡公平生出處大節，類多得于見聞者。屬未及秉筆，而遭罹家難，待盡山谷，自分已矣。既除喪，公之子復以爲請，乃次序而銘之，距公之葬蓋十年矣。公諱子諲，字伯恭，世爲開封人，丞相文簡公之五世孫，欽聖憲肅皇后之再從姪也。曾祖傳範，汝州觀察使，贈太尉，謚惠節；妣萬年郡主趙氏、東海郡君徐氏。祖繪，太子右贊善大夫，贈正奉大夫；妣碩人曹氏、太碩人李氏。考宗明，武德大夫；妣永國太夫人李氏。公生而

❶ 此文又見於夏本卷一一，目録題作「徽猷閣直學士向公墓誌銘」。

秀異，自幼凛然如成人。敏悟强識，迥絶流輩。元符三年，以后復辟推恩，補假承奉郎。明年，后崩，又以遺恩遷雄州防禦推官，監濱州鹽酒税。東南建帥府，幕屬自朝廷選，除公鎮南軍節度推官。臨事不苟，數與帥争議可否，府中畏服。改宣議郎，監儀鸞司。公恥與閹寺共事，乞歸，吏部改真州司録事，權知開封府咸平縣。豪民馬氏倚蔭犯法，獄具上，府尹盛章方以囹空覬賞，卻不受。公直以聞，詔許自論決。章大怒，劾公以修學市木不如其直，❶請御寶特勒停。久之復官，監杭州洞霄宫，除淮南江浙荆湖制置發運司主管文字。淮南連年旱，漕不通，有欲浚河與江淮平者，内侍主其議無敢可否。發運司檄公行視，公以爲運河高江淮數丈，河至江淮凡數百里，❷欲通之使平，萬萬無此理。前此有司率三日一啓閘，復作澳以瀦水，故水不乏。比年行直達之法，重以應奉往來，啓閉無朝夕，❸復何暇歸水乎？昔之堰閘往往不存，今第修復故迹，嚴其禁約，則無患矣。所條畫盡悉，使者用其言，漕復通。朝廷嘉之，遷秩一等。召對，除淮南轉運判官。陛辭，力論財用所以不足故，且言：「伏見手詔，應奉司所費，皆從中出。」語未畢，上曰：「誠不欲費漕。」公對曰：「郡縣奉行，惟恐不及，豈知陛下聖意所在！」因言朱勔挾應奉爲姦，至一大石用八百餘舟，公爲欺謾，莫敢誰何。兵夫不可校虚實，一綱所費，毋慮數千緡，甫及官軍支請之期則奪之，故其下籍籍嗟怨。上曰：「待

❶ 「其」，夏本作「期」。
❷ 「河至」，夏本作「自」。
❸ 「閉」，夏本作「閘」。

委卿覺察。」公曰：「微臣疎遠，付以此事，則死無日矣。」上曰：「朕未嘗姑息此輩，凡事直以聞。」即降御筆付公，云：「應奉綱悉從御前給，外路不合支。」繼有旨委公專一覺察應奉騷擾違法者。公既至，率以法繩之，動雖素横，亦少戢。淮上帥守往往挾權貴爲重，公按治無所避。宿、亳、通、海四州饑，方移真、揚米賑之，發運司乃言江淮米賤，乞均糴，而淮南當四十萬斛。公力論其欺罔，取所在實直以聞，于是不悦者益衆，俄罷去。

金人逼京師，❶淵聖即位，召公將以使軍前。公曰：「李鄴已屈膝于金人，❷乞先定相見之禮，迺可往。」或謂公不能屈，恐誤事，乃已。除京畿轉運判官。公上言：❸「國初運東南糧于京畿，初無限量。元豐中，歲用百三十萬石，以卸納稽滯，始以百五十萬爲額。崇寧初，以六十萬入中都，始以九十萬爲額。至宣和末，得十萬而已。蓋二十餘年中，兩浙漕臣皆權幸姻舊，止以入京六十萬較殿最，而京畿使者不復究其本末，故兵食常不足。乞自今兩浙殿最從京畿覆實。」是歲十一月終，已得七十萬，其後京城再圍，諸道兵集，率賴其用。除右司員外郎、詳議户房檢討官。執政者不咸，公度不能從容其間，引嫌不就，乃以直祕閣爲京畿轉運

❶「人逼」，夏本作「寇犯」。
❷「金人」，夏本作「虜酋」。
❸「公」，夏本作「寇退公隨宜支移廣糴軍籍復」十二字。

副使，且詔公相度漕計。公言：「祖宗置發運司，經制六路財賦，法令周密，其爲利甚博。今轉搬廢而爲直達，❶諸路鹽課之利奪而歸榷貨，糴本錢罷而爲羨餘，公私俱病矣。方時艱難，舊法未易卒復，欲且權宜救急，請令發運使副判官三員迭相往來，周而復始。其一在真州，主江湖；其一在泗州，主淮浙；其一在京，主交納理欠。在泗州者循例奏計。」皆從之。一日急召對，上曰：「朕昔在東宮，聞卿淮南之政，今除卿開封尹。」公皇恐，固辭。迺以爲直龍圖閣、兼淮南荆湖制置發運副使。時京師已戒嚴，帥范㚇遣人清野，時行擄掠。❷公捕得數十人，戮之以聞，詔許公以便宜行事。今上以康王開大元帥府于河北，公以外路動息及所措置事，募壯士達奏于京師，復以京師平安及大元帥府行移檄東南八路，以安人心。詔監守、郡守勤王，公糾合義士，收集潰兵，❸期以入援，請元帥移軍曹濟，約諸道同進。詔復以金人議和，勤王之師勿輕舉。衆疑惑不前，公獨遣部將金汝翼由鹿邑至大康力戰，爲敵所獲。❹敵欲得李剛、吴敏、徐處仁、宗澤及蔡京、王黼、蔡靖、王安中等家屬，❺朝廷爲之遣使四出，公知非王命，執留不遣。二帝北狩，張邦昌僭位。邦昌遣人持書至廬州，問其家安否，公檄郡拘縻其家。又遣人以僞詔詣公止兵，公以聞大元帥府，復遣子澮請于大元

❶「搬」，夏本作「般」。
❷「時」，夏本作「肆」。
❸「集」，夏本作「輯」。
❹「敵」，夏本作「虜」。
❺「敵」，夏本作「虜」。

帥，宜處分軍國事，來勤王憤怒之兵，帥諸將北渡河，出敵不意襲之，❶救二帝危急。若失機會，恐窺伺之徒內連外結，未易定也。元帥至南都即帝位，欲留公自近，公以二親在東南，乞補外，乃復以爲發運副使。邦昌以三公平章軍國事，公乞致仕避之。論者謂公在宿州，嘗差宋良嗣者權鈐轄不當，奪職與郡。未幾賞宿州守禦之勞，良嗣預焉，亦遷公一官。公辭曰：「前日以爲非，則今日不當以爲是。」時宰大怒，御史遂言公有不法事，按驗無一實，猶降三官，知襲慶府。丁開府憂，明年奪喪，知潭州，力辭不獲命。到官七日，會遣戍襄陽。衆憚行，夜半縱火殺人，公亟命傳呼，列炬登城，飭持更者一如無事時。于是賊所未至，按堵不動，督厲牙兵，斬首數百級。比明皆遁，急追襲，降之。三日，復遣戍，無一敢喘者。時建炎己酉也。其冬敵騎自鄧城南渡，❷掠武昌，❸入江西，州縣皆望風降。還抵長沙境上，或謂他州縣皆已下，敵鋒不可當，盍避諸？公曰：「是何言之不忠也！使向之諸郡有一二能爲國家守，敵其至此耶！」❹既而敵騎傅城，❺檄公使降，公答書數責之。登城誓衆，激以忠義，將士無不殊死戰。雖殺傷相當，而外救不至，凡八日，城破。公

❶「敵」，夏本作「虜」。
❷「敵」，夏本作「虜」。
❸「掠」，夏本作「略」。
❹「敵」，夏本作「虜」。
❺「敵」，夏本作「虜」。

率衆入子城巷戰者二日，乃焚敵柵，❶奪門以出。軍于湘西，郡人咸從。公以忠義自奮，無一降者。敵退，❷公上章以失守自劾，詔奪職罷免。未幾，朝廷治州縣之投降者，公之忠節始白，賜詔獎諭，復還職任。公乞持餘服，至于四五，不許。時孔彦舟者縱兵大掠，❸西阻嶺嶠不能前，❹鼓譟而下，公遣兵擊走之。有李冬至者，起兵于宜章，會將官吴錫提精兵數千無所歸，公招致之，激勵討冬至，汔平之。有曹成者，自江北縱掠，入湖南，欲踰嶺。公曰：「若使此輩得逞，則湖嶺非王土矣，當隨以計破之。」迺屯于衡之安仁，有兵才數千，遣人諭成，待以善意，給其糧，成逡巡不果進。公以事勢危急請兵于朝、請援于鄰路者相繼也，皆不報，幾百餘日。賊率衆鼓譟，直抵屯下，公以單騎入其軍，衆皆羅拜。公與約毋得劫掠，皆聽命。擁公至道州，賊以公不便于己，復送公出營。公以討賊不效自劾，既不報，且有召命，公力辭，復乞持餘服，從之。服除，知廣州。海賊與郡吏交通，官府及兵將動息輒先知之。公合胥首詰責之，能以實告則已，不然將不復生出獄矣。胥大恐，言其情，于是盡得盗姓名及所囊橐往來宿食處。是後盗發輒得，嶺海肅然。未幾，以御史有言罷去，公遂乞致仕。繼丁永國憂。服除，一時善類交章論薦。❺詔落致仕，知江州，又改江東轉運使，且召對。

---

❶「敵」，夏本作「虜」。
❷「敵」，夏本作「寇」。
❸「大」，夏本作「火」。
❹「嶠」，夏本作「橋」。
❺「交」，夏本作「文」。

公奏曰：「昔漢高祖之取天下，其謀先定于漢中；蜀先主之復漢祚，其謀先定于莘野。陛下圖中興之業，而初無一定之論，是以九年而功未就。」又曰：「君子、小人之進退，否泰安危所繫。今廟廊之上乃有附逆之人，而欲弭外患，❶難矣。」上嘉獎再三，進秘閣修撰。時江東使者當饋餉大將劉光世、張俊軍，凡軍中追求之非法者，公隨事裁抑。會僞齊入寇，光世軍合淝，以乏糧爲詞請退保。公晝夜倍道至合淝，光世引兵欲出，公直入城，按簿書具以見在泉穀與沿路綱運上聞，以大義責光世，光世乃不復退，進擊賊，破之。然以此與光世不協，求去，詔移兩浙路。初公卜居臨江，名曰「薌林」，至是入覲，上親書「薌林」字賜之。進徽猷閣待制，爲都轉運使、户部侍郎，公所論事益衆。一日進對，上顧問至移時，閤門以當進膳，欲奏而未敢。有攝起居郎者，遽出位彈奏。公退，即待罪，又乞致仕。詔以爲無罪可待，而公請不已，除徽猷閣直學士知平江府。上賜舟，親題曰「汎宅」。時王倫自敵中與其使者偕來，❷公上疏以爲禦戎之道：自古人主不憚屈己，與之和親則有之，未聞首足易位者，宜卻而勿受。且乞致仕甚力。許之，仍賜詔獎諭。自是歸隱凡十有五年，積俸錢三百萬，悉捐入郡學，爲養士藏書之費。自卜葬地，後事皆豫備，且自草遺奏，率人所難言者。享年六十有八，詔贈右正奉大夫。娶范氏，宗子博士瓛之女，❸累封安康郡太夫人。男七人：洛，右朝奉郎；澮，

❶「弭外患」，夏本作「攘夷狄」。
❷「敵」，夏本作「虜」。
❸「瓛」，原作「巘」，今據夏本改。

右承議郎；❶浯，右通直郎；餘早世。女七人，長適右承議郎劉長福，次適右從事郎吴謙，次適右宣教郎黄挾，次適承務郎陳延世，餘不育。孫男四人，士伯、士虎，皆將仕郎，次士彪、士叔。孫女六人，長適進士韓籲，次適右迪功郎劉荀，次適將仕郎韋相，餘幼。公性至孝，承顔養志，必探其微。李碩人没，乞回郊祀任子恩加贈。友愛諸弟，先奏諸姪官，然後及孫。置義莊以贍宗族貧者。篤故舊，親名賢，與朋友交盡言無隱。周人之急，不計其私，而自奉甚約。其見義必爲，如恐不及，置禍福于度外。識慮精遠，洞見物情，盤錯之會，談笑剖析，皆出人意表。興利除害，不計目前。爲政雖嚴，而本于仁恕，所至可紀甚多，此特著其大者。

蓋自臨川王氏以其一家之學同天下，立法令、設爵禄以誘之，天下之士，循誦習傳以爲成説，後之用事者持之益堅，士稍出意，欲自激昂，則摧沮擯斥，甚則有不可測之禍。故家遺老，雖有存者，世俗往往指笑以爲戒。風聲氣習，薰炙漸漬，大抵以委靡隨順爲俗。故利在閹寺，在權臣，❷在賊盗，皆從之。❸有能于此卓然特立，更閲夷險，不爲利疢勢回，而屹然自拔于流俗之中者，豈非難哉！方閹寺用事，趨附者惟恐後，公以小官與之辨曲直，不少屈。未幾變亂迭起，❹或乃甘心于污僞，他亦退縮奔竄，爲全軀保妻子計，公獨奮不

---

❶「右」，原作「左」，今據夏本改。

❷「臣」下，夏本有「則從之利在夷狄」七字。

❸「皆」，夏本作「則」。

❹「變」，夏本作「夷狄盗賊交」。

量力攖其鋒，蓋僅脱死如毛氂者數矣。既而大臣專權，以峻刑箝天下口，非曲意阿附，❶鮮有免者。公言一不合，見幾而作，超然物外，自適其適，于是人始服公爲不可及也。元城劉公安世曾謂公必有立于世，文定胡公安國謂公氣節忠鯁，心向國家，尊戴君父，徇公忘私，正今日扶持三綱之人也。由今觀之，二公之言益信。銘曰：

顔跖之分，曰義與利。孰毆斯人，學乃爲利。舉世靡靡，偷安苟活。不有君子，豈能自拔！公以英姿，輔之正論。惟義所在，他無足問。方時多艱，馳騖其中。如水萬折，必歸于東。年五十餘，謝事而歸。惟介于石，故能見幾。知之固難，行亦匪易。若公始終，蓋可無愧。我爲此詩，以示來裔。後有攷者，尚論其世。

左奉議郎汪公墓誌銘

公諱喬年，字房孺，信之上饒人。公自爲兒嬉戲膝下時，已能順適親意。既長，操行益篤。天性敏悟，又能刻厲于學。在崇寧、大觀間，雖以習一經應試，❷而徧觀他經及諸子、歷代史記，往往浹洽。規摹古人，作爲詩騷，蓋不專于舉子之業。至舉子之文，亦自成一家也。會御史陳公師錫來居于信，公獨知所愛重，朝

❶ 「非」上，夏本有「自」字。
❷ 「試」，夏本作「書」。

夕敬請。陳公爲公言前輩出處大節、學問文章本末甚悉，公益得以攷正焉。于是郡丞洪公芻監試進士，得公之文而大奇之，以爲非尋常舉子所及，恨攷官拘于尺度，僅能勿失而已。其贈行之言以爲「汪子之文，獨余知之，璆琳瓊琚如也，騹騮騄駬如也。設不長雄于二千人中，猶當霸于一經也。或乃指其瑕而捨其瑜，議其牝牡驪黃而棄其千里，何哉」，然自是試輒不售，至紹興五年，始以特奏名進士對策，擢爲第一。歷池州、建康府、饒州教授，自左迪功郎用舉者再轉至左宣教郎，又以從國信使出疆轉左奉議郎。池兵火之餘，庶事草創。時沿江猶未解嚴，戍兵往來，類多託宿于學。生徒解散，學官備員而已。先聖廟像摧剥，棟宇傾圮，公至即白于州而更新之。學故有邸舍，爲富民冒占者數年，至是皆攷究而簿正之。其他所經畫甚衆，廩庫充牣，養士至百人，實自公始。公平居雖食貧，而于貨錢出納、物價低昂，漫不訾省。至其當官，乃留意于細碎如此。其後二郡，亦隨其竅隟補葺焉，不求新奇也。接納後來，訓誘不倦。四方游學無所歸者，病則臨視療治，死則任其後事以爲常。其歸自饒，貧益甚。荒郊敝廬，藜藿塞徑。或飦粥不繼，而獨以書册自娱。紹興二十有五年正月乙亥終于家，年七十有六。公豈弟樂易，不以世俗細故蔕芥其中。于人無怨尤，雖有以惡聲至不校也。臨事接物，一以誠信，未嘗逆設機械。喜賓客，每或斥服用爲食飲費。聞人之過如不聞，得人一善則稱道不容口。少以文字顯，晚以年德尊，而未嘗自居，退然如不足者。故雖耄老，而齒髮不衰，耳目聰明，亦其德性寬裕致然也。鄉里之士，方喜公之康彊，而不意其止此，莫不失聲歎息，或至流涕。有文集七十卷。曾祖諱惠，祖諱濟。考諱皓，贈右承事郎。妣陳氏，贈孺人。其配鄭氏，贈孺人，左宣教郎東陞之女。男七人，曰大忠，某某。❶女二人，長適進士鄭鍵，次在室。諸孤將以是年月日葬公于開化鄉之横山，奉公之治命，以來請銘。惟信之汪氏，皆唐末自徽來徙，分散既廣，莫可攷也。公于某有宗黨倍年之尊，而屈折輩行與之爲友。臨絶之音，以銘見屬，某其何敢辭！銘曰：

嗚呼房孺，其德之裕。俛仰一世，無怨無惡。維心之亨，豈曰不遇！今其亡矣，誰或起之？有子七人，尚其似之。

左朝散大夫直徽猷閣陳公墓誌銘❷

公陳氏，諱璹，字國壽，建之建陽人。曾祖譓，贈奉直大夫。祖某，奉議郎致仕。考賓，贈右朝請郎。妣江氏，太宜人。太宜人早寡，惟一子，教之甚嚴。公亦自力于學，中建炎二年進士第，左從事郎、洪州觀察推官，❸未赴。權建之崇安縣丞，會金兵入且渡江，❹諸將不能守，潰兵有入閩者，人情洶洶，縣令與諸佐官皆避之，居民亦驚走。公獨不動，曰：「此官軍也，當善待之。」既至，犒勞供億，率過其望，帖然無敢譁。又移

❶「某某」，夏本作「某」。

❷此文又見於夏本卷一一，目録題作「直徽猷閣兩浙轉運副使陳公墓誌銘」。此文又見於《永樂大典》卷三一五〇。

❸「左」上，《永樂大典》有「授」字。

❹「兵入」，夏本及《永樂大典》作「人入寇」。

文前路，使儲峙以俟，兵民舉安，一路賴以無他事。建陽弓手王延勝等嘯聚，燒縣舍，殺主簿。官軍數不利，使者專委公討捕。公糾合民兵得千餘人，迎戰于麻沙，克之。賊所擄掠子女數百，悉訪還其家。❶以功特授左承奉郎。公初未歷任，雖一時守領，而遇事已能如此。監湖州梅溪鎮、通判建康府，連帥故執政，强明過人，寮屬受成事惟謹。公獨不苟從，事有未安，請問辯析，詞順意篤，帥每幡然從之，公初不語人也。大將張公以樞密使視師，即建康治戰船，欲以公提舉，且曰事畢可轉六七官矣。公以其間曲折，所當議者非一，而共事者皆難與語，力辭不就。張不樂，數引他事相鐫誚，公從容應答，略不以介意。既而張罷兵枋，朝廷下有司攷覈其軍中財用，主者以委公，謂公必不遺餘力。公平心處之，不爲已甚，張始歎服。授福建建安路司辟差參議官，未赴，丁太宜人憂。服除，知饒州。歲大旱，穀賈翔踴，民匱于食。公精意禱祠，竭力賑濟。時州縣不敢言災異，公獨盡以實聞，所蠲弛租税甚衆。除廣南西路轉運判官，❷尋知静江府，兼主管廣南西路經略安撫司公事。静江歲于屬縣科取秫米以供公庫，又以逃亡租税均之保伍。公至，❸始皆除之，宿逋之在民者一不取，而廪庫皆沛然有餘。蓋公所以理財者有道矣，非如世之以掊克取辦也。召對，除直秘閣，知潭州，兼主管荆湖南路安撫司公事。未幾，改知廣州。方秦丞相當國事，士人在謫籍者，雖其親舊不敢相

❶「訪」，《永樂大典》作「放」。當是。

❷「官」，《永樂大典》作「州」。

❸「公至」，《永樂大典》作「至公」。

誰何，傾險急進者，或窺伺中傷以爲奇貨。公在嶺外，所謂護流人甚厚。監司、郡守，例獻羨餘，亦有黽勉以避禍者，公獨未嘗獻也。其不爲時俗所移類如此。既召對，蓋將有所屬任，公議論復不合，廣州之除非美意也。方待闕間，而秦丞相薨，詔以公知湖州。未至，改兩浙轉運副使。公雖苦足疾，而治事精明如平時。然以久廢朝謁不自安，得請主管台州崇道觀，進直徽猷閣以寵之。尋起知饒州，已而疾益侵，再得請以歸。以紹興二十八年五月丁卯終于家，年六十有二。積官至左朝散大夫。娶詹氏、翁氏、張氏，皆封宜人。五子：長照，❶右修職郎、英州真陽縣主簿，奔公喪，死于路；焞，右修職郎、成都府路鈐轄司幹辦公事；次爚、次炘、次熺。孫一人，坦。公姿貌魁碩，質性莊重，于吏事尤精敏。牒訴案牘，一覽即得要領，至其細微委曲，皆洞見，吏不能欺。約束堅明，未嘗以卒伍輩持符至州縣，而事皆如期。其剖決逋滯，伸理冤結，戢姦革弊，所至皆可紀，故世卒以吏事稱公。❷然公守正持重，不以進退得失爲意。其見義必爲，爲必不可奪。使其進而立朝，豈苟然已哉！公之用于世既不盡其才，而世之稱公者亦不盡也。諸孤以三十年三月甲申葬公于建陽之招賢里鑑原。某嘗通判静江府事，亦時相所不樂者，公獨相知，照、焞以公行狀來請銘，義不得辭也。銘曰：

---

❶「照」，夏本作「炤」。

❷「卒」，《永樂大典》作「率」。

利不苟就，害不苟避。時難變化，❶一斷于義。隨所試用，到則有聲。曾不一日，立于朝廷。才難固然，知亦未易。我爲銘詩，以告史氏。❷

❶「化」，《永樂大典》作「遷」。

❷「氏」下，夏本有「汪公爲此銘十年矣，焞屬栻書而立於墓。淳熙三年十有二月，始克書之。張栻記」，「余戊戌歲來寓安國精舍，索居荒陋，懼不聞其過。嘗記晦菴爲余言陳侯官之爲人，既接而情益親，因得見其先徽猷墓誌留稿，蓋玉山公之文，而書之者南軒也。其文足信，其書足敬，所以能致文若書者，其父子之賢可知已。東導鄭鑑謹跋」，「秦丞相用陳公爲淮西帥，蓋將付以邊事。公以其意叵測，力辭不就。頃年，公再罷番陽，熹見公考亭私第，公爲熹言此甚詳，今不能盡記其曲折也。淳熙辛丑，因觀汪公所撰誌銘，書此以補其闕。時汪公薨已七年，而敬夫、明仲亦已下世，令人悲慨之深。新安朱熹書。公孫坦藏」跋文三段。

文定集卷二十二

宋汪應辰撰

誌銘

黄君墓誌

公諱某，字循聖，姓黄氏。其先建州浦城人，至公之曾祖，始居姑蘇。曾祖諱某，承議郎，累贈金紫光禄大夫。妣信都郡夫人桑氏。祖諱彦，朝奉大夫，贈朝請大夫。妣宜人錢氏。考諱策，左宣教郎、直秘閣。妣孺人程氏。公自幼礌落不凡，直閣公以元符末上書論事，繫名黨籍。公自以黨人子不復應科舉，朝夕親側，所以奉養盡其歡，且益得以用力于學，審正其是，父子間自爲知己。靖康元年，黨禁解，公始出。預薦書，至貢部不耦，遂棄去。蓋自紹聖以來，用事之臣變論是非無所不至。太上皇帝既即位，首下詔書，推明宣仁皇后功德，崇奉隆祐皇后，盡其愛敬，民志定矣。而異時權臣，詭謀密計，其本末曲折，世往往不能知也。初蔡京作相，欲掩蔑元祐政事之善，摘元祐《日歷》、《時政記》中語言奏乞類此者悉焚毁。公偶得其手書，奏藁上之，詔付史官。京之在翰林也，被召草制，復元祐皇后位，徽宗皇帝諭以哲宗悔悟之意。及制出，初不如所諭也，京意蓋有在矣。公又得其手書所進聖語副本上之，且乞因此辨明誣謗，以頒示天下。會隆祐皇后遺詔出，公論之益力，太上感動，詔有司討論合行典册，奏告天地宗廟。直閣公聞之，歎曰：「伸吾志者，此子也。」紹興二年，丁直閣公憂。服除，會楊么據湖湘累年，丞相張公出視師，以公偕行。官軍遣人往賊所輒被害，無敢往者。公獨度賊勢窮蹙，自請行。賊自驚喜致恭，然意尚猶豫。公偏見其黨，諭以朝廷好生之意，且賀其得爲平人，衆皆歡呼，賊首乃隨公出降。湖湘平，奏功授公昌州文學。未幾，以母老乞歸養。公前後數上書，論朝廷恢復中原大計，忠憤激切，詞理條鬯。會車駕自建康還臨安，公以爲退守似安而實危，進戰似危而實安。已而金人廢劉豫，欲得和于我，公又以國家于敵無復通好之理，使和議出于敵之誠心猶不可聽，況其詐乎？疏各數千言，援據明白，反復詳盡，皆不報。以右迪功郎監潭州南嶽廟。丁母憂，服除，以右修職郎主紹興府山陰縣簿。未赴間，改淮西安撫司準備差遣，又以右文林郎爲淮西提刑司幹辦公事。未幾，移病歸，以右宣議郎致仕。命未下而公即世矣，寔紹興二十九年十二月九日也，享年五十有九。娶葛氏。二子，曰元振，曰元衡，皆業進士，有聲，能世其家者也。案此篇有誌無銘，誌文亦似未全。

户部郎中總領彭公墓誌銘

公彭氏，諱合，字子從，吉州廬陵人。世以孝弟仁厚稱于鄉里，至公而益著。以父致仕恩補官，初以右迪功郎主臨江軍清江縣簿。其臨事不苟，已有能名。丁母憂，服除，權虔州興國縣丞，以獲盜中率改右宣義郎，知虔之信豐縣。虔俗健于鬭訟，輕爲賊盜，信豐其甚者，累政鮮以理去。公强敏聰察，訟至立斷，皆得其情。民既慹服，于是謹保伍之法，所條畫甚備。明示賞罰，行之以必，盜無所容，發亦輒得。則又建縣學，置弟子員，稍旌異之以勸其從，風俗一變。監司、帥守，交章稱薦。詔增秩一等，且召對，賜五品服。添差通判虔州，察姦革弊，知無不爲。尋主管台州崇道觀。知臨江軍，知永州，皆以政績聞。會詔近臣舉可爲監司，有以公言者，除提點廣西刑獄，又移湖南。其所停疑伸枉，決遣逋滯甚衆。除尚書户部郎中，總領湖廣、江西、京西財賦。初止武昌軍，至是荆南、九江皆屯重兵，仰給益廣。公計盈虛，信期會，不擾而辦，且請蠲除逋欠凡百萬。既得疾，凡三上章致仕，不報，以紹興三十一年二月六日卒于官，年六十有九。積官至右朝請大夫。曾祖諱仲素。祖諱士忠，贈朝請郎。父諱衎，任朝奉郎，贈正議大夫。母蕭氏，贈碩人。娶劉氏、李氏、曾氏、黄氏、封宜人，皆先公卒。男四人：長楚老，右迪功郎，先卒；次商老，右迪功郎、監潭州南嶽廟；次周老，右修職郎；次漢老，右迪功郎，特就差宜州思立寨主簿。女六人，長適進士李孝敏，次適右從事郎、撫州司理參軍蕭達伯，次適右儒林郎、知静江府興安縣事曾敏恭，次適右迪功郎、監潭州南嶽廟孫積明，餘在室。孫男八人，女六人。諸孤將以十月辛酉葬公于廬陵縣青原山楊桐嶺之原。書來請銘，應辰與公游舊矣，知公爲詳，不得而辭也。銘曰：

凡世之才，因事乃試。盤根錯節，始見利器。就其所能，亦或有異。以刑立威，以刻興利。功無幾何，害則不啻。有如子從，所至辦治。何以止盜，開其善意。何以理財，有取有施。彼計其功，我度于義。世方用之，公則盡瘁。歸安此丘，其尚無愧。

延平李先生墓誌銘

先生諱侗，字愿中，姓李氏，南劍州劍浦人。曾祖幹，屯田郎中致仕，贈金紫光禄大夫。妣清源郡太夫人朱氏。祖纁，朝散大夫，贈中奉大夫。妣永嘉郡太君胡氏，咸寧郡太君朱氏。父涣，朝奉郎，贈右朝議大夫。妣太恭人饒氏。先生幼警悟，既冠，游鄉校有聲。已而聞郡人羅仲素先生得河洛之學于龜山楊文靖公之門，遂往學焉。受《春秋》、《中庸》、《語》、《孟》之説，不事科舉。屏居山田，結茅水竹之間，自適者餘四十年。其始學也，默坐澄心，以驗夫喜怒哀樂未發之前氣象爲何如。若是者蓋久之，而知天下之大本真有在乎是也。蓋天下之理無不由是而出，既得其本，則凡出于此者，雖品節萬殊，曲折萬變，莫不該攝洞貫。以次融釋，各有條理，如川流脈絡之不可亂。大而天地之所以高厚，細而品彙之所以化育，以至經訓之微言，日用之小物，折之于此，無一不得其衷焉。由是操存益固，涵養益熟，汎應曲酬，發必中節。其事親從兄，有人所難能者。閨門内外，怡愉肅穆，若無人聲，而衆事自理。與族姻舊故，恩意篤厚，久而不忘，鄉黨愛敬，悍暴化服。其接後學，答問不倦，隨其氣質誘之各不同，而要以反身自得而可以入于聖賢之域。嘗謂讀書者，當知其言莫非吾事而即吾身以求之，則凡聖賢所至而吾所未至者，皆可勉而至矣。若直以文字求之，悦其詞義以資誦説，其不爲玩物喪志也幾希。以故未嘗爲講解文字，而其辯析精微，尤謹于毫釐之間，以爲千里之謬必自此始。蓋先生資禀勁特，氣節高邁，而充養粹厚，無復圭角，精純之氣，達于面目，色温言厲，神定氣和，語默動静，端詳閒泰，自然之中，若有成法。異端之學，無所入于其中，然一聞其説，則知其詖淫邪遁之所以然者。雖超然遠引，若無意于當世，而憂時論事，感激動人。其語治道，必以明天理、正人心、崇節義、厲廉恥爲先，本末備具，可舉而行，非特崇空言而已。娶同郡吴氏。子男三人：友直，左修職郎、信州鉛山縣尉；信甫，左修職郎、建寧府建安縣主簿；友文，未仕。女一人，早亡。孫男四人，孫女八人，皆幼。先生以隆興元年十月壬申卒于福唐府治之館舍，年七十有一。其門人左迪功郎、武學博士朱熹元晦狀先生之行如此。元晦之爲人也，審于擇善，嚴于衛道，遺佚貧困而不以外物易其所守之錙銖。其師事先生，久益不懈，以爲每一見則所聞必益超絶，蓋其上達不已、日新如此也。某守福唐，聞先生之言行于元晦爲詳，他日移書屈致，先生不余鄙，惠然肯臨，竊庶幾聞所未聞焉。至之日方坐語，忽疾作，頃之已不救矣。其孤護喪以歸，將以二年八月庚申葬于所居山之左，而以銘見屬。某于先生雖不獲從容扣請，以畢其所欲見之志，而其慕向之誠，非苟然者。且元晦之賢，某所畏也。銘曰：

學以爲己，已則安在。嗟世之人，以外爲内。挾策讀書，無異博塞。先生之學，有原有委。端居静慮，以究天理。是中澹然，塵垢不止。真積力久，道乃在我。大本既立，施無不可。世莫之知，老于布衣。獨使一鄉，化爲善良。我爲銘詩，以俟君子。有欲求之，其攷諸此。

吏部郎樊茂實墓誌銘

茂實樊氏，名光遠，臨安錢塘人。曾祖文，妣婁氏。祖用安，妣王氏。考周，贈右朝請郎；妣席氏，贈安人。累世皆隱德不仕，至茂實始以儒學顯。初臨川王荆公著《三經義》、《字説》，以同天下之學。舉世誦習如六經然。范陽張先生以爲學者貴于自得而躬行，可以爲天下國家用也，今守其穿鑿附會之說，而修身治人析爲兩途，則何貴于學矣！先生以此數見黜于當時之有司，貧至飦粥不給，茂實獨師事之甚謹。既冠，徒步就太學，試以《書》義對，是時文體亦稍變矣，而茂實獨直指王氏之失，力排之，切中其要。攷官奇之，置高等。是後士人乃益得自致于學。紹興五年，茂實試春官爲第一，遂中進士第，調秀州海鹽縣主簿，改常州教授。未行，召見，除秘書省正字。秦丞相用事，敵人來歸河南地，❶茂實因輪對，力言所當思患而豫防之者，秦丞相始不悦。未幾，敵人叛盟，❷前日異論者益見忌，乃出茂實爲閩州教授。茂實以大母年高而迎養非便，得請監潭州南嶽廟。丁大母憂，服除，歷廬州、明州教授。秦丞相既薨，詔除茂實秘書丞。方秦丞相時，凡以疑忌得罪者往往累赦不復，又奪其所當得恩澤。茂實得召見，言之，太上嘉納，詔還恩澤有差而茂實爲監察御史。茂實在臺中，所裨佽甚多。未幾爲工部員外郎，得請知興化軍。茂實初未嘗歷吏事，興化俗號難治，生謗起訟，長吏鮮以理去。茂實曰：「吾以誠待人，他不恤也。」既至，簡節目，通下情，先教化而後刑罰，獄訟日衰。少遷提點福建路刑獄。茂實于刑獄尤盡心，凡所以要束防察甚備。閩多劫盗，類與州縣吏相表裏，不即獲。間有在官者，吏輒併財主繫之，以是無敢愬者。茂實許其徑詣司自言，而嚴追捕勘鞫之限，盗始有所畏。建州兩獄充斥，茂實至，釋囚繫一百四十有三人，朝廷爲罷免長吏，其他所平反全活甚

❶「敵」，夏本作「狄」。
❷「敵」，夏本作「狄」。

衆。徙知嚴州，適諸軍遣人募兵，皆誘略平民，所至騷然，人不敢入市。茂實具奏其狀，乃詔諸軍皆立額，有闕則取旨下諸州寄招，其患遂息。嚴每歲買御爐炭，其實皆科取于民，茂實奏罷之。提點浙東路刑獄，高麗將入貢，茂實極言其甚不便者六事于朝，詔即止之。今上即位，召爲吏部郎，茂實以足疾辭。尋除福建路轉運副使，不行，得請主管台州崇道觀。以隆興二年七月卒，年六十有三。茂實氣貌嚴重，語言確訒，不知者以爲簡也。自得罪秦丞相，流落幾二十年。入朝纔歲餘輒出，蓋有不悦者。既而諸公貴人議論士大夫之當召用者，未嘗不以茂實爲稱首。茂實初無求于人也，是以久在外。吏部之命，蓋將用之，而茂實不能造朝，遂以不起，識與不識皆爲之流涕也。然茂實强學力行，更閲世變，操履如一，顧念平生無一可愧恨者，其志得矣，他何言哉！有《尚書解》三卷、《禮記講義》二卷、《梅窗雜著》十卷藏于家。娶陳氏，算學博士從道之女，封安人。子男三人：擴，左修職郎；抑，左迪功郎、饒州浮梁縣主簿；撝，將仕郎。女一人，許嫁將仕郎陸邈。孫男七人，致堯、拱舜、贊禹、暨湯、憲武、保成、規宣。孫女一人。諸孤將以其年十月甲子葬于錢塘縣安溪鳳泉山之原，而移書屬某爲銘。某與茂實皆范陽張先生之門人，又同年進士，又同爲秘書省正字，既而還朝，以至去國，亦適相先後。道義之契，非他人之比者，銘其可辭？銘曰：

舉世方紛，獨尊其所聞。更歷險夷，不傾不欹。以終其身，以畀其後人。

沙縣羅宗約墓誌銘

宗約羅氏，諱博文。曾祖安中，贈中奉大夫；妣恭人鄧氏。祖畸，朝請郎、右文殿修撰；妣張氏、陳氏，皆宜人。父彦温，右從事郎、知建寧府甌寧縣事，贈右承議郎；妣鄧氏、黄氏，皆贈太孺人。其先豫章人，唐長慶中，有爲南劍州沙縣尉者，因家焉。五世孫覺始舉進士，再世而右文公以懿文清德顯重于世，至宗約復以道學行誼克世其家焉。宗約生有異質，家人試以晬槃，一無所顧，獨匍匐取書册之言性理者展玩久之。右文公歎異，爲文以記其事。年十餘，遭甌寧府君喪，哀毁如成人，治喪葬必誠必信。用右文公奏補官，授右迪功郎、福州司户參軍。臨事不苟，無鉅細皆有條理。再調静江府觀察大使，❶桂管爲嶺徼以西一都會，府事既已叢劇，而連帥、監司亦多委以事，宗約皆從容治辦。時秦氏用事，士大夫以忤意竄斥，纍踵南來，宗約悉善遇之，至或鬻衣以濟其乏。改右宣義郎、知贛州瑞金縣事。始至歲歉，宗約先事儲積，既而發廩賑贍，事皆躬臨之。其至誠惻怛，雖一主于惠愛無所惜，而措置纖密精明，人亦不能有以欺也。縣故多盜，宗約設方略，得首惡數人寘諸法，境内帖然。會故丞相魏國張忠獻公都督江淮，請以爲幹辦公事，其募兵和糴，皆不擾而濟。張公再入相，賓客例出幕府，以宗約知和州。未赴，而四川制置使奏辟爲參議官。宗約詳審精密，每論事反覆殫盡，歸于至當而後已。嘗至興州勞將士，宣撫使以禮致遺，爲錢三百萬。宗約不欲受而難于辭，還次漢州，州方治貢院，以五十萬助之，餘悉輸制置司公帑。横渠張夫子之家避地流落，貧不自振，宗約訪得之，爲言于帥，延至府學，蜀士知所勸焉。士之遊宦蜀士貧不能歸者，宗約出捐俸錢周之，賴以濟者甚衆。累遷承議郎，秩滿，得請主管台州崇道觀。行至嘉州，得疾，其同行來問者，宗約雖疾病而拱手

❶「大」，夏本作「文」。

端坐無惰容，蓋其持敬如此。一日忽曰：「吾將逝矣，然幸大事已竟，可無憾。」遂不起。乾道四年四月甲辰也，享年五十有三。其同行聚而哭之，解其裝以理喪事，則獨有書數千卷，餘金僅足以歸其柩而已。相與嘆嗟，以爲不可及。十有二月壬寅葬于沙縣巖地祖塋之旁。宗約娶陳氏，了齋先生之兄孫女也。子男二人，曰問，曰闢。孫男八人，女七人，皆幼。宗約資稟和粹，沈静寡欲。其處己待人，一以誠敬。平居怡愉，人莫見其喜愠之色。聞人之善，稱慕如不及；至其有過，則常若有所隱避而不忍言也。視人患難困乏，如切其身。年幾三十既喪耦，即屏遠聲色，一榻蕭然，惟樂善不倦如嗜欲。聞天下之士有一言一行之幾乎道，至或千里求之。其同郡李愿中受業于龜山先生楊文靖公，宗約從之遊，多所發明，于是知吾道之尊，其自信益堅矣。然宗約之爲人，雖篤意學問而不爲文詞，雖力行善事而不徼名譽，雖愛衆親仁而非以爲取悦也，故世之知宗約者亦鮮矣。其孤以樞密院編修朱熹元晦所爲行狀以來請銘，余與元晦蓋皆知宗約者。銘曰：

汲汲其求，兢兢其持。保此無憾，全而歸之。

文定集卷二十三

宋汪應辰撰

誌銘

顯謨閣學士王公墓誌銘

公諱師心，字與道，世爲婺州金華人。曾祖惟堯，故不仕。祖本，故贈宣教郎。考登，承議郎，贈特進；妣陳氏，太原郡夫人。公幼敏悟强記，而静重如成人。未冠，游鄉校，數試藝有聲。登政和八年進士第，授迪功郎、海州沭陽縣尉。時承平久，郡縣無備，河北劇賊宋江者肆行，莫之禦。既轉掠京東，徑趨沭陽，公獨引兵要擊于境上，敗之，賊遁去。詔改承奉郎，監信州汭口排岸。丁外内艱，服除，紹興元年知福州長溪縣，政事詳明，民便安之。盜起建寧，官軍由永嘉浮海入閩討之。道長溪，供億百出，倉卒間皆不擾而辦。宣撫使賢之，併以治狀聞，除太府寺丞。尋例罷職事官之待闕者，除幹辦諸司審計司，行大理寺丞。九年，金人以侵疆來歸，詔簽書樞密院事之臣往使陝西，宣諭德意，辟公幹辦公事。時多謂和好可久，公贊畫之際，力陳敵必渝盟，❶宜蚤爲備。初，大食國遣滿亞里入貢，而廣東市舶司例計置回賜，官吏竝緣侵刻，訟久不決，詔公同御史往廣州即訊，獄乃竟。除將作少監，遷樞密院檢詳諸房文字，右司、左司郎中。十三年郊祀，以爲提點一行事務，遷權工部侍郎。充大金賀生辰使，還未幾，出知袁州。公勤于吏事，動有繩墨。州素匱乏，公撙節浮濫，檢柅欺隱，久之廩庫盈溢。方秦丞相用事，監司、郡守，類獻羨餘以希進。或謂公盍獻諸？公笑不答，則以貸貧民之逋租者，猶沛然有餘積也。尋提舉江州太平興國宫。二十三年，浙東大旱，衢州饑民嘯聚。雖頗捕獲，猶未定，則起公知州事。公鎮以安静，民復安堵如故。時士大夫往往以告訐爲功，通判州事汪召錫掎摭宗室令衿語言以爲謗訕，公聞而勸止之，不聽，令衿謫居汀州，且置獄。通判迫其行，人無敢過門者，公獨遣人慰安而陰調護之。除知瀘州，中途改知洪州，充江南西路安撫使。轉運判官張常先箋注前帥張宗元所與張丞相詩，言于朝，欲并中之，獄辭所連逮百餘家。公隨事救庇，賴以免者爲多。會秦丞相薨，事亦熄。上躬攬權綱，一新政事，凡昔之無良，其挾持附離以逞者，次第譴斥。于是公獨以不倚見知，除敷文閣待制，知荆南府、荆湖北路安撫使。湖南凋敝久，流逋未復，公悉力拊摩，户口日增。奏言湖南上流重地，而兵力單弱，頃年茶商弄兵，一道騷然，乞分鄂渚重兵留屯，以示形勢，從之。召爲户部侍郎，上勞問甚渥，且曰：「卿以不附秦檜故，去國久，朕知卿未嘗忘也。」公因奏宜塞倖門，開言路。上語及國用，公謂生財不如節用，所條陳甚悉。又言鄂渚戍兵，市馬北境，宜禁止之，以窒邊釁。鼎、澧、歸、峽産茶，民私販入

❶「敵」，夏本作「虜」。

北境，利數倍。自知盭法，不復顧藉，因自棄爲盜。由引錢太重，貧不能輸，故抵此。乞別創憑由，輕立引價，既開其衣食之門，民必悔過改業，庶幾化誘愚民，消弭羣盜。上然之。遷給事中，兼詳定一司敕令，兼侍讀，遷權吏部尚書。進讀《三朝寶訓》終篇，公奏祖宗創業垂統，所以長慮卻顧，爲子孫萬世計甚備。熙寧大臣私意改作，流毒至今，不可不監。又奏帝王之于史，其要在于觀得失，究治亂，今進讀《漢書》，願摘切于治體者讀之，詔可。公從容進退，所以致盡規之義者，前後非一，懇切詳盡，上皆嘉納焉。二十八年，浙東水災，上憂之，以公爲顯謨閣直學士、知紹興府事，兼浙東安撫使。既至，詢究疾苦，寬逋責，賑乏絶，民以不流亡。顯仁皇后菆宫事畢，進顯謨閣學士。時有獻議者，持陰陽家説，欲于菆宫舊禁之外廣立四隅，以二十里爲禁域，其間墳墓當徙者殆且千數。公具奏，言其不便，詔遣御史按驗，獲免者七百六十有奇。薦獻之物，舊取于民，公謂聖孝通于神明，薦獻極其誠敬，豈宜使民勞費？請以上供錢給其直，從之。和買紬絹，以貲産爲多寡之差，而縣各不同，會稽偏重尤甚。公奏請捐之，❶後亦略如公言。三十年，知福州，充福建路安撫使。時敵有渝盟入塞意，❷道路洶洶，公早夜憂念，至忘寢食。條上三事：一曰求人材，謂任賢使能乃自治之要，願委宿望實才以籌邊；二曰通下情，謂建炎維揚之難起于臣下壅蔽，敵壓境而不知，❸今當以爲

❶「奏請」，夏本作「請奏」。
❷「敵」，夏本作「虜」。
❸「敵」，夏本作「虜」。

戒；三曰擇將帥，謂朝廷宿將、軍中新進不爲無人，願加簡拔。復移書執政，以蜀遠緩急不能相應，請增重帥臣之權，使得以便宜從事。又請推行州縣巡社法，以防盜賊。朝廷悉施行之。汀州鬻鹽峻暴，民驚擾嘯聚，州輒遣兵捕戮，復疑平民與關通，械繫之，欲論以重辟。録事參軍劉師尹争不能得，致仕去。公移文釋其囚，薦師尹于朝，于是州之守貳皆坐罷，而師尹復仕。今上隆興元年，提舉江州太平興國宫。二年，知湖州。時水旱之餘，疾疫大作，道殣相屬。公既爲粥以食餓者，又遣僚屬勸分，多所全活。乾道元年，提舉江州太平興國宫。再上章告老，乃進左朝奉大夫致仕。五年十有二月戊戌薨于里第，年七十有三，詔贈特進。六年十有一月甲申，葬于金華惠日鄉常樂寺之東原。公娶曹氏，封淑人。六子：涣，右通直郎、前權通判寧國府事；流，右宣教郎、前福建路提舉市舶司幹辦公事；浤，右承事郎、新兩浙西路提點刑獄司幹辦公事，出後公之長兄師醇；注，右迪功郎、新監行在太平惠民局；淑，先亡；汾，右承務郎。三女，適仕族。孫男七人：柄，右承務郎；楷、杞、柟、梓、樾、朴。孫女十二人。曾孫男一人。公敦厚寬裕，詞氣穆然，不見喜愠。遇事精詳，必審其可而後發，不爲表襮，以求赫赫。拊兄之孫如己子，族女之貧不能行者，皆使之有歸。雖自奉養儉薄，而親舊困乏皆周之，久益不厭。既退居，自號適翁，所著詩文章奏藏于家。自公仕宦五十餘年間，世之變故多矣。士方隨時炎涼而爲之俯仰，竭其巧力以趨勢射利，其他一切不暇顧恤也。公更閲夷險，出入中外，恬静凝重，雅有常德，表裏相副，終始如一，而從容進退，自適其適，康寧壽考，鬱爲宿望。《洪範》所謂福者，殆無憾焉！觀公之本末，其念慮操履，所以感應召致，夫豈偶然者哉！銘曰：

恂恂王公，率履由衷。不矯爲異，不阿爲同。在昔柄臣，欲人同己。利誘威脅，翕然風靡。時方掊克，争進羡餘。公散其積，代民逋租。時方告訐，人莫自堅。公獨哀矜，勸以無然。皇明獨斷，屏除羣邪。公以不倚，帝庸褒嘉。國計之重，爾其開闔。朕命之嚴，爾其出納。乃侍經席，乃長天官。乃眷大邦，于蕃于宣。寒暑貿遷，誰能不移。中外出入，誰能具宜。公惟一意，秉此常德。更閱事變，其儀不忒。進退有裕，壽考且寧。歸安斯丘，始終哀榮。天道與善，人或疑之。視履考祥，其觀此詩。

龍圖閣學士王公墓誌銘

公諱十朋，字龜齡，姓王氏，温州樂清人。曾祖信，祖格，父輔。父以公貴，贈左朝散郎。母萬氏，贈碩人。其先自錢塘徙，至朝散公始業儒，有聲。公少穎悟，强記博覽，爲文頃刻數千言。事親盡孝。其居鄉，進止取予必以義，後學師尊之。既入太學，多士皆推敬焉。太上皇帝躬攬權綱，更新政事，紹興二十七年策進士于廷，詔：「對策中有指陳時事，鯁亮切直者，竝置上列，無失忠讜，無尚諂諛，稱朕取士之意。」既而攷官以公所對進，上臨定其文，以爲經學淹通，議論純正，可第一。及唱名則公也，士論翕然稱愜。詔益嚴銷金鋪翠之禁，且以交阯所貢翠羽焚于通衢，實自公發之。授左承事郎，簽書建康軍節度判官廳公事。又詔：「王十朋係朕親擢第一人，欲試以民事，尚待遠缺，可特添差紹興府簽判。」秩滿，除祕省校書郎，尋兼建王府小學教授。時北人且背盟，❶朝廷疑之，猶未敢誦言爲備。公因輪對，力陳其不可無備者。且曰：「禦

❶「人」，夏本作「虜」。「背」，夏本作「叛」。

戎之策，莫急于用人。用人之要，莫先于人望。今若内若外，士大夫軍民咸謂有天資忠義、才兼文武、可爲將相者，有長于用兵、士卒樂爲用、可爲大帥者，或寘散地，或守遠郡，願陛下起而用之，可以作士氣，寢敵謀。」又言：「三衙管軍，或久而不代，兵柄在手，利權財賂又皆入其門。且其官至三公、樞密，所以節制諸將者，乃班其下，倒置如此，其能節制之乎？」併及諸軍承受、皇城邏卒之弊，其他指陳，率人所難言者。公之將有言也，人皆危之，而上特開納焉。既而罷諸軍承受，邏卒亦加戢，更定樞密與管軍班次，管軍亦引去，邊備益嚴，舊人相繼復用。自昔人臣論一事，或章十數上，或合衆力争不能回，公以一言悟意而事皆次第罷行，于是天下仰上之聰明大度，虚懷從諫，非徒優容之而已。然大臣有不樂者，公亦數求去，除著作佐郎，罷其兼職。公以求去得遷，力辭不許，久之除大宗正丞，仍待次。尋得請主管台州崇道觀。今上即位，除知嚴州。未赴間，召對，公奏言：「太上皇帝非耄期倦勤之時，而以天下授之陛下，賢于堯舜遠矣。陛下所以仰副太上付託者，當何如？舜重華協于帝然。八元、八愷，堯未及舉而舜舉之；四凶，堯未及去而舜去之。今社稷之大安危，民生之大休戚，人材之大進退，朝廷之大刑賞，其所當行者，宜若舜之所以協于堯而行之，以彰太上知子之明，以盡陛下繼述之道。」又言：「今和戎與戰守之議未決。臣謂或戰或守，當相時進退，而和決不可議也。」又言：「右相虚位，天下拭目觀陛下此舉。必諸大夫、國人皆曰賢，然後用之可也。不可非其人以失天下望。」除司封員外郎，兼國史院編修官，又兼崇政殿説書，除國子司業。諸生固已迎服矣，而公于學校事，其細微曲折皆粲然前知，所舉措無不當人心者。會詔百官言事，公上疏以爲「百官進退者，大臣之職；論思獻納者，侍從之職；正朝廷紀綱者，臺諫之職。今居其位者，往往不舉其職，宜有以董正之。雖然，此特人臣之職也，而人主有大職事，曰任賢，曰納諫，曰賞罰」。其言反覆詳盡，切于時務，上覽而嘉之，即召公與工部侍郎張闡對便殿，從容論天下事甚衆。請退，復留者再，賜坐，賜酒，又賜御書。隆興元年四月，除起居舍人，改兼侍講。公與左史同奏史職之廢壞者，其一曰起居注録本進呈非古，欲勿進；其二曰雖侍立而在殿東南隅，未嘗聞天子德音，如二府自有《時政記》，其餘臣僚登對，欲許令史官侍立；其三曰後殿侍立而前殿則否，于義無據，欲前殿侍立；其四曰直前奏事，欲不必豫牒閤門及候班次。皆從之。越月，除侍御史。公素以剛毅正直稱天下，至是人皆曰真御史矣。公益自任以當世之重，大抵以定國論、正人心爲本而去其害治者，不屑屑于細故也。江淮都督府出師進取宿州，敵悉衆來争，❶我師退守淮，都督張公浚上表自劾。公奏曰：「臣自總角在草茅間，聞强敵入中國，❷痛心疾首，義不戴天。臣素不識張浚，聞其天姿忠義，誓不與敵俱生，❸實敬慕之。頃以館職輪對，首言敵情不測，❹乞用浚等，既而敵果大入。❺太上皇帝親征，遣浚知建康府。陛下即位，因以江淮都督之任委之，天下皆以爲當。臣去冬被召至闕，前後進對，❻皆

❶「敵」，夏本作「虜」。
❷「强敵入中國」，夏本作「醜虜亂華」。
❸「敵」，夏本作「賊」。
❹「敵」，夏本作「虜」。
❺「敵果大入」，夏本作「虜果入寇」。
❻「對」，夏本作「退」。

以爲恢復大計仰贊聖斷，又乞陛下勿貳，以濟大業。浚遣二將取靈壁、虹縣、宿州，降三大將，一月三捷，議者皆服陛下任浚爲難。及王師不利，横議蠭起。臣嘗奏陛下用兵，爲祖宗陵寢而舉，爲二百年境土而舉，爲中原弔民伐罪而舉，與古帝王好大喜功、開邊生事不同。投機而進，知難而退，益當内修政事，俟時而動。陛下剛明果斷，規模固已素定，然異論紛紛，不肯置浚。今浚既待罪，臣豈可尚居風憲之職？❶欲望正臣妄言之罪，特加竄殛。」詔以公權吏部侍郎，辭不拜，乃以集英殿修撰知饒州。乾道元年七月，移知夔州，尋除敷文閣待制。三年七月，移知湖州。未幾，得請提舉江州太平興國宫。才數月，起知泉州，進直學士，又移知台州。公以病力辭，且乞致仕，乃復提舉太平興國宫。七年三月，除太子詹事，召旨敦趣。公力疾造朝，上特御選德殿，而公足弱不能趨，召給扶減拜，且賜坐。又詔權免朝參，又遣使以告，及金帶就賜。公三上章乞致仕，乃詔以龍圖閣學士致仕。命下而公薨矣，寔七月丙子也，享年六十。上聞嗟悼，賻卹有加，令兩浙路轉運司給葬事。公積階至左朝奉郎，封樂清縣開國男，至是贈左朝散大夫。遺戒喪事，毋得用佛老教，諸孤行之。以十有二月丙午葬公于縣之左原白阡。❷碩人賈氏，有賢行，先公二年卒，至是合祔焉。男三人，聞詩、聞禮，皆太學生，孟丙早卒。公兩遇郊祀恩，皆奏其弟，故二子皆未仕。女二人，長嫁進士錢萬全，次許嫁賈梓。孫男四人。公立朝議論，出處大節，既如此矣。初公以文學先天下，人謂其于吏事未必數

❶「豈」，夏本作「其」。
❷「阡」，夏本作「巖」。

數然也。而自爲郡佐，遇事不苟，民有訟久不決，多走諸司乞委公。雖文書填委，公一一繙閱，不以付吏，審核情僞，參用經律，所與奪，人皆厭伏。其治郡既以廉潔公正率其下，間有爲不善者，則反復告戒，誠意篤至，人亦有恥，故未嘗按吏。爲文勸導百姓，以遷善遠罪之意，有争訟則曉以義理，多退聽者，故鞭扑罕用，事至立斷。其甚不得已乃推鞫，亦不淹繫，故獄屢空。未嘗遣官吏至縣，而人素信服，❶事亦舉。利有可以予民者予之，輸租使自操概，而用度有節，故財亦足。月率兩詣學宫，延見諸生，從容誨誘，且以詢究郡政。饒久旱，公下車即雨湖。久雨傷稼，公入境即霽。每罷郡，士民涕泣遮擁不容去，或借留于部使者既不得，則奔走道路，或越境不忍别者。泉人聞公喪，會哭于開元僧舍，又立祠堂以事之。近世爲政得人心，未有如公比者。公有《梅溪前後集》五十卷，《尚書》、《春秋》、《論語》、《孟子》講義，皆指授學者，未成書也。公于文專尚理致，不爲浮虚靡麗之詞。其論事章疏，意之所至，展發傾盡，無所回隱，尤條鬯明白。蓋自漢氏尊用儒術，而士或飾詐，或阿諛取容，至于守節死義，能爲國重，則未必以儒名者，世遂以儒相靳。若公之學問粹然，一出于正，謹守而力行之。義之所在，疾趨徑前，未嘗以利害毫髮顧避。更閲夷險，特立不回，施于政事，左右具宜。信乎，其有本如是也！嗚呼，此真所謂儒者耶！銘曰：

漢廷用儒，黯獨戇樸。淮南憚之，謀不敢作。謂公孫輩，發蒙振落。儒豈不用，其效奚若。孰知其故，鼠腊非璞。公之節義，視黯無作。屹然立朝，作世郛郭。正色凛凛，危言諤諤。招之不前，麾之不

❶「服」，夏本作「伏」。

卻。猛虎在山，衛及藜藿。出守四郡，治行皆卓。問胡爲然，非智之鑿。聖有謨訓，守約施博。惟其躬行，粹美無駁。道固如是，不由外鑠。于彼汲直，如玉而琢。我爲銘詩，以表儒學。人雖云亡，尚有槼矱。

柴君墓誌銘

左迪功郎、復州州學教授柴端義以書抵余曰：「端義不天，生四月而孤，叔父實長養教誨之。今叔父死矣，欲報之德。昊天罔極，謹狀叔父行實授諸執事者，惟先生幸而銘之，庶幾叔父雖死而不朽也。」余于是取其言次序之。君諱淵，字益深。其先自衢之江山徙信之永豐。曾祖觀國，父震，皆不仕。君事親以孝聞，撫育孤姪與其子無間，閨門之内，和樂而肅静，鄉人亦愛敬之。連遭二親喪，足不入私室，哭泣幾失明。蓋君所從遊，多一時名儒，講究經旨，以躬行爲本，故其行如此。既去喪，年踰四十，即不復應進士舉。乾道八年二月甲子卒，年五十有五。娶徐氏。男端禮、端善、端智。長女適陳舜鄰，次適黄仁聞。黄氏者，先卒。孫男女二人。諸孤以九年十二月庚申葬君于永豐之宅山。銘曰：

觀端義之于叔父，知君之子其兄子也，又知君之事親孝，故如此也。學而能行，夫又奚病？雖曰不仕，是亦爲政。

樞密院計議錢君嬪夫人吕氏墓誌銘

婦人德止于柔順，職止于饋祀，爲善作儀，則以爲戒。昔之表著内德，形于歌詠，聖人次之，以首《國風》，不過曰能自防，能循法度，能不失職而已。至于高節烈志，往往多出于一時之不幸，不獲已而有見于外，雖非人情之可願，而世之君子必且稱道而特書之。夫以死生之變交争于前，陵遽顛沛，乃能審夫所惡有甚于死，而患有所不辟，此烈丈夫之所難而一婦人或能之，則夫君子之所以稱道而特書之者，豈獨爲婦道之勸而已哉？以余所聞，若夫人吕氏，其不幸而類此者歟？靖康間戎事起，所至艱梗，夫人偕其家避地來南，屬渡漢沔，而潰兵有以譏禁爲名，因而鹵掠其間無所不至者。夫人猝遇之，懼不免焉，自投于水，以誓義不污賊。賊相顧駭愕，因解去旁舟，亦賴以全，相與感夫人之義，畢力圖救，竟以得活。夫可幸以不死而能必死，自處以必死而未必死。所爲雖失其身而有不顧者，以生之可求也，而死生果不可以避就，其自爲計亦惑矣。況舍生取義，不問其何如者耶？觀夫人之事，愚者足以辨惑，懦者足以有立志矣。夫人其先東萊人。至高祖文靖公三相仁宗，始賜第京師。曾祖諱公著，以司空平章軍國事。祖諱希純，嘗任中書舍人，追復寶文閣待制。父諱聰問，右朝請大夫，直祕閣。夫人十有八而嫁，爲右朝奉郎錢受之之妻。吕氏仍世相家，而錢、吕世婣也。夫人不以貴與故自挾，所以承上接下惟謹。既而天下未定，轉徙道路數千里，崎嶇山谷間，人不堪其憂。錢君流落于下位，嘗一爲樞密院計議官，不旬歲而罷，自是閒居且十年，生理日落，而夫人躬服儉勤，經紀家事，無不自得之色。觀其所以處生死者如此，則貧富通塞之際，固其所優者歟？累封至安人，以紹興十八年三月二日卒于袁州，享年四十九。男三人：曰箴，右迪功郎；曰某，曰藏。女一人。孫男曰史。以其年四月九日葬于袁之宜春縣湖崗里。計議君狀夫人行事而屬銘于余，余讀之而歎曰：此夫世之君子所爲稱道而特書之者，況余與計議君交游之舊，而又以見屬者乎？銘曰：

呂氏之盛，實始文靖。典型之遺，女有卓行。見危靡他，處約何病。其死有義，其生有命。曷觀于斯，惟命之聽。

夫人汪氏墓誌銘

夫人吾姊也，姓汪氏，信州玉山人。父諱某，贈通議大夫。母魯氏，追封淑人。夫人年十有九嫁同縣程昂。躬儉服勤，人所難堪，而夫人安之。性質直，未嘗僞色辭以欺人也。蓋嘗曰：「吾老且衰，欲致家事而自佚矣。」人亦以爲宜饗其報。皆未及，而以乾道六年九月己丑卒，年六十有三。子男三人：長克勤；次克和，蚤卒；次克成。孫男八人，女三人。其孤將以七年十有二月壬寅葬夫人于玉山之塘田社，來請銘。嗚呼！某哭吾兄甫期月，而又哭吾姊也。孑然此身，雖幸而僅存，亦何聊哉！銘曰：

其艱其勤，以終其身。咨爾後人，尚能顯其親。

文定集卷二十四

宋汪應辰撰

五言古詩

題鄭氏籯金堂

子雲抱遺經，寂寞飢欲死。誰家千金郎，車馬塞閭里。如何今世人，持此欲勝彼。要知聖賢心，不爲取青紫。冷暖自所知，吾言聊爾爾。

題法海院龍溪亭

微茫雲兩角，屈曲路一綫。未容快先睹，已歎行百轉。流溪何從來，神物昔嘗玩。輿梁儼堅牢，亭宇復明絢。❶豈惟濟病涉，更可供息宴。信哉善知識，作此巧方便。茂樾兩交蓋，清風四揮扇。秖恐境中人，却有桑下戀。臺山不須問，此去直如箭。何妨酌靈水，一洗眼花眩。舉頭未及眸，已知梵王殿。

❶「復」，夏本作「欄」。

和遊南巖

南峯不藏善，逢人説南巖。南巖亦何好，造化秘此緘。烟雲印全提，松竹色半酣。去郭十里贏，守戒僧二三。❶乞身滿一日，幽事亦可探。行客問征途，居者索轡銜。蕭條野店烟，敻静彌勒龕。念非塵外侶，不分禪味甘。受傭作閒人，自縛亦何慙。于時日在房，山色染蔚藍。❷一徑盤鬱青，羣峯列空嵌。冷泉計涓滴，瀹鼎消塵凡。端如常德静，可警疾步貪。聯鑣出雲門，回首憐烟嵐。公其吐妙語，勝事須指南。

借舍人吕丈《送大雅東還》詩韻奉呈❸

典刑寄老成，師友須淵源。今代紫薇公，身退道益尊。言行無表襮，卓然中所存。雲雨自翻覆，誰能動毫分。洗垢既無垢，尚或求瘢痕。❹嗟我與徐子，昔也掃公門。相期膏吾車，從公畢斯文。

暮春

閉門聽風雨，不知門外春。兹辰聊散步，❺霽色如相親。日月不吾與，花柳隨時新。悠悠竟何事，悚然懷故人。

---

❶「戒」，夏本作「成」。
❷「蔚」，夏本作「靄」。
❸此詩又見於夏本卷一三。「詩」，夏本無此字。
❹「求」，夏本作「有」。
❺「辰」，夏本作「晨」。

家叔沚次暮春韻呈知止祕校

一日復一日，山間已暮春。人事有怵迫，景物無疎親。誰知一雨後，滿目皆懷新。風光欠管領，付與得閒人。

再用前韻

駕言寫我憂，一覽無邊春。先生方閉户，不可得而親。寧逐兒女戲，要觀物化新。不見舞雩下，冠者五六人。

復次數語呈知止

斯道有張弛，如天有冬春。雍容貴可久，促迫終難親。槁枿久乃腐，流水汲逾新。雖云不窺圃，乘馬復何人。原註乘馬亦用董生事。

七言古詩

尤美軒❶

巉然絶壑臨招提，仰視疑欲干晴霓。林巒獻狀還左右，烟雲變相隨高低。少日登高不憚遠，喘汗赬顔

❶ 此詩又見於夏本卷一三，又見於《永樂大典》卷九七六四。《大典》有序云：「尤美軒，外舅所名也。中更摧毁，僧復築於故基之下。蒙中書吕公賜詩且有教誨之意，謹賦此詩。」

如夏畦。却憑軒檻認行處，❶一覽不待窮攀躋。愛山願作此軒客，飢火驅出仍東西。青衫烏帽犯塵土，夢想春緑浮鳧鷖。歸尋舟刻劍已往，扁榜僅能存舊題。道人知我若有失，更附山房拂栱梯。❷方欣勝觀還昔時，忽訝妙語來皤溪。❸茫茫六合有安宅，恍悟十年行路迷。甘與山僧爲逆旅，自使婦姑相勃谿。暗明通壅悉還汝，無所還者吾其棲。但慙屋上復加屋，空費囊中金褭蹄。

五言律詩

送删定聞人丈歸嘉禾

漫作中都士，柴門每自扃。遺經究終始，奇字講聲形。前輩今無幾，微言世莫聽。扁舟轉河曲，已見故山青。

題表上人卷舒軒

高軒聊自娱，俯仰稱幽居。世道有興廢，人心隨卷舒。圓機應有此，❹膠柱合何如。愧匪許詢輩，時來

❶「檻」，夏本作「楹」。
❷「梯」，夏本作「枅」。
❸「訝」，夏本作「時」。
❹「有」，夏本作「如」。

問滿虚。

陶 山 書 院

陶山讀書處，景物自天成。幽澗菁莪盛，高岡彩鳳鳴。雨餘山色秀，雲浄月華明。静聽寒泉響，潺潺洙泗聲。

輓侍讀龍圖學士周公

四海聲名久，中朝德齒優。金華方入侍，琳館遽歸休。全福人皆仰，孤風世莫留。老成零落盡，不獨爲吾州。

輓參政王公

轍迹環吴蜀，艱難嘆委頻。秉鈞纔數月，去國竟終身。文武才猷遠，經綸事業新。襄陽耆舊傳，❶寧復有斯人。

輓學士張公

俎豆平生事，逢時却論兵。幄中多妙畫，閫外即長城。❷曾未登三府，何言夢兩楹。空餘行樂處，畫像

❶「傳」，夏本作「内」。

❷「即」，夏本作「有」。

儼如生。❶

輓詹事陳公

給諫皆言責，論思本從臣。獨公真舉職，臨事肯謀身。再起名尤重，全歸跡已陳。空嗟古遺直，無復見斯人。

輓吕舍人二首❷

連蹇成遺老，纔聞直禁林。是非終不屈，進退了無心。萬事邯鄲夢，千秋正始音。心知公不朽，霣涕自難禁。

接物初無間，微言獨得聞。相期深造道，不爲細論文。自有高山仰，誰知半路分。新阡疑可望，目斷只愁雲。

輓宣撫吴郡王二首

節義家傳久，艱難始見忠。一心惟徇國，百戰竟平戎。環列周廬肅，官儀道路同。細看麟閣上，誰得似初終。

太傅元功首，汾陽異姓王。恩榮兼二美，聲跡遠相望。名載風雲會，神遊水月鄉。維師空贈典，無復見

❶「儼」，夏本作「凛」。
❷此詩又見於夏本卷一三。「二首」二字，夏本無。

鷹揚。

七言律詩

雪中梅花

風弄蘆簾掩復開，閉門一室此徘徊。故人難望扁舟至，遠信誰憑驛使回。窗外不知飛霰集，坐中只覺暗香來。新詩亟報春消息，不待天邊看斗魁。

與談命鄭柯山

柯山落魄一仙翁，二十八宿羅胸中。學術該通明若鑑，襟期豁達氣如虹。❶ 醺醺痛飲一樓月，落落高談千古風。一本流年無惜示，貯之他日驗窮通。

陳經略生朝四首

喜詠高秋此日生，門閭佳氣想充盈。堂堂體貌千鈞重，凜凜精神一座傾。暫使遠民瞻玉帳，要知聖主有金城。兜牟却作貂蟬去，五筦難淹宋廣平。原註 今五筦皆隸廣右。

嫣姓從來莫與京，傳家初不爲金籯。只今八桂蒼蒼處，倍覺中台兩兩明。南徼不聞刁斗擊，北轅行見袞衣迎。定知天錫公難老，端與邦家立太平。

---

❶ 「襟期」，夏本作「胸襟」。

俛視人寰但一漚，❶應緣來作聖時遊。英風蓋世桂林伯，相業傳家户牖侯。❷號召即看持玉節，姓名已久覆金甌。他時欲記中書攷，簡策應須汗馬牛。

欲知今歲好生朝，召節翩翩下九霄。❸便入三槐新位次，空餘八桂舊歌謡。機神照物宜前列，質幹參天合後凋。他日凌烟圖畫處，方瞳炯炯映金貂。

送陳經略二首

英姿卓犖衆長兼，暫假威名鎮嶠南。忽報郵音馳尺一，即看躔次近魁三。照人風采誰居右，致主功名在立談。遠俗豈知如許事，只言無計駐征驂。

清明公正復慈祥，觸眼平生見未嘗。自幸來依驃騎幕，如何又趣舍人裝。雲霄去路日千里，萍梗微踪天一方。獨有此心無遠近，歲寒猶欲試冰霜。

---

❶「但」，夏本作「僅」。
❷「傳家」，夏本作「家傳」。
❸「翩翩」，夏本作「聯翩」。

分韻送胡丈歸建康❶

先生高卧武夷巔，一旦趨朝豈偶然。報國自期如皦日，歸田曾不待來年。懷鉛共嘆揚雄老，鞭馬今輸祖逖先。册府風流久寥落，送行始復有詩篇。

偶見文子失舉後詩次韻以廣其志

落落開談四座驚，已應俊氣壓諸生。高山意遠難知己，白雪詞高絶和聲。此道要須齊得喪，古人初不爲功名。芬芳各自隨時耳，何用臨風嗅決明。

鹿鳴宴席上詩二首奉送解元諸先輩

從來人物數成都，果見英髦入薦書。齊魯風流方演迤，淵雲文采自紓餘。姓名即上飛龍榜，鄉里争迎駟馬車。聖世取才三尺在，但慚無地更吹嘘。

嘉賓式燕正炎曦，風自南來爲解圍。細聽吹笙仍鼓瑟，即看結綬却登畿。清朝不用齎刀布，晝日偏宜著錦衣。太守自憐推不去，棧羊釃酒待還歸。原註 刀布、還歸皆《文翁傳》事。

---

❶ 此詩又見於夏本卷一三。清汪宗豫編撰《汪氏家傳集》收此詩，題作《送正字胡丈》，題下有序，云：「紹興九年，應辰自正字，與外任同舍。載酒郊外，留題壁間，且分韻賦詩爲别。自後禁網寖密，無敢以詩送行者。今二十有二年，應辰以流落之餘，再入册府，而正字胡丈得請歸建安。於是同舍始復用故事，分韻賦詩。」

故事，鹿鳴宴賦詩，所以致勸駕之意。如蒙繼和，不必次韻。或五言，或七言，或一首，或二首，各從其便，庶幾得以觀志也。幸察應辰上聞。

五言絶句

宜春漫述

本是扶犂客，隨緣漫作官。故山應念我，薇蕨已闌干。

歸雲堂❶

浮雲本無心，人心逐雲去。更作歸雲堂，雲歸竟何處。

送沖公謁六祖道場

直指嶺頭路，寧論幾日回。尋春有消息，寄我一枝梅。

❶ 此詩又見於夏本卷一三。「堂」，夏本作「臺」。

七言絶句

宜春士愿樸而虚蒙珥筆之名每欲爲邦人一洗之偶筆工傅氏求詩作此❶

只今頭上半儒冠，誰肯公庭弄舌端。試問毛錐將底用，奪標他日萬人看。原註奪標乃宜春先賢故事。

與酒家沈生

有客堂堂空兩手，無人爲借太阿來。與君上抉浮雲破，放出陽光萬丈開。

送王獻可歸信州❷

月旦于今合改評，一官謀食百無能。君歸錦里人應問，好箇藍田崔縣丞。

次漢英教授示和尹少稷韻四首

五車拄腹成何事，空受才名二十年。一壑生涯長齟齬，邇來行李已三遷。

淵明心遠自無塵，豈必山涯與水濱。雲氣日佳飛鳥樂，寥寥此意付何人。

疇昔持心欲見賢，肯容閭巷快争先。豈知咫尺隔千里，空誦白雲長在天。原註「白雲長在天」，吕公遺少稷詩。

頖宫夫子日扃門，厭聽兒曹説怨恩。猶念貧交無與樂，時流妙語到荒村。

---

❶ 此詩又見於夏本卷一三，目録題作「贈宜春筆工」。

❷ 此詩又見於夏本卷一三。「王」下，夏本有「佐」字。

池荷❶

香分淨社色專城，冠蓋如雲照乘明。曉露浥妝秋艷曳，涼風吹月夜經營。

琵琶洲

塞外風烟能記否，天涯落日自心知。眼中景物參差是，只欠江州司馬詩。

蕨初生

一拳打破地皮穿，拏住春風不放拳。直待子規啼夜月，放開青掌始朝天。

牽牛花

葉細枝柔獨立難，誰人擡起傍闌干。一朝引上簷楹去，不許時人眼下看。

送陳德潤赴惠州

山行五日到崇安，欲往從之尚阻艱。聞説惠州天樣遠，幾時音問落人間。

宜春書事

飢寒驅出故山來，俗事如麻撥不開。問我此行何所得，未嘗識面有澹臺。原註謂澹臺滅明。❷

❶ 此詩又見於夏本卷一三，題作「荷池」。

❷ 「原註謂澹臺滅明」，夏本無此注。

題常山孔塢碧照閣

門前塵土暗衣冠，池館無多意已寬。試問主人閒適味，冰蠶正自不知寒。

帖子詞

端午帖子詞皇帝閣

聖德臨尊極，民心戴至仁。喜逢重午節，共祝萬年春。

雨暘皆應節，和氣滿平疇。欲識天顏喜，農家麥有秋。

永日雖祥鬱，風生殿閣凉。聖心非獨樂，均施徧多方。

躬行盛德基王化，密贊成謀授帝圖。福及萬方天所相，祛邪何假佩靈符。

王業艱難素所知，歲單喜見獻新絲。盤中更進長生縷，却記親蠶繭館時。

萬年珍木緑陰成，殿閣微凉次第生。簡静初非拘月令，懷沖履正自心清。

太上皇帝閣端午帖子詞

道大光今古，功成付聖明。超然羣物表，但見四時行。

漏轉銅壺永，風來玉殿清。天中佳節近，比屋盡歡聲。

外物雖無累，誠心每在民。薰風能解愠，亦足助堯仁。

金碧叢中翠艾垂，正當午日一朝時。君王自進長生縷，細剪菖蒲泛玉巵。

絃歌密意寄南風，豈易形容長養功。地厚天高何以報，祝堯惟有壽無窮。
飛來峰下水泉清，臺沼經營不日成。勝境自超塵世外，何須方士覓蓬瀛。
火德方居夏，端符帝運亨。化工初不宰，繼照付重明。
和樂天申節，雍容物外身。羣生蒙長養，誰復識堯仁。
水殿風來細，槐庭日度遲。聖心無外累，動息自隨時。
聖治從來本好生，擬銷劍戟助農耕。此心自與天無間，豈待丹繒始辟兵。
年年時節近天申，喜氣歡聲逐日新。請祝聖人如一口，定知德壽萬年春。
冷泉堂上湖山勝，聚景園中草木芳。萬物欣欣供燕樂，自然祥暑變清涼。

太上皇后閤端午帖子詞

周室興王業，堯圖授聖人。誰知皆内助，功德古無倫。
仁心均動植，風化正邦家。福慶方駢集，靈符尚辟邪。
心境俱清浄，能令五月涼。芬香隨處有，不待沐蘭湯。
坤元厚德孰能名，履正懷沖本至誠。自是從容常中道，非因欲待晏陰成。
俯視紛華等粃糠，隨時遨樂任嬪嬙。宫中鬬草知多少，自有金芝冠衆芳。
自然長壽又康寧，德合無疆萬物亨。聖主愛親思盡美，更羞仙朮助延生。
中興雖帝業，内治本陰功。天下供榮養，方知福報崇。

乾坤皆數五，日月正符同。但仰重離照，難名厚載功。

寶殿名康壽，皇心在祝延。願從重五日，更閱萬千年。

陽居大夏方行令，已有微陰次第生。細察天時知物理，常將儆戒保和平。

上古遺書究治終，長編通鑑更參同。端居坐照無窮事，何用江心百鍊銅。原註 選德殿記載上語云：日讀《尚書》、《通鑑》。

晉國燔山求介子，荆人角黍祀靈均。聖君念舊仍從諫，千古忠賢氣亦伸。

詩文補遺

賀郡王冠禮表

吉日載涓，縟儀備舉，慶由禁掖，歡洽寰區。中賀。臣聞聖王察於人倫，蓋將敷教；男子重乎冠禮，所以正身。弁有三加，賓存一獻。彌貴成人之道，適當就傅之年。矧是皇家，恢崇王爵。天臨秘殿，俯觀展采之容；星拱大庭，咸睹峨冠之美。燦然嘉事，屬此盛時。茲蓋伏遇皇帝陛下，樂育群材，型儀萬國，丕合多男之祝，益開同姓之封。用壯本支，率循法度。俾其謹始，庸示有終。臣未造外朝，側聞茂典，安榮相若，慶忭攸深。臣無任。《五百家播芳大全文粹》卷一中。

謝轉官表

伏睹勑命，以臣知池州日守禦有勞，特轉一官，尋具狀辭免，蒙降詔不允者。承流遵職，恩寬罪戾之餘；糾衆戢姦，責在封疆之守。徒知竭盡，敢覬褒嘉！顧遜避之莫從，但兢惭而失措。臣中謝。伏念臣奮身寒苦，遭世休明，推遷浸歷于華塗，放逐尚分于小壘。不虞群盜，復擾鄰州。終勤虎旅之來，坐致湯池之固。因人成事，碌碌無横草之功；忘戰必危，赳赳有干城之武。逮茲懋賞，輒復露章，仰蕲曠蕩之恩，均及偏裨之士。詔音開允，輿論驩欣。退自省循，實爲僥倖。兹蓋伏遇皇帝陛下，示天下以大信，得民心以至仁。寇攘宜誅，盡掃萑蒲之聚；膏澤所及，弗遺蕭艾之微。矧是孤蹤，夙塵從列，既佩循環之寵，仍叨進秩之榮。視若介鱗，猶能思于報効；加之鞭策，期必狥于糜捐。《五百家播芳大全文粹》卷六上。

論刑部理寺讞决當分職劄子紹興二十六年閏十月❶

臣竊以舜爲天子，咎繇治士民之犯於有司者，宜乎皆得其情而無所疑，罰之施於有罪者，宜乎皆當於理而無所失。然咎繇稱舜則曰「罪疑惟輕」，又曰「與其殺不辜，寧失不經」，豈非幽枉之情、欺僞之態，雖聖人不能以盡察？惟其慎之重之，猶有所疑而不自以爲無失，此所以爲舜之聖也。國家累聖相授，民之犯於有司者，常恐不得其情，故特致詳於聽斷之初；罰之施於有罪者，常恐未當於理，故復加察於赦宥之際。是以參酌古義，並建官師，上下相維，内外相制，所以防閑考覈者，纖悉委曲，無所不至也。蓋在京之獄曰開封、曰御史，又置糾察司以紀其失斷其刑者；曰大理、曰刑部，又置審刑院以决其平鞫之與讞者。各司其局，初不相關，是非可否，有以相濟，無偏聽獨任之失。此臣所謂特致詳於聽斷之初也。至於赦令之行，其有罪者或叙復，或内徙，或縱釋之，其非辜者則爲之湔洗。内則命侍從、館閣之臣置司詳定，而昔之鞫與讞者皆無預焉。外之益、梓、夔、利，去朝廷遠，則付之轉運、鈐轄司，而提點刑獄之官亦無預焉。蓋以獄訟之初，既更

---

❶ 《全宋文》校：年月原無，今據《建炎以來繫年要録》卷一七五補。

其手，苟非以持平彊恕爲心，則於有罪者或疾惡之太甚，於非辜者或遂非而不改，故分命他官以盡至公。此臣所謂復加察於赦宥之際也。迨元豐中更定官制，始以大理兼治獄事，而刑部如故。然而大理少卿二人，一以治獄，一以斷刑；刑部郎中四人，分爲左右，左以詳覆，右以叙雪。雖同僚而異事，猶不失祖宗所以分職之意。本朝比之前世獄刑號爲平者，蓋其並建官師，所以防閑考覈者，有此具也。恭惟陛下寬厚慈惠，以祖宗之心爲心，其於庶獄丁寧告戒，前後非一。惟是中興以來，百司庶府，務從簡省，大理少卿往往止於一員，則治獄、斷刑皆出於一人，則獄之有不得其情者，誰復爲之平反乎？刑部郎官或二員，或三員，而關掌職事，初無分異，然則罰之有不當於理者，又將孰使之追改乎？欲望陛下明詔執事刑部理寺之官，雖未能盡復祖宗之舊，亦當遵用元豐定制，庶幾官各有守，人各有見，參而伍之，反覆詳盡，以稱陛下欽卹之意，亦以爲後世法。《歷代名臣奏議》卷二一七。又見《建炎以來繫年要録》卷一七五，《宋會要輯稿・職官》一五之二〇，同治《玉山縣志》卷九中。

乞禁約州縣供備無度奏紹興三十一年

臣伏見漢章帝幸河内詔曰：「精騎輕行，無他輜重，不得輒修道橋，遠離城郭，遣吏逢迎，刺探起居，出入前後，以爲煩擾。動務省約，但患不能脱粟瓢飲耳。」又南幸詔曰：「所經道上，郡縣無得設儲跱命，司空自將徒支柱橋梁，有遣使奉迎，探知起居，二千石當坐。」又見唐太宗修洛陽宫以備巡幸，張元素極諫，太宗謂房玄齡曰：「元素所言有理，宜即罷役。後日或以事至，雖露居亦無傷也。」夫以章帝、太宗，當安平無事之時，而行幸之際，務從簡嗇，至於如此。恭惟陛下清心約己，無所嗜好，仁民愛物，惟恐傷之。比以敵人敗盟，將士冒犯矢石之故，寢不安席，食不甘味，爲之避殿減膳。今將親御戎輅，大巡六師，而臣竊聞沿路州縣自詔令下，即已預爲之備，供辦之物，名色猥衆，其未必他日所當用者十居七八，往往裒斂賒貸於民，而胥吏又得寅緣以濟其貪，至於填塞田畝，毁撤廬舍，以開廣道路，甚非所以仰稱聖德。欲望明降詔旨，嚴行禁約，有不奉承者坐之，以示陛下恭儉仁厚與夫今日行幸之本意，天下幸甚。《歷代名臣奏議》卷二八七。

乞令户部長貳與郎官聚議疑難事理奏紹興三十二年三月

太祖乾德四年，詔鹽鐵、度支、户部判官，自今應制置起請事件，或素未諳詳，不知利害，即牒問曾臨蒞者別司判官，同共看詳，畫時回牒可否，從長就便，方得施行。開寶三年又詔，今後一司如有敷奏，諸司同取指揮，總合便宜，方得行遣。臣竊以人之材智不能兼備，有宜於此而不宜於彼者，故許未達之事，別司得以看詳；事之施行，不能曲盡，有便於此而不便於彼者，故令敷奏之事，三司皆同取旨。其慮事也周矣。今之户部，昔之三司，而郎官分曹治事，各司其局，遵守法令，無敢出意見而議其他者，得毋如太祖詔令所慮者乎？欲乞今後户部，或事有相關，或理有可疑，難以便行裁決者，並許長貳臨時與衆郎官聚議，文字皆令連書。既有定議，然後付本曹行遣。庶幾謹重大計，博盡衆謀，而不至於疏略牴牾也。《建炎以來繫年要録》卷一九八。

乞申嚴元置斥堠鋪指揮劄子乾道三年正月

臣伏以近年以來累降指揮，令諸軍分置擺鋪。行之未久，尋復住罷。蓋以置擺鋪，則妨諸軍訓習武藝。欲住罷，則傳送文字，往往稽滯。二者皆有利害，所以前後措置不一。臣竊見諸路目今來各有斥堠鋪，依元降指揮，每十里一鋪，差曹級各一名，鋪兵五名，專一承傳御前金字牌，以至尚書省、樞密院行下，及在外奏報，並申發尚書省、樞密院緊急文字。每鋪限三刻傳送，日行三百三十里，其鋪兵支破月糧料錢，春夏冬三季衣賜，又添給食錢，比之尋常禁軍請受，委是優厚。諸路轉運官以一員提舉馬遞鋪、點檢斥堠，方事之初，緣指揮嚴切，又官司不往檢察，兼請受優厚，亦可以責其依限，不容輒有違慢。其後積習既久，浸浸弛玩，所傳送文字，比之常程合行日限，却乃倍更遲緩，所以別置擺鋪。今擺鋪既罷，臣愚欲望聖慈，令有司檢照元置斥堠鋪節次指揮中，嚴行下諸路，並要依元數差撥兵級，以時支給衣糧，須管依道里時刻傳送文字。仍所在官司，不得以不應入斥堠鋪文字，輒令轉送。每州委通判檢察，月具所傳送過文字名件，有無違戾，申提舉點檢官。提舉點檢復行審實，月申樞密院。其有犯令者，必行責罰。如此則不必於諸軍差人，又免遞角稽遲，實爲利便。取進止。

貼黄：臣所奏請，只是欲舉行節次已降指揮，因見今斥堠鋪兵約束檢察，令依道里期限傳送文字，於見行條令並無更改。但得朝廷嚴賜指揮，期於必行，自然有所稟畏。契勘四川去朝廷最遠，除各路有提舉點檢官外，欲望指揮更令制置司覺察。❶《永樂大典》卷一四五七五。

乞抄録《續資治通鑑》劄子乾道三年八月

切見左朝散郎李燾所著《續資治通鑑》，自建隆迄元符悉已成書，於實録正史之外，凡傳記小説，采摭殆盡。考其異同，定其疑謬，精密切當，皆有依據。其太祖一朝編年已經投進，蒙付國史日曆所外，所有太宗已後文字，伏乞朝廷給劄，付本官抄録，發送秘書省校勘，藏之秘閣。《宋會要輯稿·崇儒》五之三七。

言畏天愛民奏乾道三年十月

臣竊觀漢宣帝厲精爲治，其丞相魏相數上疏，反復懇切，以天道民事爲言，又敕掾史案事郡國。及休告從家還，至府輒白四方異聞。或有逆賊風雨災變郡不上，相輒奏言之。蓋宣帝君臣之間，更相儆戒，未嘗不在於畏天愛民，而唯恐有所不知不聞。其精神之會、念慮之積、政事所設施、規模所成就，終於使吏稱其職，民安其業，非苟然也。唐史亦稱明皇厲精政事，然姚崇爲相，山東蝗起，倪若水、盧懷慎謂當修德，崇皆彊辭以却之，專以遣使捕蝗爲事。其後明皇將幸東都，而太室屋壞，宋璟、蘇頲請勿行，以答天戒，崇獨贊其行。使明皇忽略災異而無恐懼修省之意，治不克終，以致天寶之亂，崇實啓之。夫欲治而不知以畏天愛民爲本，

---

❶《全宋文》校：「察」，原作「蔡」，今據文義改。

其明必有所蔽，其志必有所移，治亂之幾，固已分於此矣。恭惟陛下日致孝道，躬行儉德，無宫室苑囿之娱，無聲色玩好之惑，省覽庶政，不遺細微，延見臣下，不間疏賤。至於雨暘或愆，則焦勞淵衷，減損常度，絜嚴禱祠，以導迎善氣。歲或不登，則除租賦，發倉廩，以賑救乏絶。州縣水旱而奏報不以實與夫檢視不以時者，皆正其罪。戒慘刻之刑，却羨餘之獻，詔書屢下，德音甚厚。所謂畏天愛民之實，陛下固已見諸行事，以幸天下矣。然臣竊以天人之理無窮，而聖人之心未嘗以自足。伊尹、周公之言天曰難諶、曰不可信、曰我不敢知，以堯舜之盛而以知人安民爲難，以修己安百姓爲病。夫在天者常有所不敢必，在己者常有所不敢易，非苟爲是謙退抑畏而已，乃其理當然也。伏願陛下以聖心之所自得而聖政之所已行者，擴之以廣大，持之以悠久，陟降不違，微顯如一。凡言行之發，刑賞之用，大公至正，無非順天理而服人心，則感應召致以爲天下福者，將日新又新矣。孟子曰：「古之人所以大過人者無他焉，善推其所爲而已。」臣不勝惓惓。《歷代名臣奏議》卷三。

轉對論自治劄子乾道四年

右，臣準御史臺牒，十一月一日視朝，當臣轉對者。臣愚不肖，不足以論天下之事，然竊以爲天下者，先後本末之序，要須有一定之計，然後從事，所謂事豫則立也。昔班固論夷狄之患，以爲漢興，忠言嘉謨之臣，運籌策，相與争於廟堂之上，總其要歸兩科而已。縉紳之儒則守和親，介胄之士則言征伐。皆偏見一時之利害，而未究匈奴之終始。臣亦以爲國家自艱難來，所以待夷狄者不過和戰兩説，然而皆未得其本也。欲和者則以無事爲安，諱兵而不言，偃武而不修；欲戰者則不相時，不量力，而姑徼倖於一勝。此二者皆非也。二者皆非，則將何適而可？亦曰反其本而已。反其本者，自治之謂也。吾所以自治者周密堅固，無所不備，則或和或戰，特應之而已。詩人之稱文王曰：「肆不殄厥愠，亦不殞厥問。柞棫拔矣，行道兑矣，昆夷駾矣，維其喙矣。」夫夷狄而侵中國，此文王之所當愠怒而不釋者也，故不殄厥愠。國與夷狄爲鄰，則聘問之禮有所不可已也，故不殞厥問。苟吾之政事井井乎其有條理，所植之木則拔而茂盛，所行之道則兑而成蹊。以中國之治而制夷狄之亂，則彼將遁逃而日以困窮矣。文王之政，其先後本末之序如此，萬世所不可易也。恭惟陛下有勤勞恭儉之德，有剛明果斷之才，又有將大有爲之志而適當艱難之運。祖宗陵寢，越在異域，中原士民，淪於兵革，豈可以殄厥愠哉？惟是國勢未强，民力未裕，聖明遠覽，俯就和議，慰薦撫循，交接賂遺，所以待夷狄者甚備，蓋非淺見狹聞者所能窺測度量之萬一。臣願陛下無欲速，無見小利，而專以自治爲本。譬如農夫，是穮是蓘。人事既盡，天時自至，然後可以收其成。若不芸其田，或揠苗而助之長，皆爲不知時矣。此臣所謂無欲速也。孫權時，江邊諸將多陳便宜，有所掩襲。丞相顧雍以爲兵法戒於小利，此等所陳，欲邀功名而爲其身，非爲國也，宜禁制之。苟不足以耀威損敵，皆不宜聽。此臣所謂無見小利也。富弼使北，歸言於仁宗皇帝，願常思夷狄輕慢中國之恥，坐薪嘗膽，不忘戒備，内則修政令、明賞罰、辨别邪正、節省財用，外則選將帥、練士卒、安輯疲瘵、崇建威武。臣所謂事以自治爲本者，此其目也。仰惟陛下以勤勞恭儉之德而持之以久，以剛明果斷之才而慮之以審，以將大有爲之志而養之以晦，凡自治之策，如富弼所云者，無不畢舉。真積力久，其效自見。天意人事，若合符節，必將有不麾而去、不祈而獲者矣。臣不勝仰望之至。《歷代名臣奏議》卷三四九。

乞革糜費之弊奏乾道六年

臣聞《書》曰「不作無益害有益，功乃成」。夫人君以一人之身，不作無益，固爲善矣。然又須推而廣之，凡天下之事足以害有益者，一切杜絶，無使滋長，然後爲盡善也。恭惟陛下仁儉之德，清浄之政，不尚浮華，專治實務。如銷金服飾，此所謂無益而害有益者也。然内而宫掖既已不用，而又申嚴禁約，無敢不聽，其爲益也蓋不可勝計矣。至於流俗習尚有如銷金服飾之類者，臣請陳之。竊見所在道宫、佛寺，造作經藏，裝飾像貌，所用金箔動以萬計。雖法所不許而令未必行，公然抵冒，視爲常事，日甚一日，歲甚一歲，浸浸不已，豈特銷金服飾之糜費而已哉！地寶有限，斯民勞筋苦骨，損軀委命，晝夜搜采，毫釐積累之所得，乃以供無益之用如棄之然，甚可惜也。昔唐武宗盡毁天下僧寺，及宣宗即位，雖務改會昌之政，僧寺皆復其舊，然猶下詔修飾佛像，但用土木，足以致敬，不得用金銀銅鐵等。夫銀與銅鐵猶禁不用，况於金乎？伏望聖慈特降明詔，嚴行告戒。其或循習不悛，違犯如故，重寘典憲，期以必行。且復責之郡守、縣令，常切覺察，庶幾人有所畏，舊弊盡革。《歷代名臣奏議》卷一九二。

言有爲之君當修善政奏

臣恭惟陛下清心約己，仁民愛物，比者洊下明詔，廢甲庫，罷教坊，减邏卒，出宫女，盛德之事，一皆出於聖意，非羣臣所能預。縉紳大夫，交相告語，以爲聖德日新，天意可見。惟是和戎以來，諱兵不言幾二十年，中外之人習熟見聞，以爲朝廷規模止於如此，今乃一旦整飭奮厲，修舉兵政。小民無知，或疑其未必然，以臣觀之，此亦無足怪者。傳曰：「天不爲人之惡寒而輟其冬，地不爲人之惡險而輟其廣，君子不爲小人之匈匈而易其行。」況今日之事特出於民志之未信，而陛下所以動天地、通神明者，亦豈有待於外哉！臣嘗竊考自昔興衰撥亂之君，非獨其才術勝人也，要必有修其在我之道焉。漢高祖入關中，財物無所取，婦女無所幸，范增知其必有天下。光武入河北，馮異勸之曰，當行人所不能爲者，於是節儉飲食，動遵法度。鄧禹、吳漢、寇恂、邳丹、耿純、劉植之徒，望風慕德，奔走踵至。夫修之於此而敵我者懼，慕我者勸，則高、光之所以卓然成功者，此其本也。臣願陛下推今日之所以行者，擴而充之。凡無益之作，其去之惟恐不盡；凡利民之事，其行之常若不及。表裏如一，細大畢舉，至誠不息，真積力久，發爲輝光，流爲潤澤，則盛德大業，皆在於陛下。彼其一時紛紛之説，復安在哉？孟子曰：「古之人所以大過人者無他焉，善推其所爲而已。」此亦微臣惓惓之志也。《歷代名臣奏議》卷三。

召對言時政奏

臣竊以天下之事，智足以謀之，力足以行之，雖或甚難，宜其無不舉者。然考其效驗，往往與人繆盭，而變故之發，常出乎智力之外。已往成敗之迹，其如是者多矣。是以聖人論天下之事，以爲非人所能，必歸之於天。至其論天道也，曰我不敢知，曰天不可信；曰天難諶，命靡常，又必歸之於人事。夫所謂人事者，非恃其智力之謂也，即吾之仁心誠意，所以無媿於天者。擴而充之，以至於廣大；勤而行之，以至於悠久。不以好惡之私汩其正，不以利害之變易其守，使存於心者無毫髮之差，施於事者無竅隙之闕，表裏純粹，與天爲一。天且不違，則事雖甚難，蓋有不足治者。沴氣可以消而爲和，獷心可以化而爲善，衰敝之俗可以易而爲治安。四遠賓服，百嘉鬯遂，皆其方寸之所發，夙夜之所積者爾。由是以言，所謂天道即人事也。故二帝三王，君臣之間，更相儆戒，未嘗不稱天，蓋其心未嘗不在帝左右也。秦漢而下，聖學益微，天人異觀，幽顯殊致，而天下之治亦有媿於古矣。恭惟皇帝陛下，以聰明睿智撫艱虞之運，軫念南北赤子肝腦塗地之禍，發自淵衷，屈己修好，以保全遺黎，導迎善氣，此天之心也。昔戰國紛争，獨孟軻以謂不嗜殺人者能一之，行仁政而王，莫之能禦。而臣嘗考東晉以後，南北分裂二百餘年，北又析爲十六國，其間變故不可勝計，然南亦莫能相尚。蓋其所以失者，或不量事勢，輕用其民，以僥倖於戰勝；或因循苟且，安於細娱，未嘗至誠惻怛，講修仁政，爲久大之計。故終無以仰稱天意也。陛下超然遠覽，灼知天意所在，好生之德，固已格于上下。惟是政事之間，天下之民有望於獨斷者久矣。比日以來，明詔數下，革去宿弊，芟夷蕪穢，解弛煩密，振拔滯淹，疏導壅塞，一皆出於聖意。斯民歡喜鼓舞，至或感泣。人心如此，天意又可知矣。然陛下所以保大圖永，欽承天休者，豈特如此而已哉！推平昔聖心之所存與今日仁政之所已行者，兢業於幾微之際，基命於宥密之中，必將日新又新，以幸天下。人材既進，不間新舊，而特致嚴於邪正之辨；言路既開，不間疏遠，而特致察於是非之實。求政之闕遺而增修之，使之爲富彊之國；求下之疾苦而振德之，使之爲太平之民。至於天意人事，合若符節，曠然大變，將有不期而自至者。盛德大業，皆在於陛下矣。《歷代名臣奏議》卷四八。

論國用士風軍政疏

臣仰惟陛下初即大位，羣臣百姓，拭目傾耳，以觀化聽令。其精微遠大，雖非見聞可及，而動容周旋，一以禮法。仁孝之行、恭儉之德、惻怛愛民之心、謙虚盡下之誠，類皆出於聖性之自然者。以至收召名士，博求直言，追録忠烈，莫不犂然當於人心。中外稱誦，以爲此聖主也，一見决矣。孔子曰：「三代之王也，必先其令聞。」《詩》曰：「明明天子，令聞不已。」夫豈有意於求名哉，蓋昔之有事于四方，若卜筮罔不是孚者，以其民悦服之有素也。誠因始初清明之政，中外悦服之心，推其所已爲，求其所未至，凡人心之所欲而今日之所當行者，舉而措之，以幸天下，蓋沛然若决江河，莫之能禦，事半古人而功倍之矣。臣請言人心之所欲而今日之所當行者，惟陛下財擇。自用兵以來，有司於常賦之外所以搜求征取者，名色不一，蓋十倍於漢唐，與祖宗之時而不翅也。州郡爲之匱乏，百姓爲之凋敝，宜其財聚於上不可勝用矣，而大農常有不足之憂，則夫今日之國用不可以不理也。平居無事，將帥之臣坐享貴富，一旦警急，聞命則遷延而不前，望敵則皇遽而自却。事平之後，益自誇詡，論功第賞，動以數萬。若其名籍之虚實，技勇之高下，皆不可得而考核，則夫今日之軍政不可以不修也。以便文自營爲得計，以因循苟且爲練事，希功者肆意於誕謾而不疑，逐利者甘心於奪攘而不耻。朝廷所託材器職業者萃於羣下也，而積習如此，將何望焉，則夫今日之士風不可以不變也。以陛下之仁聖，而因始初清明之政，中外悦服之心，慨然欲大有爲於天下，以此三者爲當務之急。酌之衆論，參以時變，先甲三日而究其所以然，後甲三日而慮其將然。是非之理，本末之序，既已參於前矣，言之則必可行，行之則必可久。任使賢能必盡其人之材，賞罰功罪必當其事之實，騁浮辭者不得以亂真，挾私意者不得以害正，斷之以不惑，持之以不倦，未有不還至而有效者也。國用理則民可裕矣，軍政修則兵可强矣，士風變則政事可舉矣。内以治吾之國家，外以制敵，豈不綽綽然有餘裕哉！昔漢之文、景，躬行節儉，則有家給人足之效。宣帝綜覈名實，則有吏稱職、民安業之效。夫以居得致之位，操可致之勢，而又有能致之資，其於天下之事特患有所不爲爾。竊惟太上皇帝以天下之大付之陛下，夫豈苟然而已哉！蓋以天下與人易，爲天下得人難。太上皇帝既得其所難矣，陛下當思所以任其難者。《詩》曰：「我日斯邁，而月斯征。夙興夜寐，毋忝爾所生。」時不可失也。微臣不勝拳拳之至。《歷代名臣奏議》卷九四。

轉對言撫䘏歸明人奏

臣聞漢高祖入關，蠲除苛法，秋毫無犯，秦民無不欲得高祖王秦者。及其失職之蜀，秦民無不恨者。夫以秦民之心如此，故高祖以崎嶇巴蜀之地，還定三秦，易於反掌。既而戰滎陽京索間，曠日持久，至於發老弱以從軍，計户口以轉漕，民無不從者，卒以取天下。臣以是知民心所歸，其所係大矣。自艱難以來，中原之地陷於夷狄，而遺黎赤子，懷戀有宋，歸戴陛下，其心未嘗一日而忘。彼雖壓之以戰則必勝之威，劫之以犯則必誅之法，宜其人服從於彼也而終莫之從。我方保守和好，其歸明者還之，其欲來者却之，宜其人之絶望於我也，而其望愈確。嗚呼，此豈可以僞爲哉！今者淮北之民更相携持，係踵而至，殆無虚日。如大川之水而强以人力障之，一旦隄防潰決，沛然東下，彼固不能遏其去，我亦不能禦其來也。伏願陛下察斯民所以不忘國家如此其至，密詔有司，厚加撫卹，使至者有歸，居者有養，以不失其所以來歸之意，則斯民心説誠服，有殞無二，惟陛下之所欲用者矣。陸贄有言：「所費者財用，所收者人心，苟不失人，何憂乏用？」惟陛下留意，幸甚。《歷代名臣奏議》卷一〇七。

論養民疏

臣聞孟子曰：「得天下有道，得其民，斯得天下矣；得其民有道，得其心，斯得民矣；得其心有道，所欲與之聚之，所惡勿施爾也。」三代之得天下也以仁，固已然矣。自三代以後，分裂擾亂，無所不有，其能得天下而保守之者，亦未有不先得其民也。可以見孟子之言爲萬世不易之理矣。恭惟本朝累聖相承，皆以仁恩義澤涵養天下，治安久長，雖三代有所不及。中更變故，而民心愛戴，有隕無二，以能復建中興之業。得民之效有如此者，陛下以聖德撫世，仁民誠意，未嘗不以斯民爲念。然臣竊謂養民之政，雖在今日爲甚切，而在今日亦爲甚難。昔周公作《無逸》，以爲「文王不敢盤于遊田，以庶邦惟正之供」，又曰「繼自今嗣王，則其無淫于觀、于逸、于遊、于田，以萬民惟正之供」，言上無妄費，則下無横斂，民之供於上者皆正也。今陛下勤勞恭儉，固未嘗有逸豫之事，惟是艱難以來，事緒百出，費用數倍，是以賦斂煩重，禁榷嚴密，而國用猶且匱乏，雖欲以萬民惟正之供，其勢有未可者。此養民之政在今日所以爲甚難也。然而事固有不得已者，亦有可已而不已者。伏見比年以來，進言獻計之人往往不究事之是非，不卹民之休戚，苟欲以取新立異，矜智飾辯，徒使凋瘵之民騷動疲敝，而其實於國無毫髮之益。若此類者，蓋未易以一二數。陛下試取已行之事夷考而省察之，皆無逃於聖鑑矣。昔元祐宰相范純仁以爲堯舜之治不過知人安民，知人則不輕信，安民則不妄動。小人之情，希功好進，行險生事，妄説利害，覬朝廷舉事以求爵賞。朝廷若輕信其言，則民不安矣。國家之敝，常必由斯。臣竊謂純仁之言明白簡當，切於治道。伏望陛下於聽言舉事之際，審其是非，計其輕重，而究其本末之叙、成敗之效，庶幾事不至於輕發，民不至於重困，亦以使天下之人知聖主惻怛之意如此，而其所不得已而取於民者，特勢有所不免爾。以陛下之勤勞恭儉，至誠不息，力行不倦，天意益順，國勢益强，必將併與今日所不得已者次第而蠲減之，以幸天下矣。臣不勝至願。《歷代名臣奏議》卷一〇八。

乞將禁兵擾民指揮載著入令奏

臣聞兵所以衛民也，民所以養兵也，相須而成，其實一體。然苟惟御之不以其道，則或更相爲痛而不得其所矣。夫以三代盛時，兵出於農，而其告戒之詞，猶曰無敢寇攘、踰垣牆、竊馬牛、誘臣妾，况後世兵農之分而政治又不及三代乎！唐劉蕡謂足蹈軍門，視農夫如草芥，可以見其弊矣。雖然，此唐末之政也。若夫聖人有作，雖兵農已分，雖三代已遠，所以因時制宜者，固自有道矣。恭惟陛下明察政體，總攬權綱，駕馭將帥，惟所進退，訓飭堅明，賞罰必信。是以軍旅所在，雖雜耕錯處而部伍整肅，無敢譁囂，兵民相安，帥守協濟。凡昔人所云云者，今皆可以無慮矣。乾道二年，因三省、樞密院有請，戒敕諸將，禁約人兵，不得侵擾百姓，如有陳訴，聽守臣一面追捕，依條斷治，如有本將不即發遣，仍聽守臣具因依聞奏，所以防微杜漸可謂至矣。將帥固已擇人，士卒固已用命，而詔令之下又如此其明白，其消患於冥冥之中，蓋不可勝數。伏見《乾道新書》偶不該載，竊恐或者以爲一時指揮，未必常用，非所以申嚴約束傳示永久之意。伏望聖慈，更詔有司，以前此詔旨載之著令，使帥守皆得遵奉，兵民皆得通曉，人有所畏，則法雖設而不犯矣。臣蒙恩假守，實當兵馬屯駐之地，憑藉朝廷威令之重，所謂兵民相安，帥守協濟，竊庶幾於萬一焉。是以敢冒昧言之，臣不勝戰栗之至。《歷代名臣奏議》卷二一四。

論災異劄子

臣伏見去歲冬温無雪，近方立春而震電雨雹，不三日間繼以大雪。謹按《春秋》魯隱公九年，周三月癸酉大雨震電，庚辰大雨雪。説者謂雷未可以出，電未可以見，雷電既已出見，則雪不當復降，八日之間再有大變，蓋傚甚也。《春秋》二百四十二年，變異重仍，唯此一事不復再見。況今者當冬温無雪之後，既震電又雨雹，又未及三日再有大變，則非特《春秋》所書之比也。《詩》曰「敬天之渝」，又曰「畏天之威」，伏望陛下精思熟慮，諏訪正論，脩省庶事，以盡敬畏之實。臣不勝惓惓。《歷代名臣奏議》卷三〇六。又見同治《玉山縣志》卷九中。

申奏許浦水軍坐下省劄

臣契勘平江府准三省、樞密院劄子，御前水軍統制馮湛申，已躬親遍歷相視海道控扼去處，數内蘇州許浦鎮實控扼之要，港汊深遠，可以安泊舟船，土地高廣，可以安立寨栅，比之江陰屯駐之地，公議差勝。且去淮甸不遠，斥堠相繼，易於探報，比之定海駐劄之地尤爲良便。乞於許浦鎮移駐大軍。合用寨地，乞委平江府差官，與本軍同共前去許浦踏逐標撥并教場地步施行。四月九日，三省、樞密院同奉聖旨，依劄付平江府者。本府尋遵依指揮，差委常熟縣丞秦焞同水軍統制差來使臣踏逐寨地聞。今據所差委官申，水軍統制司先差到將官等扦定合立寨基，其所指地段並係人户居止八千餘家，約有屋宇數百間及積年埋葬墳塋三十餘所；又有千人坑、焚化院各一所；又包占田土約七千餘畝，並係膏腴之地，見種麻麥，相次成熟，已被蹂踐，及種下秧苗，亦皆廢壞，小民失業，號泣盈路。兼許浦鎮止係邊江，不當海道，自來即非緊切控扼之地。舊年曾經分撥些小防秋人船，時暫屯戍。其海道自别有要害去處，正合分軍屯駐。今却全軍盡在許浦，亦未爲便。臣以上件事理詢訪士民，皆言委之利害如此。切以水軍萬人，聚在一處，若謂防扼海道，其許浦去海約一百六十餘里，既非緊切控扼之地，而其他要害去處又却無備，徒使一方百姓麻麥秧田既已失望，井廬墳墓復不能保。伏望特降睿旨施行。取進止。《吴都文粹》卷二。又見《吴郡志》卷五。

言差官法奏乾道三年十二月

竊見祖宗時，凡籍于銓曹者，必欲其入遠。所謂遠者，四川、二廣是也。熙寧三年，始定八路差官法，昔之籍于銓曹者，委之各路轉運司，如蜀中則必以内地人參錯其間，若州若縣，各有員數。方天下全盛，仕進者衆，雖不拘以入遠之法，而内地之仕于蜀者尚不乏人，分注之法猶可行也。今蜀地僻遠險阻，非人之所樂趨。至於或隨牒或避地而家於蜀者，類不下二十年，其實皆蜀人矣。乞行下川陝四路轉運司，合使窠闕更不分川人、内地人，只令以名次依格法差注，實爲允當。《宋會要輯稿·職官》八之三二。又見《宋會要輯稿補編》。

乞差文臣知興元府劄子

臣契勘興元府比年以來，多以大將知府，往往文法闊略，官吏自恣，一府四縣田産，十分之六歸於大將之家。又有倚託其名以侵漁細民，避免賦役者。每年總領所與本府和糴軍糧一色不下三十餘萬石，止取辦於編户，科斂偏重，民益困敝。伏望聖慈，特差有名望材略文臣知興元府，其都統制仍於本府駐札。庶幾兵民各得其所，於邦本邊防長久之計，實爲利便。取進止。《永樂大典》卷一〇九九八。

中庸畢工帖

應辰頓首再拜：被□□審早上起居佳安。小録謹納去，期集明日未能辦，須再展。昨見許公執，云須待《中庸》畢工，方可期集。及見梁帥，乃云《中庸》畢工，當在後月初間。局中錢物不足，决不可候其期，容面禀丞相理會，却相聞也。不宣。應辰頓首再拜子東學士丈。《三希堂法帖》釋文九。又見《宋人法書》第三册。

賀左丞相啓

伏審播告大庭，晉登上宰，峻班儀於左棘，首揆路於中臺。四夷聳聞，九鼎增重。伏惟某官賢推名世，道富經邦。嶽降神而生申，實維周翰；帝賚弼而得説，用作商霖。變故屢更，精忠彌著。掃除内亂，高五龍夾日之勳；攘却外虞，成一馬渡江之業。方輔寧於法駕，將經略於神州，貝錦遽興，扁舟輕去。屬分江而置帥，乃鐵鉞以臨戎。羽扇綸巾，已坐清於氛祲；命圭相印，蓋疊賞於元功。矧獨兼文武之資，宜并注安危之意。逮聞虚位，果趨賜環。非衣之謗何傷，有衮之思咸屬。顧乃心王室，喜魁柄之重歸；而戮力中原，佇皇家之再造。天時有待，物望攸同。某滯迹一涯，神馳數仞。聆制麻而相慶，曾無瘴海之殊；引賓履以交趨，獨嘆翹材之阻。其如瞻頌，莫盡名言。《五百家播芳大全文粹》卷八。又見《宋四六選》卷一一。

賀中書林侍郎啓

顯被制書，進參機務，輟詞臣於鼇禁，訂國論於鳳池，縉紳聳聞，中外交慶。恭惟中書侍郎懿文華國，直道致君，以淵、雲之學自名一家，以晁、董之才親承大問。始終全節，被遇累朝。踐揚皆極於華塗，圖任悉歸於黼扆。繇北門之獻納，總右省之幾微。深惟不世之姿，洞達當時之務。靡勞施設，足見猷爲。方將沐浴於太和，何以揄揚於盛德。永垂方册，屬我宗工。某一走門牆，六更符印，忽驚流落，獲在陶鎔。倘蒙庇於衰殘，尚少圖於奮厲。其爲忭惘，倍萬常情。《五百家播芳大全文粹》卷一〇。

賀朱丞相帥紹興啓

伏審輟從經幄，就領帥藩，還秘殿之隆名，建行朝之臣屏，遨聞新命，倍極歡心。恭惟某官德茂儒宗，才優王佐。高明淵懿之學，素博極于羣書；疏通雄健之文，獨兼全于數器。名喧宇宙，會感風雲。徧揚簪槖之華，亟拜鈞衡之重。遭時多故，能人所難。鄰敵長驅而談笑敉寧，當匹馬渡江之日；兇渠作逆而從容處決，成五龍夾日之功。忠嘉昭宣，識量宏廓。久淹留于湖海，實注想于宸旒。衮衣繡裳，方趨還于北闕；朱旛皂蓋，聊借重于東郊。諒亦假途，即還揆路。某受知傾歲，阻闊有年。早荷鈞陶，采及葑菲之下；比紆印綬，實慚糠粃之前。承教匪遥，向風竊抃。方炎曦之在候，屬旌騎之戒塗，跋履之間，節宣是禱。《五百家播芳大全文粹》卷一六。又見《啓雋類函》卷八五，《八代四六全書》卷九。

賀黄觀文除宣撫啓

被旨宸衷，移司邊悃，獨專節制，兼領便宜。將布宣天子之威，以增重朝廷之體。風聲遠暢，將士交歡。切觀夷狄之去來，蓋示國家之强弱。可以明訓，請驗前朝。寇萊公決策於親征，一矢投機於達覽；富鄭公約盟於修幣，百年弭禍於契丹。戰者非有心於怙强，勢不當和而當戰；和者非曲意於示弱，時未可戰而可和。允爲主謀之臣，當審禦戎之策。惟敵國有和而有戰，故宣臺迭廢而迭興。樞相張當轉戰之功，黜陟自專，權不得不得而重；資政鄭處議和之後，禮法自守，權不得不殺而輕。一則權至重，足以有爲，故能拔擢羣雄，類皆銘鐘而勒鼎；一則權雖輕，有以自立，故能折服諸將，孰敢攘袂而指天？彼累政姑息而太阿倒持，兩公激昂而屈指可數。求於今世，豈無若人？儻匪大儒，曷追前軌。恭惟某官久爲人望，親結主知。九重深託於腹心，萬里獨專於方面。榮之食邑，賞以觀文，待遇之禮有如此之隆，倚毗之誠有如此之重，俾盡護於諸將，謂敢懷於二心？陜以東而陜以西，有名分而守；閫以内而閫以外，如輔車之依。勢相錯於犬牙，事深防於矛盾。蓋一相處乎内，所當遠慮以深思；而五大不在邊，要在防微而杜漸。豈止外嚴於守備，蓋將内謹於周防。戰攻於此合從，緩急可以共事。經畫一定，威名四馳。平居推赤心以待人，未嘗敢後；倉卒臨白刃以赴敵，孰敢不前？載念常勝之家，豈無可乘之隙？今胡騎寖聞於南牧，我王師徐議於北征。投鞭於江，衆豈可恃？太白食月，敵其可摧。矧屢敗於前盟，不少虞於後禍。陽收歲賂，陰蓄釁端。罪已貫盈，勢將瓦解。宜沿邊盡屯於宿將，而傳檄可歸於故疆。進圖興復則可定中原，還保險固則未爲上策。顧此設施之先定，想皆談笑而不勞。若夫幕府之上賓，當敢精神之高選。緩頰能於排難，飛矢可以解圍，投於風波之地而心不驚，置在鼎鑊之前而色不變。以共赴功名之會，亦同輸忠義之秋。至於軍國大謀，邊庭密議，雖鬼神而亦避，豈口舌以能争？備員而行，顧餘人無可者；曳裾謁見，願借箸以籌之。宋本《五百家播芳大全文粹》卷一八。

賀林侍郎啓

伏審欽承天寵，進貳地官。國計有歸，師言惟允。恭惟某官風猷凝遠，器藴恢閎。體備四時之和，學撢千古之賾。召還省寺，藹著聲猷。歲亟閲於三遷，人尚嗟於久次。簪筆持橐，豈以爲執事之榮；關石和鈞，庶幾觀富國之效。應辰夙蒙異眷，方託餘光。兹聞命於置郵，益馳情於賀厦。其爲欣抃，實倍等夷。《永樂大典》卷七三〇四。

賀户部王侍郎啓

伏審簡在淵衷，典司國計。詔旨既下，公論交欣。恭惟學識高明，才猷宏遠。羣疑未判，獨先見於眇綿；萬變並陳，每優爲於肯綮。乃言可績，不已于行。比者按臨於四川，屬方經略於三輔。興師十萬，發軔再三，事皆得宜，民不加賦。以餽饟而兼填拊之政，可謂至難；俾論思而升侍從之流，豈宜久外。果承召節，歸重本朝。惟已試之具宜，將不勞而益辦。盡攄所藴，以濟斯時。某素辱照知，尤勤向仰。莫遂趨承之便，敢伸贊喜之私。《永樂大典》卷七三〇四。

及第謝丞相啓

清問揚廷，獲預詳延之列；嚴宸賜第，輒居充賦之先。揣蕞質之無庸，玷巍科而非據。凌兢失次，辭避莫遑。竊以國家之安危，繫於人材之進退。號稱多士之衆，必曰先王之時。上而三事大夫，下而百司庶府。凡厥在位，罔匪正人。有臺有萊，德音是茂；或薪或槱，髦士攸宜。若采芑於新田，若菁莪於中沚。籲俊以尊上帝，養賢以及萬民。所以用之而不窮，抑亦求之爲有道。始於教養，終以賓興。德進言揚，廣開數路。鄉舉里選，曲盡羣情。敷奏其言也，必明試而後庸；論辨其才也，必位定而後禄。朝廷有責實之政，君相有知人之明。如其不然，何以得此。至於後世，寖失遺風。選舉法存，祇以塞人情而應故事；仕進流冗，類皆追時好而取世資。上有取士之名，士無學古之志。雖曰無似，常以爲憂。洪惟真人，纂承丕緒。體堯、舜之孝弟，躬文、武之勤勞。方當干戈多事之時，不替科舉三年之制。蓋欲講求於闕政，亦將搜攬於遺才。共圖復古之康功，仰繼得賢之盛事。豈於今日，徒尚空文。宜有間出之異人，來副旁招之妙選。如某者賦才短拙，禀性顓蒙。學僻而迂，齒少且賤。離疏釋屬，粗求師友之淵源；研精覃思，莫見聖人之涯涘。姑守庸愚之分，敢萌僥倖之心。以童稚無聞之人，負賢能所難之任。仰孤君父之意，俯畏朋友之譏。退省其私，不知所處。此蓋伏遇史館都督僕射相公，蓍龜當代，師表萬邦。堂堂漢相之風，赫赫周民之望。有剛大不屈之氣，足以任天下之重；有誠明自得之學，足以格君心之非。收拾羣才於士風彫喪之餘，發明吾道於邪説縱横之際。載念章江之臨鎮，獲觀泮水之規模。漸漬薰蒸，親承德化。獎提誘掖，曲荷眷憐。遂致困窮，益勵懦夫之志；粗知趣向，願爲君子之歸。自惟不才，何以圖報。雖無治安之策，上贊廟堂中興之謀；敢以中庸明道之書，永爲座右修身之戒。《永樂大典》卷一四一三一。

及第謝信州太守啓

待問楓庭，愧乏片言之善；登名桂籍，誤居多士之先。拜命若驚，循涯知幸。竊以四郊多壘，非國家閒暇之時；萬乘臨軒，有社稷安危之計。誠渴聞於至論，豈徒徇於空文。宜得間出之異材，來副中興之嘉會。誰云庸懦，首與甄收。如某者學僻而迂，齒少且賤。離疏釋屬，粗求師友之淵源；研思覃精，莫見聖賢之涯涘。姑守庸愚之分，敢萌僥倖之心。以童稚無聞之人，負賢能所難之任。仰孤君父之意，動畏友朋之譏。退省其私，不知所處。凌兢失次，辭避無從。某官黼黻斯文，楷模後進。揭二天之日月，臨千里之江山。遂令蕞爾之資，亦玷褒然之舉。空慚晚學，莫伸拔薤之規；願與邦人，共詠甘棠之愛。其爲感佩，未易名言。

《永樂大典》卷一四一三一。

省心雜言序

此心之用，與天地相爲無窮，而或者梏於區區之形體，受役於物，恬不知反，以某未之省也。提刑敷文平居訓飭其家，言雖不一，總而名之曰「省心」，所以遺子孫者豈不大哉！丙戌正月上旬，玉山汪應辰書。

《省心雜言》卷首。

跋王直講集❶

南城王補之，世指其爲王荆公之學者也。其鄉人傅次道又掇取補之之言所以與荆公異者，表而出之，

❶《全宋文》校：《永樂大典》卷二二五三六所載此文初稿，今附録于此：「荆公平日以尊孔孟、學六經自任，士亦往往尊之，以爲孔孟之徒。然而仁人者，正其義不謀其利。以微子爲利而不正，則三仁之評可改矣。人無有不善，水無有不下，以性爲有善有惡，則性善之訓可廢矣。誠者天之道，以誠爲可以爲善爲惡，則《中庸》之學詘矣。有欲明乎善以誠其身，則將安所去取於此哉？然則補之名爲從荆公遊者也，而荆公名爲尊孔孟者也。次道視補之爲鄉先生，固不可不爲之辨。孔孟萬世師也，則有蒙其聲而實背之者。門生、弟子既不能辨，又從而尊之，是獨何哉？」

以明其和而不同。余謂荆公所學者仁義，所尊者孔孟，而文章議論又足以潤飾而發揚之。貧富貴賤，不以動其心；進退取舍，必欲行其志。天下之士其慕望愛説之者，豈特補之哉？及其得志行政，急功利，崇管、商，咈人心，愎公論。於是其素所厚善如吕晦叔、韓持國、孫莘老、李公擇，相繼不合，或以得罪。其所慕而友之，以爲同學，如曾子固、孫正之，雖不聞顯有所忤，然亦不用也。補之没於熙寧二年，使其少須暇之，盡見荆公之所爲，未必相與如初也。補之之孫植，持其家集之僅存者以示余。即其書以推其心，蓋切切然以聖人爲準，以謀道爲務，忘其位之卑、身之窮也。則其於荆公，豈苟然者哉？隆興二年五月日，玉山汪書。

《永樂大典》卷二二五三六。

進孔穎達答唐太宗問故事乾道五年

唐太宗問給事中孔穎達云：「孔子稱以能問於不能，以多問於寡，有若無，實若虚，何謂也？」穎達對曰：「此聖人教謙耳。己雖能，仍就不能之人以咨所未能；己雖多，仍就寡少之人更資其多；内有道，外若無；中雖實，容若虚。非特匹夫，君德亦然。故《易》稱『蒙以養正，明夷以莅衆』。若其據尊極之位，炫燿聰明，恃才以肆，則上下不通，君臣道乖，自古滅亡，莫不由此。」太宗稱善。

臣竊惟聖人聰明睿智，首出庶物，而不有其善，不居其聖，謙冲退託，委曲周密，以通天下之情，以兼天下之智，此所以爲聖人也。孔穎達對太宗之言，簡直明白，切於治道，太宗能嘉納之，其致貞觀之治宜矣。

《歷代名臣奏議》卷三。

進杜黄裳李德裕告君故事乾道五年

唐憲宗與宰相論：「自古帝王，或勤勞庶政，或端拱無爲，互有得失，何爲而可？」杜黄裳對曰：「王者上承天地宗廟，下撫百姓四夷，夙夜憂勤，固不可自暇自逸。然上下有分，紀綱有序，苟選天下賢才而委任之，有功則賞，有罪則刑，選用以公，賞刑以信，則誰不盡力，何求不獲哉？故明主勞於求人而逸於任人。至於簿書獄市煩細之事，各有司存，非人主所宜親也。昔秦始皇以衡石程書，魏明帝自按行尚書事，隋文帝衛士傳飧，皆無補於當時，取譏於後來。其耳目形神非不勞也，所務非其道也。夫人主患不推誠，人臣患不竭忠。苟上疑其下，下欺其上，將以求理，不亦難乎？」武宗以李德裕爲相，德裕言於帝曰：「致理之要，在於辨羣臣之邪正。夫宰相不能人人忠良，或爲欺罔，主心始疑，於是旁詢小臣，以察執政。如德宗末年所聽任者唯裴延齡輩，宰相書勑而已，此政事所以日亂也。陛下誠能選擇賢才以爲宰相，有姦罔者立黜去之，常令政事皆出中書，推心委任，堅定不移，則天下何憂不理哉？」

臣竊以唐自天寶後，惟憲宗、武宗能修政事，復振威令。觀杜黄裳、李德裕所以告其君者，可謂得其要矣。二帝能信用其言，宜其有成功也。《歷代名臣奏議》卷一四四。

進唐太宗訪政故事兼陳六事

唐太宗初即位，置弘文館，精選天下賢良文學之士虞世南、褚亮等，令更宿直。退朝之暇，引入内殿，從容燕見，或論往古成敗，或問民間事情。每言及稼穡艱難，則務遵勤儉；言及閭閻疾苦，則議息征徭。以至諷誦詩書，講求典禮，咨詢忘倦，或至夜分。若軍國幾微，時務得失，則責之輔相，悉不相干。又謂太子少師蕭瑀曰：「朕少好弓矢，得良弓十數，自謂無以加。近以示弓工，乃曰『皆非良材』。朕問其故，工曰『木心不正則脉理皆邪，弓雖勁而發矢不直』，朕始寤嚮者辨之未精也。朕以弓矢定四方，識之猶未盡，况天下之務，其能偏知乎？」乃命京官五品以上，更宿中書内省。數延見，問以民間疾苦及政事得失。

臣聞有天下者常患乎不能通天下之情，察天下之理。情有所不通，則是猶一身之中而關節脉理之不屬也；理有所不察，則是猶耳目不能視聽而欲以運動手足也。然而一日有萬機之繁，堂下有千里之遠，乃欲使天下之情無不通、天下之理無不察，其勢豈不甚難哉！蓋必咨詢訪納，廣覽兼聽，有所見聞者，皆得以獻陳於前，有所疾苦者，皆得以赴愬於上，則雖未嘗家至户察而固已卓然立乎無蔽之地。以此醻酢事變，經理世故，蓋亦舉而措之爾。以舜之聰明，自耕稼陶漁，又歷試諸難，然後爲帝，宜其無所不知也。繼堯之後，盡循其道，宜其無所爲也。而《書》之所載，乃以詢于四岳、闢四門、明四目、達四聰爲先務，則舜之所以爲舜，所以能繼堯者，豈其任一己之聰明哉！蓋取諸人以爲善也。三代而下，惟貞觀之治庶幾成康。而太宗即位，則擇天下名士，相與密勿論議，夜以繼日，又令京官五品以上更直待問，此其致治之本也。陛下以大明繼照，旁求直言，收召耆德，如舜與太宗之初矣。然臣以爲聖人之心，常自以爲不足，故其求益於下者，亦無所不用其至。舜以詢于四岳爲未足也，故繼之闢四門；以闢四門爲未足也，故又廣視聽于四方。太宗既盡得天下名士與之游居矣，然而衆不可蓋，愚或有得，故京官五品以上亦皆得以序進焉。臣願陛下因今日所行推而廣之，謹陳其六事，以備采擇。其一曰，唐之宰臣，雖休假亦見，率皆從容命坐，論政事大體，至於啓擬差除之類，則退而以熟狀畫可，猶有古者論道之遺意。今雖不能盡如古，竊謂二府進呈之暇，亦宜賜以閒燕，使得展盡底藴，無所顧避。蓋君臣之間，誠意既通，論議既定，然後可以有爲也。其二曰，侍從之臣，本以論思獻納爲職，今則各有司局，往往以越職爲嫌。所宜明降詔旨，示以近臣盡規之義，則所謂侍從者，不止於有司之守也。其三曰，尚書六曹，雖曰奉行成命之地，而元祐著令，諸奉制書及事已經奏而理有不便者，速具奏聞。其後大臣用事，惡其害己，遂廢其法。今宜復元祐舊制，則所謂有司之守者，又不止於奉行文書也。其四曰，講讀之官，宜有所訪問，以推究古義，裨益聖學，且以明當世之務。如祖宗朝邇英、延義二閣，記注之所載，尚可考也。其五曰，竊見英宗皇帝親政，諫官司馬光上言，乞復先朝故事，日輪侍從一員直資善堂，夜則宿於崇文院，時賜召對，與之講論古今治體、民間情僞。光論此事，至于四五，最爲詳悉，願舉而行之，亦唐弘文館之意也。其六曰，祖宗視朝之外，再御後殿，親决庶政，如外路部送到罪人，如投匭訴事人，如審官院流内銓、三班院磨勘并差遣人，如審刑院、刑部叙復左降人，如經過到闕軍人，如慮囚放欠，蓋雖賤官下吏、卒伍徒隸，皆一一引問，考覈其實，寃抑者必伸，欺蔽者必察。今惟選人改秩及囚繫疏决，始得引見，一切聽之有司而已。祖宗之制，雖未能盡復，臣竊謂今之臣庶，其以事而至於庭者固已無幾，願省閲其狀，親賜質問，隨其事理，裁自聖意，而間亦有所予奪焉。凡此數者，皆祖宗之所已行，非特以通天下之情、察天下之理，而小大之臣，其材識之高下、志趣之邪正，皆亦不逃於聖覽矣。天下幸甚。《歷代名臣奏議》卷四八。

桂林館記

事嘗廢於所忽，而人情所忽不在於大，每在於細。惟君子特論其所當爲者而已，莫知其孰爲大與小也，然常情所忽而或者獨察焉，則世始稱以爲盛德之事。《書》稱畢公曰「克勤小物」，《詩》稱仲山甫曰「不侮鰥寡」，豈非皆以小者觀之歟！踰衡湘而南，静江爲一都會，崇墉複宇，顯敞壯麗，通衢之廣衍，闤闠之阜盛，稱其爲都會之府。獨所謂傳舍者，在府治之西不數十步，圮垣敗屋，積久不治，腐者欲折，攲者欲仆，過者即趨，懼將壓焉。是豈見聞有所不逮哉！夫力或不給而致然耶！蓋部使者之居皆聚此邦，非有待於外也，加以地在一隅，達宦貴人又無所爲而至彼，其源源而前者，往往皆隸吾封部之籍，不然亦要爲有所求者，方且奔走伺候，以願聞名於將命，入不延勞，去不追餞，甚則行者摩肩，坐者争席，而何敢以舍館未定有請於執事之人哉！則傳舍之有無，宜若無係於損益。今建安陳公之開鎮也，實始慨然以爲力非不給而士或舍於隸人，吾甚病之。且傳舍之設置於《月令》，大以待部使者之按臨，而其次蓋將使士夫羈旅於道路者得其所安，亦不以别異於吏民，知所以重，此皆朝廷美意，其可以闕然哉！於是即其舊基，一新其棟宇，爲堂面陽而列於左右者其位各四。門之大可以方軌，庭之廣可以合樂。至於庖湢之所，几榻之具，莫不隨其處而備焉。非公之用心一視無間，其孰能致察於此？自其一節而推之，有以知事無不舉，而民之均被其澤矣。夫事無大小，其造始與夫興廢者常難，而蒙成者爲甚易。公既爲其難矣，則得其所甚易者當何以處之？切思世之君子，又將以此觀政於異日矣。《粵西文載》卷二一二。又見嘉慶《廣西通志》卷二三二。

法海院記略

懷玉之爲山，於饒、信之境爲最高。所距州縣，其近者猶百里而嬴。攀援而上，凡十有五里，迺得所謂法海院者。其顯敞虚曠，非始望所及也。然而去人既遠，則所以相生養之具皆取足於一山。其地嶮峭，其氣高，諸所蒔種，大抵力倍而獲寡，時過而僅熟。故其爲枯槁，亦世所希有云。同治《玉山縣志》卷二。

祭大慧禪師文

嗚呼！臨濟之道，不絶如綫。剽竊裨販，紛紛自衒。道不終晦，異人乃現。卓絶之識，縱横之辯。乘鋒投機，間不容眴。嬉笑怒罵，種種方便。如蟄而雷，如闇而晛。一聞正音，不墮邪見。七十年間，更閱世變。持此噭噭，付之百鍊。生死亦然，夫豈流轉。我獨何爲，食不能咽。念昔從遊，開我迷眩。我方在朝，移書責善。今無復聞，吾以自唁。重趼百舍，敬致兹奠。尚享。《大慧禪師禪宗雜毒海》卷下。

祭王詹事文

嗚呼！在漢武宣，得人雖盛，獨仲舒、黯，表裏純正。兹二人者，公實兼之。《春秋》之學，諸儒宗師。勁直之節，本朝表儀。言有不合，奉身以退。歷守四郡，治行皆最。輿論籍籍，曷其久外。迨兹召還，則既病悴。賀者在門，弔已相繼。斯民所瞻，斯文所繫。何才之難，而奪之易。矧其設施，百未一二。慨念平昔，道義相契。今其已矣，潸然出涕。生芻一束，惟以見意。嗚呼哀哉！《永樂大典》卷一四〇四六。

祭陳待制

在昔忠肅，覈論危言。辨别正邪，雖窮益堅。世變紛更，是非可知。而彼異説，猶或並馳。公於家學，周旋是奉。邅徊一生，晚乃進用。再拜上前，慷慨陳義。非臣之私，治忽所寄。帝覽遺書，臨朝歎息。布告天下，發揚潛德。置公禁塗，引以自近。亦使世人，視此標準。斯文廢興，繫諸老成。惟其似之，尚有典刑。公雖出藩，謂當遄歸。如何不淑，乃止於斯。念我平生，道誼是親。建溪語離，意氣勤勤。曾未三月，聞公訃音。而我飄泊，遠在西南。生芻一束，萬一此心。公豈云亡，儼其降臨。嗚呼哀哉！《永樂大典》卷一四〇四六。❶

郭振特授武泰軍節度使進封建康郡開國侯加食邑實封如故制

朕總攬多士，敉寧四方。干城斯民，實資勁武之略；注意於將，猶在安平之時。雖明器之是嚴，苟勳勞而必報。眷乃宿望，修其外康。歷年滋多，宣力靡卲。矧來朝有錫命之禮，而考績有陟明之文。其序進於元戎，肆庭揚於大號。侍衛親軍馬軍都指揮使，奉國軍承宣使，充建康府駐劄，御前諸軍都統制，兼知廬州

---

❶ 以上三十九篇，據《全宋文》輯。

軍州事，兼管内勸農營田使，充淮南西路安撫使，馬步軍都總管，兼提領措置屯田，武功縣開國子，食邑六百户，食實封一百户郭振，勇鷙而好義，沉潛而善謀。慷慨風流，家承氣俗之習；奇龐福艾，天賦功名之資。頃提偏師，堅守孤壘，厲士卒奮盈之氣，摧寇戎遠鬬之鋒。既任屬之寖隆，每勤勞之不懈。肅轅門於建業，開帥府於合肥。紀律堅明，恩威敷洽。盡忠以慰上之義，得悦以使人之方，有俶其成，不忝于素。復念轉輸之費，欲圖久駐之基。萬人留田，三事就緒。凡兹爲國以遠，慮皆匪便；文而自營，朕嘉其用。心倚以爲重，惟名實之宜稱，庶事功之可成。俾建節於黔中，以增雄於閫外。封侯之舉，衍食之封，併舉異恩，適觀來效。於戲！不顯亦世，尚繼汾陽之休；無競維人，誰云充國之老？往祗朕命，克壯爾猷。可特授武泰軍節度使，依前侍衛親軍馬軍都指揮使，充建康府駐劄，御前諸軍都統制，兼知廬州軍州事，兼管内勸農營田使，充淮南西路安撫使，馬步軍都總管，兼提領措置屯田，進封建康郡開國侯，加食邑五百户，實封二百户。主者實行。《汪文定公集》卷四，目録題作「郭振授武泰節度使制」。

試林光朝館職策問 乾道五年七月十日

問帝王之功莫大於用人，蓋必知其人矣，然後可得而用也。皋陶之謨，周公之立政，其知皆在於知人。此固萬世不易之理也。爲天下國家者，豈不欲得如此？皋陶所謂九德，周公所謂三俊，而列於庶位，以收用人之效哉。患在夫端竅，真僞凌雜，貿亂莫知，其孰爲可用也？然則知人必有道矣。皋陶、周公之書，其反復曲折殆亦詳矣。獨不曰如之何，其知人也。豈其不可言邪，抑亦有所未盡邪？世之欲取聖人之言，以爲致治之成法者，其將何以爲準邪？則又即孔子所嘗言者而參之，夫言行未必相應也，毀譽好惡未必皆可信也。人之難知如此，其大概也。今也聽其言則觀其行，有所譽則有所試，衆好之則察焉，衆惡之則察焉。若是者，亦足以知之乎。然觀之，試之，察之，乃能有所別白，而得其是非之實，又豈易哉！周公於有夏則曰「迪知忱恂於九德之行」，湯則曰「克用三宅三俊」，文武則曰「克知三有宅心，灼見三有俊心」。以聖人而優爲之，固其宜矣。而禹乃曰：「知人之哲，惟帝其難之。」豈堯所有不能哉？道至於聖人而猶有二邪，此皆學士大夫所當講究而推明也。其詳言之。《汪文定公集》卷四。

吉水縣丞廳記

吉水爲縣二百年，丞之所居在縣之西南。自建炎三年承火之後，始託宿於民舍。郊野之外，江流之頻，地埶墊隘，廬井陵雜，其細已甚矣，而淦水傾注，兩涘逼笮，不能以容，稍甚則演溢衝冒，殆非可以狎而玩者。然且因循而居之，十有八年。至紹興十六年八月，而桐廬喻仲遠居中來丞兹邑，始有意遷諸爽塏。得卜于縣之東南，取材於官之隙宇。不敢以欲速勤民力，不敢以苟簡詒後患，故經始於其年十二月，至十八年四月，然後寢室、廳事、廊廡、門牆畢備。一縣之事，丞無所不當問者也，往往避嫌守例，謾不顧省。以崔斯立之賢，未免出此，則舍於隸人，未見其爲不可也。然而時異事異，今雖欲爲崔斯立而有不得矣。自熙寧以來，更新百度，講尋遺利，整捄宿弊。事之在縣者，例皆屬之於丞，曰常平、曰坑冶、曰均稅、曰經制之財、曰總制之財。凡此數者，是朝廷所當選建使者也，而丞實專之，其體爲甚重，非一使者之所能辦。至於分局以治，而丞實兼之，其事爲甚繁。丞之所居，於是爲官府矣。簿書之所庋藏，貨泉之所貯儲，士民之所觀赴，曹胥之所棲集以待事。一不備焉，得無乏吾事哉！此爲居中者所不得而已也。不察夫名實之所在，而猶假古人之緒言贅行以自恕，則其居於斯也，能無媿於屋漏哉？十九年五月庚子，左承議郎、添差通判袁州軍州、主管學事、兼管内勸農營田事汪應辰記。《吉水縣丞廳記》碑。

跋《成都西樓蘇帖》

右東坡蘇公帖三十卷，每搜訪所得，即以入石，不復詮次也。乾道四年正月一日，玉山汪應辰書。宋本《成都西樓蘇帖》。

魏矼墓誌

公諱矼，字邦達，唐丞相梁國忠公知古二十三世孫也。公爲歷陽人，登宣和三年上舍第，授迪功郎、廬州上曹椽，建炎元年知衢州常山縣，四年改衢州管内撫司幹辦公事，尋被召。是夏有赤祲亘北方，公既進對，因言變異甚大，當下哀痛卹民之詔。紹興元年，除樞密院計議官。二年，除秘書丞。三年，除考功員外郎。彗出東方，公因輪對，歷陳大臣黜陟不公，上嘉納焉，擢監察御史。四年，遷殿中侍御史。臨安火，沿燒數千家。公言：「《春秋》定、哀間，數書火災，説者以爲孔子有德而魯不能用，季氏有罪而魯不能誅，故天降之咎。今廟堂之上，有奸慝邪佞之人未之逐乎？百執事之間，有朋附奔競之徒未之汰乎？中外縉紳有忠公宿望與夫抱道懷義、有猷有守之士未之用乎。」遷侍御史，首論自治之策，且言：「諸軍比日以來，或造言惑衆，或强行捉募，或劫掠財物，或殺傷農民，朝廷雖付之有司，而主名不立，恐未易究治也。自古善用將者，必宰輔因其事幾而御之有道，臺諫乘其闕失而言之當理，是以國能御將，將能使兵，宜訓飭諸將謹身率下，仍委宰輔以馭將之方，責臺諫以敢言之義。」上諭公自擇其屬。公以朱震、徐林、張絢、薛嘉言應詔，後相繼進用，皆爲名臣，公復言：「陛下宵衣旰食，將大有爲，而所任一相，未聞有所建明施設。惟知今日勘當，明日看詳。今日進呈一二細事，明日啓擬一二故人。政務山積於上，賢能陸沈於下。方且一月求去，徒爲紛擾。宜亟如其請，以慰公議。」上竟從之。劉豫挾虜入寇，詔公督諸將進軍。大臣有勸上親征者，公力贊之，議遂定。車駕幸平江，前所遣使自虜回，言虜酋約再遣使。公請立罷講和二字，飭勵諸將力圖攻守，於是不復遣使。虜既屢敗，遂遁去。除直龍圖閣、知建州。建當群盜之後，餘黨未治，公計捕治，民以安業。歲大旱，精禱立應，郡人號爲「侍御雨」。俗生子不舉，公首下教禁約，所活甚衆。治狀上聞，詔獎譽，進秘閣修撰，召除權尚書吏部侍郎。秦丞相用事，士大夫少失其意，輒禍不測，往往黽勉聽從。公既議論不合，終不少貶。丞相欲除近郡，公第巽辭卻之。奉祠凡四任，寓常山僧舍，蕭然一室，朝夕給使令，惟一二老兵。太令人年高，公順適其意，委曲周至，閨門怡怡，不知其爲閒退也。以二十年丁太令人憂，明年二月乙卯終於喪，次年五十有五。以五月壬寅，葬於常山之登豐鄉宅山原。天啓《衢州府志》卷十三。

魏矼墓誌銘

唐有賢相，遺愛遺直。公雖遠矣，寔有其德。其在朝也，身任言責。獻可替否，不遺餘力。其爲郡守，洞然黑白。豪强退聽，鰥寡存恤。諸有不合，退而家食。其退固宜，何壽之嗇？惟其不朽，追配僑肸。公家歷陽，來自陸澤。今兹三衢，愈遠鄉邑。簪纓之傳，非有南北。子子孫孫，其求無斁。萬曆《常山縣志》卷十五。

請罷羨餘之獻奏

進奉市恩者，其賞或割留常賦，或增斂百姓。蠹國害民，反更獲賞，是賞其割剥欺罔也。伏望昭示聖意，非特不受，必加之罰。《汪文定公集》附録《宋汪文定公行實》。

論堂除與部闕奏

察毫釐者，不能見百步之外；見百步之外者，不能察毫釐。今朝廷大臣所當爲陛下治其大者，内修政事，外攘夷狄。顧屑屑然，取吏部瑣細之闕歸之堂除，越等級，略過犯，長僥倖，無所不至。小臣職業妨於奔競，大臣日力奪於細務，何能專心致志於遠者、大者？《汪文定公集》附録《宋汪文定公行實》。

請罷財賦虚額以蘇民力奏

蜀民之大患在是，蓋於賦斂禁榷名色百出之外，又有所謂無名而白取之者，籍爲定額，若常賦然。那移預備，刷欠重追，誅求剥刻，夤緣爲奸，無所不有。監司州縣，更相督責。計無所出，犴獄之係累、田産之籍没者，紛然以取辦於民，終不能辦也。太上皇帝灼見其然，嘗屢詔減免錢物，以裕民力。又委諸司措置，有司靳吝，不能稱旨。如諸司乞減鹽酒重額錢五十二萬有奇，户部終難之。是於所未盡之中，復有所不行也。夫什一之征較數歲之中爲常，孟子猶曰不可，况於田賦什一之外而欲多取以爲常乎？《汪文定公集》附録《宋汪文定公行實》。

請存留田契歲錢以備不虞疏

四川宿師數十年，賦斂十倍於舊，僅能支給。一有調發，横費莫支。既不可復取於民，又不能遽告於朝，所以自來須樁備。比來樁積以微，今所存者，白契税錢不過二百餘萬。若今又起發，則緩急之際，何以支吾？兼錢引既不可出蜀，回易津遣，其耗費尤甚。然則四川所失甚多，朝廷之所得無幾。《汪文定公集》附録《宋汪文定公行實》。

論馬綱由水路利害奏

馬政之未脩，此宜有所講畫。變通以盡利也，聖人以爲蠱者事也。云云。蠱則飭也。物之蠱壞，必有所事以飭治之。然而説者以爲，先甲三日，究其所以然也；後甲三日，慮其將然也。究其所以然，則知救之之道；慮其將然，則知備之之方。善救則前弊可革，善備則後利可久也。今將革前弊，而其節目、次第關涉非一事。行之初，猶在詳審。今以磽確凋弊之地，貧困疲弱之民，而加以貪猾暗繆之吏，而行苛責峻急之政，必有不堪命者。若必欲行之，則當計會日費出自朝廷，毋爲民擾，而後可也。《汪文定公集》附録《宋汪文定公行實》。

捐以代納一府激折估榜文

當職到任以來，撙縮財用，粗有餘剩。今以府庫錢物代與本府九縣民户起發。乾道四年激賞絹三萬三千九百八十四疋二丈，除已備牒總所照會外，仰諸縣更不得於民户處催理，各仰通知。乾道某年月日。《汪文定公集》附録《宋汪文定公行實》。

與汪彦儒書

踈拙叨竊，已過其分。屏居山林，正得其所。仰得以奉二親之歡，俯足以考究前言往行以求其志。造物於我亦不薄矣！然離群獨學，陷於古人之所病，終亦勤而無功。平時嘗斐然有志于斯世，今窮居循省日久，百念已灰，但求有以糊口，優游卒歲，庶爲鄉曲一無咎無譽之人耳。近嘗兩句曰：「已安守道之貧，正無求禍之福。」所願此心，正恐未易得耳。《汪文定公集》附録《宋汪文定公行實》。

與徐漢英書

示喻出處大概，以至傷世俗之莫我知。思與田舍翁處，甚矣憤世嫉邪也！嘗謂君子不願乎其外，是以不怨天；常盡其在我，是以不尤人。禍福得喪在天而不在人，我何怨？是非毁譽在人而不在我，我何尤？惟行法以俟命，推誠以待物耳。《汪文定公集》附録《宋汪文定公行實》。

與方耕道書

歸計所以遲遲許久者，正欲曲盡人情。既而兩家僉諧，始敢有請正名而已，實未嘗變也。它時可以奏薦，決以兄子爲先。《汪文定公集》附録《宋汪文定公行實》。

與張浚書

某去秋請違，嘗有狂斐之言。竊觀今日事勢與前不同，故敢復冒昧獻其區區。蓋可以久則久，可以速則速。孔子也惟其時而已矣。《汪文定公集》附録《宋汪文定公行實》。

上兄敷文公書

兵休歲稔，人情少安，而宣撫司忽令造船載馬。凡三路十州，如在鼎沸中。督責既峻，又誘以賞典，所在鞭笞疲民以取便，不復他慮。涪陵縣令王澥至於自經而死，民家有板閣之類皆折以納官。沿江居民，往往逃入夷界。若此役不已，三二年間，靡有孑遺矣。況三峽之險，天下所知。廬山所謂「三峽橋」者，正取其似也。一有蹉失，又非陸路損斃之比。徒然困苦百姓，而它日決不可行。比見其不可而罷之，則民在枯魚之肆者已不少矣。不免再具奏，更不行，決當待罪引去。雖得罪，不悔也。虞爲宣諭，嘗有此議，而茶馬司以爲不可。竊計今此亦必有所自宣，見其方用，從而和之。今則自不能回，不知斯民何罪邪？《汪文定公集》附録《宋汪文定公行實》。

與兄敷文公書

諸子失學，此非細事。今此正是著力之時，若半上落下，虛費光陰，他日悔之無及也。僧家比之，如雞抱子，須暖不斷，方有啐啄，同時之氣應。若暖氣不續，雖窮年無益也。此最善諭，每爲二子言之。《汪文定公集》附録《宋汪文定公行實》。

與子伯時書

聞吏民頑滑，若欲一旦懲治之，彼且反以爲怨。切須酌輕重，察人情，勿爲已甚。惟公與正乃萬事之本，又須行之以恕，居之以寬，庶幾久而無悔。接待上下，切宜盡敬，不可有一毫慢易之心。臨事常思所以未至，不可信己逞快也。時節艱難，切宜節儉，所以惜福避禍，凡事宜切三思。《書》曰：「無忿疾於頑。」忿疾即私心也。與此輩爲敵，亦淺矣、陋矣！韓忠憲公家書曰：「笞罪亦不可輕用。明則有人非，幽則有鬼責。」忠憲公八子，或宰相，或執政，或侍從。觀其用心如此，宜其報然也。若今之世，豈敢干福，但求免禍。於刑責之際，尤宜哀矜。《汪文定公集》附録《宋汪文定公行實》。

與人書

自己未之秋，師友流離，遂還山間，閉門窮處，幾與世絶。《汪文定公集》附録《宋汪文定公行實》。

白雄雞

鐵爪玉龍鱗，紅冠不染塵。五更纔報曉，驚動世間人。《汪文定公集》卷十三。

壬辰立春

春雪正紛紛，荒山晝掩門。羨君筋力健，策杖過前村。《汪文定公集》卷十三。

水雲堂

雲本無心水自流，龍鱗鳳翼此中遊。遂令巫峽桃源景，頓覺收歸在寸眸。《汪文定公集》卷十三。

贈婺源汪氏

曾執干戈衛魯邦，潁川家世愈芬芳。扶疏枝葉連江浙，烜赫功名冠魏唐。卓犖高才當企及，青精一飯故宜償。獲通譜繫誠傾蓋，昭穆從斯永不忘。《汪文定公集》卷十三。

懷玉山

蓮宮高聳月峰坳，自與紅塵絶世交。萬頃田疇天外種，數聲鐘磬日邊敲。地寒春盡花方綻，寺僻僧閑疏不抄。禪月滿堂詩句在，恨無磚玉可相抛。《汪文定公集》卷十三。

太甲山

君王自古幸遊多，未必南從山澗阿。龍虎真藏金鼎火，鳳凰從食玉山禾。雲霞落日舒旗幟，琪樹西風響珮珂。伊尹樂耕南畝日，想應高隱碧嵯峨。《汪文定公集》卷十三。

御殿瓦

曲曲灣灣散復收，覆如岡隴仰如溝。能教有漏成無漏，解使邪流入正流。鳳侶雙雙朝殿角，鴛行對對滴簷頭。時人莫道身骸小，蓋得君王萬萬秋。《汪文定公集》卷十三。

寄李紹先居士

稻粱饒足水邊莊，竹外陰森野外堂。久已塵居壓塵土，解纓欲擬濯滄浪。同治《玉山縣志》卷九。

桂林

秦皇開郡爲桂林，古號名邦五嶺陰。山琢玉簪攢萬疊，江分羅帶繞千尋。宋王象之《輿地紀勝》卷一〇三《廣南西路·静江府》。

題清虚庵皇甫真人坦之隱居

至人閲世若雲浮，來本無心去莫留。應詔子微聊一出，如龍杜史復西遊。扁舟緑水霜天曉，夾岸丹楓澤國秋。遥想御香清醮罷，仙鸞飛繞玉華樓。《永樂大典》卷六七〇〇。

句

龍爪拏開白白雲。宋周密《齊東野語》卷一。《齊東野語》：汪聖錫應辰端明，本玉山縣弓手子。喻樗子材爲尉，嘗授諸子學。呼視之，問能屬對否，曰能。曰：馬蹄踏破青青草。應聲曰云云。喻大驚異，留授之學，且許妻以子。後從張橫浦遊，學益進，年十八，魁天下。❶

句

爲學急如火，客來莫久坐。《汪文定公集》附録《宋汪文定公行實》。

---

❶ 以上二詩一句，據《全宋詩》輯。

附録

宋汪文定公行實

參知政事樓鑰撰

汪氏世家力農積善。通奉居家不事産業，性度恢然，與人未嘗有怨。夫人魯氏，本儒家女，始勤教子讀書。通奉没，家貧甚，夫人處之裕如也。雖篤於愛子，而教飭不少寬。由是公兄弟，曰洋、曰涓，德業日進，聲績顯白。里中故無業儒者，至是競勤於學矣。公幼時，神氣凝重，不與群兒競。五歲始讀書，多識奇字，以此問難爲戲。曾祖母夫人鄭氏，年踰八十，每器重公。將没，撫公勉之以學，語家人曰：「勿輕此兒，他日必大吾門。」《家傳》。

公幼時龐厚穎發，壯而弘博純正。少從諸生讀書，常倍程而速喻。借書過眼，輒成誦而不忘，然猶手自抄録。家貧，至以燃薪繼明。十歲能爲詩，應口輒成。入縣，先輩皆器重之。湍石喻子才有識鑒，爲玉山尉。一見公，奇之，亟相追琢，許以女歸公。自是公學問日進。紹興初，趙忠簡公安撫江西，辟喻公爲僚。公遂遊豫章，郡學交游無不期公爲遠大之器也。公舊習詩賦，將就試，或謂詞賦不如經學之尊，公亦自厭之，即更習《書》，遂冠鄉薦。

紹興五年秋，試於禮部，復爲第八。參詳官、吏部員外郎董公弅素稱博洽，後見公曰：「前此見程文，意必老儒。君年少，何讀書之多也！」時朝廷多事，御策以吏道未肅，民力未蘇，兵勢未强爲問。公專發明力行之旨，以爲「爲治之要必以至誠爲本，特在人主反求諸己」。上覽公對純正典實，意以爲老儒。既唱名，見公年少英發，聖衷甚喜，大加賞異，特書《中庸》以賜焉。渡江後，賜新進士御書自是始。公以國多虞，辭錫宴。

初名洋，嫌其名與姓連，乞改名，乃特賜今名，丞相忠簡公字之。上即欲除館職，趙相奏公年少，姑令歷外任，養其材。乃授左承事郎，僉書鎮東軍。胡明仲舍人當制云：「屬者延見多士，問以治道。爾年未及冠而推明帝王躬行之本，無曲學阿世之態，遂冠士髦，名振中外。夫學於聖門者，必辯義利之分。苟正其誼，不謀其利，則爲舜何難焉？苟以利爲義，其去蹠亦不遠矣。爾益自勉，以成遠業，於從京秩，服此訓言。」凡待闕一年半。故事，狀元初官無待闕者，省試居前列，又合以陞甲轉官，張子韶亦然。吏以白趙相，趙相令姑已之，而爲公言太上欲擢用之意。公每感趙公知待之厚也。

公登第後，爲學甫力，以詩題客位曰：「爲學急如水，客來莫久坐。」於是思就有道而正焉，而恨其無人也。聞張子韶賢於喻子才先生，賜第歸覲，即往從之。然子韶從龜山，先生蓋亦私淑於二程者也，而其學旁趨釋氏，不能無少差，公特師其善而已。《無垢語録》曰：「聖錫自幼登上第，急忙來就我學。遂磨礲涵養，更不少露圭角。」又曰：「聖錫敏悟，操履有守。」又曰：「汪子勁剛可喜。」

公爲僉判，忠簡趙公適出判紹興，孫尚書近繼知府事，劉行簡提點刑獄，皆甚相得。趙公嚴重，官屬不敢仰視。公於職事有所疑，必反覆開陳。趙公常稱公盡心職事，每事必據經律，究極情僞。

紹興八年，公被召。四月入，爲秘書省正字。時秦相力持和議，醜正廢忠。狄人之歸河南也，公因輪對言：「日者虜使立廷，中外洶洶，朝廷之上，號令紛然。內則患和議之不諧。和議不諧非所患，和議諧矣，而因循無備之可畏。異議不息非所患，異議息矣，而上下相蒙之可畏。正孟軻氏所謂『入則無法家拂士，出則無敵國外患』之時也。」檜不悦。當時館閣論事者衆，首出公于外，遂乞祠，得請。尋寓常山之永年院。深居幽谷，交遊幾絶，飦粥不繼，公固安之。公書尺藁云：「自己未之秋，師友流離，遂還山間，閉門窮處，幾與世絶。」然公雖處晦避名，亦不爲踽踽絶俗之行。士慕公名，有不遠千里而願見者，亦有因時窺覘者，公一以至誠延之。至有一時遷客，雖其親黨，亦皆自絶，公獨不然。

喻子才北學於京師，故公得與北方遺老遊從，往往皆屈折輩行以與公交，於是公德業日進。公從吕舍人講習甚相得。吕公嘗遺公詩曰：「騏驥騁長途，一日自千里。寧知坎井蛙，戀此升斗水。汪侯萬夫傑，學固極源委。潛心顔氏子，萬事不入耳。還家守窮閻，夫豈有愠聲。交游例憔悴，有譽不償毀。憐我亦踈愚，特寄書一紙。我老且昏病，馬鈍費鞭箠。塵埃時入夢，在此不在彼。相望來何時，春風漫桃李。」又嘗寄書云：「常記紹興初，諸公例皆斥逐。先人嘗見顔子敦内翰，顧公再三相勉，云：『守至正以待天命，觀時變以養學術。』此實至言也。聖錫器識既過常人千百，而學問之深、持養之久，將有大過人者。將來扶持此道，主張正論，惟左右與季仲一二公耳。此拳拳之私，所以朝夕不忘也。」施彦執書曰：「左右久淹閑散，有識所羞，而高誼卒無滯留之嘆。方篤志力學，望道如未之見，深用嘆服。」范益謙書曰：「每念相知間，如吾聖錫，英特罕比。僕雖齒長，政當從問道也。因便不惜善誨爲幸。」又曰：「豈有人如聖錫而不大用者，夫亦固自有時矣！」

公與汪彦孺書曰：「踈拙叨竊，已過其分。屏居山林，正得其所。仰得以奉二親之歡，俯足以玫究前言往行以求其志。造物於我亦不薄矣！然離群獨學，陷於古人之所病，終亦勤而無功。平時嘗斐然有志於斯世，今窮居循省日久，百念已灰，但求有以糊口，優游卒歲，庶爲鄉曲一無咎無譽之人耳。近嘗兩句曰：『已安守道之貧，正求無禍之福。』所願此心，正恐未易得耳。」又與徐漢英書云：「示喻出處大概，以至傷世俗之莫我知。思與田舍翁處，甚矣憤世嫉邪也！嘗謂君子不願乎其外，是以不怨天；常盡其在我，是以不尤人。禍福得喪在天而不在人，我何怨？是非毀譽在人而不在我，我何尤？惟行法以俟命，推誠以待物耳。」

張子韶爲時相，所怒言者攻之不已。張方遭父喪，令候服闋取旨。公自玉山往吊之，衆皆危焉。沈元用與公書云：「初聞車馬過常山，意謂入城尋玉山之約。久不聞來音，乃知竟往鹽官。畏服高誼，欽仰殆不勝情！」又云：「臨事切告静慎，匿遠形迹，當使口如耳，庶可免千里赴師友喪。名高行峻，尤致人窺覷。至祝。」

公奉祠既任滿，不欲干省中，欲依法到部。朋友之論以爲有嫌，必且掇禍，遂再乞祠，凡三任。主管台州崇道觀，以法不許過三任，添差通判袁州。公失職佐，郡人謂其於吏事不數數然也，而遇事不苟，有所予奪，人無異辭。民有獄訟者，多走諸司乞委公。張忠獻公書云：「妙年得盛名，曾不以此自恃，而志益下、學日脩，士論高之。」又云：「聞公不以居外而輒慢吏事，孜孜然以袁人之心爲心。此厚德事，吾聖賢心法也。甚善甚善！」

趙忠簡公貶嶺南，死而歸過袁州，公致奠焉，詞曰：「惟公兩登上宰，皆值艱危之時；一斥南荒，遂爲生死之别。莫非命也，豈有他哉！事已定於蓋棺，恩特容於歸骨。」吏付之火。其子以護送者少，借兵士三十人以歸。至衢，衢守章傑希秦之旨，攟摭之，以袁州通判借與兵士爲死黨，訊其從者，求所過設祭之人，惟公而已。搜其橐而不得祭文，傑不得遑。會胡明仲釋言於秦相，事乃已。《明仲遺事》。

無垢先生自嶺下遺公詩，曰：「人物苦難得，閉眼不敢看。孤芳擢荒穢，秀色出榛菅。懷我仝心人，正在天一端。文字妙入聖，操履到所難。美玉經三煅，楨松過凝寒。憐我竄庾嶺，色慘顔不歡。書來每慰薦，苦語餘辛酸。不上泰山頂，焉知天地寬。相思暮煙起，片月墜前湍。」❶時戊辰正月也。庚午六月又一詩曰：「美玉藏精璞，明珠媚深淵。天清氣或明，光景露娟娟。或者輒按劍，奇才嘆難難。之子英傑人，聲名何軒軒。妙齡冠四海，終賈未稱賢。過眼不再讀，悟心非口傳。文員翻手成，識起喻才先。森森列五岳，浩浩朝百川。謂年未三十，當握造化權。陶甄到唐虞，脩潔偕淵騫。誰云一戢翅，沉滯十二年。衆論今未諧，子心方藐然。磨礲盡箭簇，刮洗成渾圓。上造羲軒外，下極宣政前。討論分本末，鈎索窮由緣。遥遥數千載，恍然落眼邊。斯文天其興，子秩常躓顛。試看桃李花，三春何暄妍。未及瞬息間，飄零墮風煙。青青喬松枝，霜雪彌楨堅。子如識此理，聊卧白雲巔。」❷袁倅終更，公寄孥於外舅以就食。

紹興　年　月敕差通判静江府。秦相擬授，其實謫也。以　年　月上桂林。雖太府，顧在嶺外，獲於時者多宦焉，率怏怏不省事，而傾險之人又從而蹤迹瑕疵之。公惟以清謹律己，温恭待人，不敢尸位而懈，亦不敢出位而思。方且以事簡責輕可以餘力問學，且不爲憸黨之所指惡爲幸。郡政有闕失，皆爲彌縫，太

❶「人物」至「前湍」一段詩文，原爲雙行小字注文，今依上下文義改爲正文。
❷「美玉」至「白雲巔」一段詩文，原爲雙行小字注文，今依上下文義改爲正文。

守以此得譽。

公在静江，過滿不得替。奉義以道遠土惡，公遂於二十四年正月沿檄歸侍。是年十月乃得替，十二月復差通判廣州府。來年冬將之任而檜死。趙忠簡公、張忠獻公皆嘗引薦左丞相秦檜。檜凶德滔天，侮弄威福，賊虐忠良。及忌二公，貶之死地。既殺忠簡，猶未得志。於忠獻公，鯨鯢摇毒，鷹犬争奮。於是江西轉運判官張常先箋注前帥張宗元所與張相詩，欲併中之。獄詞所逮百餘家，善類一網無遺。時閣學士與道公爲帥，隨事救庇，其所連及多得免者，然猶五十餘人，檜皆以不軌誣害之，腊毒醖釀凡數年。獄具且奏而檜死，公亦僅得脱。張公以書來，曰：「浚繆於知人，幾爲吾道大害，不謂學爲士君子，而晚節以利慾失本心，吁可嘆也！吾儕幸脱死，盡出聖主大恩，然則將何以報之？」

二十六年正月，公被召除吏部郎官。八月，除右司郎官。當時諸賢與沈相議多不合而去，公遂求外補，且爲迎養計，公自明州措置海道回。吴殿院芾使人請見，公往見之。吴云：「且要知沈相事。」答云：「殿院，某不敢妄言。兼沈相不相樂，衆人所知，某便是知得，亦不敢説。」吴云：「臺諫許風聞。」公云：「風聞之事，殿院可以言之，某則不可。」時陳應求在坐，云：「畢竟時今要論，渠何事？」吴云：「李寶膠西之功，沈誣之以降虜。」陳云：「此事便可論。」公云：「沈相謬處固有之，此却未可罪他。他是近輔，苟有所聞，自合達諸朝廷。此正是間諜不實耳，此却未可罪之。」吴遂止。未幾，乃上章言七十者不可守郡，沈乃丐祠。按此則公與沈相似不契而求出，雖未得其詳，然亦可見公之厚德矣。

初，公幼出爲從兄後，從兄累封叙。既有子，又抱孫矣。交游間多謂宜早正，且太夫人未封。公不自安，既得請於從兄，迺始請於朝而正焉，且求補外，以便私養。丞相曰：「方進，未應爾。」公曰：「親老矣，勢不可緩。」於是出知婺州，以十二月到任。時婺州守數易，攝倅無賴，郡政冗弛，財賦耗蠹尤甚。官吏住俸者三月，而上供積逋凡十三萬緡。朝廷命宋憲、李漕相繼究治。公慮財賦既急，必將擾民，於是諸色約，府不差人下縣，縣亦不差人下鄉，蠲宿逋，去苛斂，窒侵弊，撙縮經理，遂皆補發，民不加困，而兩使者亦不復求。婺之識者謂公明而歸於恕，弊去而人不知。又曰：「忠厚通敏，至誠愛物，皆有實惠。」

越明年八月，魯夫人薨，公居憂盡禮。卜葬常山之黄岡，遂廬於墓側之永年院。湫隘嵐濕，公居數年弗去也。服闋，召爲秘書少監，兼權國子司業。公既免喪，五峰胡先生遺公書曰：「從兄，於禮不得爲之後者也。常人之情溺於養育之恩，終身不能自反，惟君子爲能權量輕重，斷以禮義，而歸於正。天性無虧，雖一日亦足，又何憾焉？頃辱教以供養之日少爲憾，孝愛深者自當然耳。欽伏！」公在婺遺方耕道書曰：「歸計所以遲遲許久者，正欲曲盡人情。既而兩家僉諧，始敢有請正名而已，實未嘗變也。它時可以奏薦，決以兄子爲先。」後果先奏從兄之子箱。

三十一年春，遷權吏部侍郎兼祭酒。既而得請知衢州，言者謂時方用兵，臣子不宜請外，遂不復行。頃之，兼權吏部尚書。時邊將李顯忠冒具安豐軍擊賊立功五千餘人，率加不次之賞，公奏駁之。權户部侍郎兼侍講。時國用不足而支費冗濫，版曹吏姦百出，公以獨員當劇部，總核妄費，衆猜皆怒。公在户部上疏，以爲「太祖常詔，三司辦事須歸一體，若乃各推守分事不相知，縱有施行，必多妨礙。今後一司如有敷奏，諸司同共取旨，不許苟同，必在盡理。今之户部郎官雖分曹治事，或事有相關難以裁決者，乞並許長貳臨時與衆聚議，庶謹大計不至疎略」。又請罷羨餘之獻，以爲「進奉市恩者，其賞或割留常賦，或增斂百姓。蠹國害民，反更獲賞，是賞其割剥欺罔也。伏望昭示聖意，非特不受，必加之罰」。《朝言》。

堂除與部闕，舊皆有定格，自京、黼爲始不復問，惟所用之。建炎雖嘗釐正，秦檜後紊之。公於是奏，以爲「察毫釐者，不能見百步之外；見百步之外者，不能察毫釐。今朝廷大臣所當爲陛下治其大者，内修政事，外攘夷狄。顧屑屑然，取吏部瑣細之闕歸之堂除，越等級，略過犯，長僥倖，無所不至。小臣職業妨於奔競，大臣日力奪於細務，何能專心致志於遠者、大者」？上以爲然，然而俗趨勢利終未能革也。《文集》。

公奏事，上曰：「前日宰臣擬卿知衢州，朕甚驚。朕用卿爲侍從未及一年，奈何便令外去？宰臣云卿私計有不便，朕故黽從之，既而虞允文所奏甚合朕心。」對曰：「臣立朝日夕愧懼，惟是粗諳民事。切見陛下留意守令，故嘗爲宰臣言，如州郡有闕，願得自效，非敢爲私計。然衢州與臣鄉里接壤，私計實便。」上云：「州郡擇人固無以過卿，然論司獻納，事體爲重。」

高廟之建儲，趙忠簡公嘗贊之。壬午五月始下詔，示將内禪也。六月初四，宣制孝廟。初名瑋，以與唐廬江王同，改之，又與晉楚王同，至是詔改名「瑋」。公以與唐昭宗同，故又改今名。十一日，内禪。初欲於是日降登極赦文，議改元「重熙」。公檢累朝故事，肆赦皆在一二日，又「重熙」乃契丹年號也，以白左相，請依唐太宗故事，明年正月改元，皆從之。

孝廟登極，優賞諸軍，而諸司審計糧料人吏舞文曲請，上自三省，下至局務，凡曰公吏，悉從諸軍優賞之列，所費不貲。公檢察懲治乃已，吏胥側目。《遺事》。

張魏公當外任，公遺書曰：「方今國弱民貧，將驕兵罷，正恐懼脩省之時，誠力行循致之，效固可期。今者相公節制江淮，外治舉矣，天下幸甚！顧任事之難，自古所歎，如種蠡、蕭曹，然後無可恨。又須量力相時，見可而動。昔者相公當國，淮西叛兵蓋亦淺事，而舉朝讙譁，前功盡廢，蓋亦未信，又莫助也。今日居外，尤非昔比。諸葛武侯所論六事，謂兵不可不用，而成敗不可必。恐不察者以舉事，一不當而輕阻大計，故丁寧委曲以曉譬之。武侯得政之專而慮及此，蓋多懼矣。」明年，又遺書曰：「某去秋請違，嘗有狂斐之言。竊觀今日事勢與前不同，故敢復冒昧獻其區區。蓋可以久則久，可以速則速。孔子也惟其時而已矣。」而違之言，不知謂何。此書蓋諷魏公以知難而退也。既而果有符離之敗。

初，張魏公入奏，公往見曰：「相公屢見上，莫煞款曲。」答云：「也煞款，説得話。」公曰：「今兹所奏何事？」曰：「邊事。」公曰：「此恐非天下所望於相公者。」張公默然。復問：「相公見得聖質如何？」曰：「煞好。」曰：「相公來朝，天下以相公盛德宿望，上所敬畏，宜有以啓沃上心，堅主上爲善之志，如所謂一正君而國定者。至於邊事，恐非所急。」答云：「浚雖老，此則不敢不勉。」

公之守外郡，至於再三，遂除知福州，以紹興三十二年十月到任。公好賢樂善，既入閩，始得朱元晦奉岳祠家居，公一見如故相識，力薦於朝。隆興元年，公除敷文閣待制，舉元晦自代。元晦時被召，每咨公以出處，公亟問亟餽焉。公又得延平李愿中之言行於元晦。他日，因元晦屈致之。既至，忽疾。頃之，已不救矣。公使參議王伯序、觀察謝倣主治喪。事躬親，喪具禮，意無不周備。元晦與公書曰：「延平先生之故則已詳知之，雖悼門下之變，而甚幸其終事亡可悔者。感大君子與之周死生終始之際乃如此，至於涕隕而不知所言也。」又曰：「延平先生秋別於建溪之上，乃兹來還，遂隔生死。所欲質正者，無所與論。何當侍坐，傾倒以求誨約，非復有望於他人也。」公因爲延平先生作墓銘，蓋元晦所力請也。

隆興元年，朝廷爲四川謀帥，公再辭不獲，遂奉命，且請入覲。面奉聖謨，眷遇甚厚，又特詔書撫諭。蜀道自上饒登舟，四月餘始抵萬州。隆興二年閏月，交事。公約束所部，毋多廢人候迎，得免於勞費者甚衆。

公之帥閩也，方當國家多事之秋；而帥蜀也，又去朝廷遠，權重事叢。公究心職事，知無不爲。六年之間，無毫髮欺、頃刻怠。故凡斯民之欲惡，國家之利害，雖眇綿未露，纖微難究，莫不畢舉。然必先有司稽衆論，考成憲，慮後患，而後有所罷行。

福建舊鬻爵以贍宗冑，公乃請易僧牒以革抑買之擾。沿海被重，排保甲之命，且令家置兵器。公奏謂此不足以禦寇，而適足以致寇，請已。其他，如募海舟則定其番次，均其力役；雇水手則禁其苛擾，周其稟稍。朝廷雖急於征繕，公不苟從，民得以寬。寺觀之田，計口之餘，歸之於官，謂之儹剩，雖凶年必取盈焉。公既請於朝，有所施舍矣。既而版曹又欲賣之，方看追會檢計，鼇土揭價，上下騷然，謂賣之必先失其租，安知一年之所售未足以敵一年之租乎？御營司欲差官於諸路募軍者，公奏已之。元晦與公書曰：「停賣僧田，煩擾頓息，爲利不貲。追還揀兵，官亦甚快。輿論諸若此類，論之不爲侵官，而其利甚博。熹願閣下不倦以終之，此亦論思獻納之助也。」魏元履下第後，書來云：「掞之歸途，遇閩人之就上庠試者，蓋以千計，人人劇談善政。問其所以然者，云侍郎以忠恕之心，行簡易之政，簡册所載，誠無越此二者。」《遺事》。

公鎮蜀之初，首以利路之民困於運糧奏於朝，於是厚加優卹。又徙邊兵就食内郡，以省餉餽。關外米爲之減價。保勝義士，縱之安業。萬口懽呼，無不感悦。又力請罷財賦之虚額，以蘇民力。公奏謂：「蜀民之大患在是，蓋於賦斂禁推名色百出之外，又有所謂無名而白取之者，籍爲定額，若常賦然。那移預備，刷欠重追，誅求剥刻，夤緣爲奸，無所不有。監司州縣，更相督責。計無所出，犴獄之係累、田産之籍没者，紛然以取辦於民，終不能辦也。太上皇帝灼見其然，嘗屢詔減免錢物，以裕民力。又委諸司措置，有司靳吝，不能稱旨。

如諸司乞減鹽酒重額錢五十二萬有奇，户部終難之。是於所未盡之中，復有所不行也。夫什一之征較數歲之中爲常，孟子猶曰不可，況於田賦什一之外而欲多取以爲常乎？」於是五十萬之數，既得旨蠲放，又令相度，盡除積弊。又詔如用度不足，即將添印錢引補用，而總所吝於減放，多端以沮撓之。公繼上疏力爭，又與總所商確，纖悉明白，閱兩載始得除去積年之弊，公之用心亦勞矣。

又請就用添使臣押馬綱以省廪禄。歲省四百五十員請給之費，又免未嘗諳練之人假託商販，損壞官馬。公又請存留田契歲錢以備不虞。奏疏曰：「四川宿師數十年，賦斂十倍於舊，僅能支給。一有調發，横費莫支。既不可復取於民，又不能遽告於朝，所以自來須樁備。比來樁積以微，今所存者，白契税錢不過二百餘萬。若今又起發，則緩急之際，何以支吾？兼錢引既不可出蜀，回易津遣，其耗費尤甚。然則四川所失甚多，朝廷之所得無幾。」又請申嚴斥候遞鋪，以通内外脉絡。凡公所以爲一面兵民之計者，至纖悉矣。

孝廟厲意治强，蜀去朝廷遠，獻計之臣大抵率意出奇，邀功生事。或欲令馬綱舟行於峽江，有言利便者，大將主其説，謂蜀馬程驛曰梁、洋、金、房等處，山路迂險，有損無補，或改從水路。既得旨，於是宣撫司行下諸郡，諸郡奉承，騷然煩費。公奏以爲「馬政之未脩，此宜有所講畫。變通以盡利也，聖人以爲蠱者事也」。又曰：「蠱則飭也。物之蠱壞，必有所事以飭治之。然而説者以爲，先甲三日，究其所以然也；後甲三日，慮其將然也。究其所以然，則知救之之道；慮其將然，則知備之之方。善救則前弊可革，善備則後利可久也。今將革前弊，而其節目、次第關涉非一事。行之初，尤在詳審。今以磽确凋弊之地，貧困疲弱之民，而加以貪猾暗繆之吏，而行苛責峻急之政，必有不堪命者。若必欲行之，則當計會日費出自朝廷，毋爲民擾，而後可也。」然議者猶主其説，又所見不明，前後指揮不一。其初欲將兩馬綱改從水路，繼又令且行陸路。又令先發十綱，發西馬五十綱，又欲抽差四路廂禁軍迎送馬船，累月無定論。當時力辯馬綱之害者，惟公與夔漕查元章、帥王龜齡數公，推究利害，辨析條目，反覆論奏，詰其自相違異，蓋數千言，往反四五上。朝廷嘗試行之，而公所言利害無不即驗。於是乃不果行，除數千里無窮之苛政，蜀民如解倒懸矣。語在《奏議集》中。

上兄敷文公書曰：「兵休歲稔，人情少安，而宣撫司忽令造船載馬。凡三路十州，如在鼎沸中。督責既峻，又誘以賞典，所在鞭笞疲民以取便，不復他慮。涪陵縣令王瀶至於自經而死，民家有板閣之類皆折以納官。沿江居民，往往逃入夷界。若此役不已，三二年間，靡有孑遺矣。況三峽之險，天下所知。廬山所謂『三峽橋』者，正取其似也。一有踈失，又非陸路損斃之比。徒然困苦百姓，而它日決不可行。比見其不可而罷之，則民在枯魚之肆者已不少矣。不免再具奏，更不行，決當待罪引去。雖得罪，不悔也。虞爲宣諭，嘗有此議，而茶馬司以爲不可。竊計今此亦必有所自宣，見其方用，從而和之。今則自不能回，不知斯民何罪邪？」查元章書曰：「馬綱指揮嚴，造船伐木，調夫料草，所在擾擾。恭涪而下，鹽米小舟，逐處拘截，無幸免者。本路糴米及運鹽先受敝矣。漢上爲路，驛屋廐庫，百用具備。草麥錢糧，皆有繩墨。今率棄不用，創於沿江荒涼之地撙辦，添造船僱人之費，動以萬計。風濤沉失之患，亦未保其必無。不知何苦爲是紛紛也。」王龜齡書云：「馬一事極爲不便。以夔州言之，一無財，二無人，三不利於馬。夔之爲州，極爲匱乏。今造船置驛，其錢糧草料所費不貲。最甚者，梢工、水手口直、口食不可勝計。蓋歲額、并額外，共約二百一十五綱，每綱共約梢工、水手五十餘名，每名日支五百文。自夔至歸，下水三日，上水十二日，計一綱共支八百餘貫。全年二百一十五綱，共計支錢十四五萬貫。數目浩瀚，何以支吾？宣司昨來，給壹百兩金，今又給錢引五千道。然所給者有限，而所費者無窮。此無財也。十綱船合用九百人，今夔州三縣若計梢工、水手，盡數根刷不滿半。若所管之人拘留循環，津載役之不已，必至逃亡。若欲科差人夫，非惟不諳舟楫，妨農之害尤多。宣司曾令牽馬人同助推櫓，空船上水。何從得此？無人也。況蜀江之險，天下共知。所謂『灩澦堆，人鮓甕』之類，節節皆是。馬性善驚，聞灘聲涌洶，必致跳躍撼動，決有覆溺之患。近宣撫司決自夔州，令馬出陸。蜀道之難，自古所患。若遇雨滑，尤不可行。此不利於馬也。若欲竭人之力，削險開道，自廢所恃，尤非保蜀之策。」

或欲令武臣衡於帥守，時朝廷指揮，諸總管鈐轄，❶今後遇教閱與帥守敵體，不相統臨。公奏以爲「臣聞立國有體，治軍有法。太上皇帝革唐季之弊，始定軍制，使以階級相承，是令行禁止，無思不服。此萬世不可易也。今欲專任，將益脩武備，而領其事者乃獨不用等級，是何異於繼綱而取綱？萬一有非常之變，長吏何以號令其衆、制禦奸宄哉？殆非所以尊朝廷，正軍律，明國體，而爲永久之規也」。

或欲罷户長而改差甲頭。公爲當路言切，謂朝廷宜嚴於出令，審於聽言。如令宣撫司差兵五千於鄂渚防秋，到未數日，又復發還。徒有調遣、犒設之費，初無毫髮補。又如有獻言乞以甲頭代户長者，都省行下，

❶「鈐」，原作「鈐」，今據文義改。

州縣相度，而吏緣爲奸。如懷安軍金臺縣遂差甲頭七百名，五日一比較，如此七百户者常在縣中，無休息之期也。潼川府中江縣遂差甲頭八百名，以點追不到，決杖罪者四百餘人。如此等者，灼然無理，自此不必行下相度也。

或欲併户籍以增賦入。丁亥二月，總領所委官於每州置局，根括人户，詭匿税租。既追勒牙人、鄉書手供具，又令民户自陳，考其異同而推訊之。又牒云，内有因官及妻財置到者，供具併合訖，仍給據通用。公甚以爲甚不便者有四：一曰妨農廢業，二曰縱吏害民，三曰違法害教，四曰長奸起訟。欲望速賜指揮住罷，令州縣依見行法令施行。

或欲於納税之際，增收勘合錢。有司收民税有所謂勘合錢者，舊法每錢折收三十文。乾道二年九月聖旨，依臣僚所奏，勘合錢比舊減作二十文，不少鈔計，而以貫、石、匹、兩取之，不及是數者免。公於是與兩運使列狀奏其不便由，是陽爲減之，實陰取之也。況貫、石、匹、兩等雖不侔絹之折錢者，以貫計而取之，爲數倍蓰，不惟陰增民賦，而其不均平又如此。《奏議》。

公皆疏駁之。凡所議論，事必得其實，理必得其正，至公至誠，契合天地而置利害於度外。自處既定，無所回撓。故雖有不相和者，既而事皆有驗，乃卒無以易其説。若馬綱、虚額之事，雖不悦者衆，而受賜者不可勝計。梅溪書云：「十朋未入境，聞於士大夫。既入境，聞於道路之民。咸謂成都之治，中和寛大，前此所未有。此皆侍郎平昔正心誠意之學，無所施而不可者。中外輿言謂今日可望廟堂佐天子者，無出侍郎之右，公議其可久鬱邪？」朱晦庵書云：「近日陳應求侍郎來守建寧，一再相見，談當世之事，慨然憂憤。蓋亦以爲今日非閣下殆不能濟東方之事。上天眷顧宗社，救敗扶衰之期，非大賢孰能任之？」

蜀去朝廷遠，自禦寇以來，大將專制於外，守有關輒差攝官。其始行之邊郡，已而内郡皆然，或久無正官，或補而後奏。帥蜀者得以招權爲市，往往郡縣之吏徧置私人。公於是條其四川守臣，過滿與見闕及去替不遠者，請於朝，俾參以他路人材，仍自朝廷行之，以革積習之弊。有材具優異、政績顯著者，則必薦達以盡其用。非罪過盈貫，未嘗輕有按劾也。

蜀宣、制置，舊不並置，自吴璘以大將爲宣撫，朝廷欲其專事戰守，故並置制司，且分其權。公之待吴帥也忠以遜，吴帥悦服，同舟以濟，坦無異心。羅宗約至邊上勞軍，吴帥語云：「侍郎以鎮靖治蜀，璘亦不敢胡亂以一紙文字行下。」及考之，誠然也。及璘老疾久，公密奏以爲關陝將係國安危緩急之虞，計當先定，非可以遲留待報也，且引漢宣帝詔破羌將軍爲趙充國副故事。前是廟堂傳旨，令公擇將才，且璘果不起，令制置司併作。得旨，領其職。會關外監司皆闕官，朝廷亦緣公奏，差王璠爲運判，時丙戌冬也。明年夏而璘死，公攝宣撫，王璠權知興元鎮，安撫事一時施行，事皆安堵者，公思患預防之力也。既而被旨移司吏，所過預約，長吏無得遠出迎送、廣備供帳。朝廷尋以虞允文知樞密院事，宣撫四川。公遂援建炎張浚出使故事，乞省罷制置司，以示委任之重，而朝廷不從也。《明仲述遺事》。

蜀帥權特重，蓋視漢唐牧鎮，餽遺宴享，儀物甚盛。公之入蜀也，道所過郡及四路監司帥守，問遺皆謝不受，迨出亦然。成都三載，監司月會宴餘之折，宣撫司歲時器幣之貺，皆歸諸激賞庫。三年之間，不可勝計，幕僚化之。參議官羅博文，字宗約，桂林寮官也，與公爲道誼交，以故辟爲屬吏。嘗至興州勞將士，宣使以禮餽錢三百萬，宗約不欲受而難卻，還遇漢州治貢院，以五十萬助之，餘悉輸制置司公帑。公之移司益昌也，餘俸寓於成都軍資庫。及還，會帑吏以贓敗，公督官錢甚急，餘俸竟不問。《明仲述事》。

乾道三年冬，蜀旱饑。公具以奏，後奉親札，且問所以備者。公參考諸郡縣稽事厚薄及儲蓄多寡，三具奏聞，且謂承流宣化，莫要於官得其人。因奏缺官，且罷冗不勝任者。又奏精疆吏能奉守公法者，請自朝廷廢置。知果州趙不拙，不拙親臨，若有條理。新總領查籥，撙縮經理，免綿、劍州之和糴，查實用公意。公皆奏聞。奏謂劉晏論理財以養民爲先，今如查籥，可謂知理財之本，乞特賜獎諭。從之。既而朝廷從公請，降度牒四百道，以充糴米之本；擢趙不拙爲夔漕。州縣體公之誠，亦皆丕應。公殫心振饑民，甚至煮粥造飯之事，慮無不及。又慮州縣拘攣苟且前是，選幕屬成都倅何耕往綿、漢，石泉制幹程价往劍州，謝往潼川路，俾攜錢糧文券，與各郡守貳便宜區畫，察其情僞，酌其緩急，補其匱乏。一時費用已夥，及度牒至，則已遂事矣，盡以充糴本，更不除所預用之錢用與所屬官簡帖。其通下情、恤民隱、勤小物之念，惻怛備著。環數千里之旱，而民免於溝壑者甚衆，公之惠大矣。是年之旱，綿、漢、石泉、廣安、樂合、劍州爲甚。及邛、蜀有寇抄之變，而綿、漢諸郡幸安，賑濟之力也。然饑民流移，贅聚待哺，久饑驟飽，往往不能悉濟。有死者，或用浮屠法，公不可。公言范忠宣公鎮太原，收無主燼骨以萬計葬之，因爲記以戒。歷舉至和中，魏國韓公鎮鎮是邦，下令開諭，自今毋得燔襯，官置兆域，繚以周牆，刻石著令，使族葬。韓國富公、孫威敏公皆申飭其意，有所損益。熙寧中，龍圖劉公復申富、韓二公之意，榜喻立碑，豈直止爲掩骼埋胔區區之仁哉？蓋不欲吾民陷於夷狄，使死者得免焚炳之酷，生者得展墳墓之敬，而復先王之禮，不亦善乎？時元祐六年也。曰：「民間用浮屠之法，猶且告戒之，其可官自爲之歟？」於是皆買棺以葬，寄收之錢既盡於賑荒矣。乾道四年出蜀，餘貲尚夥。

又捐以代納一府激折估。其榜曰：「當職到任以來，撙縮財用，粗有餘剩。今以府庫錢物代與本府九縣民户起發。乾道四年激賞絹三萬三千九百八十四疋二丈，除已備牒總所照會外，仰諸縣更不得於民户處催理，各仰通知。乾道某年月日。」其後晁公武爲帥，復征之科令糴米。邛州安仁縣多惡少年，前是因仍旱歉，嘯聚摽掠，被及旁郡。戊子春，公已被召，即以奏聞，暫泊歸舟，旬日間隨即撫定。首惡既伏罪，餘皆隨宜決遣，開其自新。

乾道五年五月至於荆南，九月至於太末，皆乞祠，不允。以十月入覲，陛對以畏天愛民爲主。《奏議》。上宣諭云：「卿在蜀久，寬朕西顧憂。」有云：「得卿在蜀，積年之弊，革去殆盡。」又問：「虚額既除，民間必被實惠。」公對：「虚額去，則州縣寬而民力蘇。此誠實惠。但兩事猶未革，臣曩嘗奏之。其一預借，其二對糴。納米一石者，後就取一石，其名爲對糴。然不支半價，或全不支，又增其概量。臣竊聞陛下近者又捐錢引百萬道，以除預借之弊。若更令有司措置禁絶對糴，則民間弊事革去盡矣。然此止是數郡，非蜀中盡然也。」讀劄子，上云：「人心易怠，當以爲戒。朕日讀《尚書》，於畏天之心尤切。」公奏：「堯、舜、禹、湯、文、武皆聖人，其君臣儆戒雖多，要皆不出此道。聖訓及此，實天下之福。」又奏云：「臣兄涓蒙陛下拔擢，更歷清要，今又以左史日侍清光，實臣一門榮華。」上云：「卿兄忠實之士，甚不易得。」於是詔除公吏部尚書、翰林學士修國史兼侍讀。公固辭，以爲「臣之職當坐，而臣兄之職當立。弟坐兄立，不可以訓」。詔公與兄輪日入侍。兄弟對掌内外制，縉紳榮之，時人謂之「二汪」。

公在翰林草詞命，皆純粹典雅，温平正大，深得王言之體。朱文公謂後來者：「惟公制誥有温厚之氣。」

周益公與公書曰：「必大比窺邸報，中一二麻制，蓋自范蜀公、王荆公以來，久不見此作。至於常程答詔，皆意足語簡，無一篇苟然者。其他奏劄，論事則又援古誼，出外意，回視賈、馬、嚴、徐皆淺陋。必大雖焚硯事鋤犁，然比之賁軍小校望見旗鼓，猶識其節制之帥也。欽嘆欽嘆！」

公雖寛慈，然訓教子弟未嘗不嚴密。敷文隨張魏公於幕府，在行，不得課兒，公作書曰：「諸子失學，此非細事。今此正是着力之時，若半上落下，虚費光陰，他日悔之無及也。僧家比之，如雞抱子，須暖不斷，方有啐啄，同時之氣應。若煖氣不續，雖窮年無益也。此最善諭，每爲二子言之。」長子伯時爲長興丞，與之書曰：「聞吏民頑猾，若欲一旦懲治之，彼且反以爲怨。切須酌輕重，察人情，勿爲已甚。惟公與正乃萬事之本，又須行之以恕，居之以寛，庶幾久而無悔。接待上下，切宜盡敬，不可有一毫慢易之心。臨事常思所未至，不可信己逞快也。時節艱難，切宜節儉，所以惜福避禍，凡事宜切三思。《書》曰：『無忿疾於頑。』忿疾即私心也。與此輩爲敵，亦淺矣、陋矣！韓忠憲公家書曰：『笞罪亦不可輕用。明則有人非，幽則有鬼責。』忠憲公八子，或宰相，或執政，或侍從。觀其用心如此，宜其報然也。若今之世，豈敢干福，但求免禍。於刑責之際，尤宜哀矜。」

公閑居加以老疾，而憂世之心、務德之志不爲少懈。公生於北宋重和元年戊戌，至淳熙二年乙未臘月寝疾。十二日早起，盥頮、衣冠、整容，又欲移居正室。家人曰：「公連日脚腫，步履費力。」公云：「須勉强歸去。」中夜乃薨，無一語及家事。公之令終如此，時年五十有八。高宗皇帝踐祚之三載，歲在己酉，二月車駕始自平江還臨安。紹興五年乙卯，策士於行在所射殿。時虜兵敗退，厲精求治，親御翰墨，咨以當世之急務。一士條對剴切，哀然爲舉首，則信之汪洋也。公自幼天資高邁，十行俱下，筆力絶人。其在布衣，名已聞於當世。臚傳第一，年始十有八。聖意寢寐英傑，得之甚喜，且曰：「昭陵天聖八年，王拱辰魁多士，年實相似。」賜名應辰，誠爲儒林盛事。既負重名，益進於學。八年，爲秘書省正字，尋以論和議不合，權臣惡其不附己，屢擯于外，幾二十年，而其學沛然莫禦。更化之明年，始入爲吏部郎中，望重一時。自是入從出藩，四方以其出處爲世輕重。位雖止於内相文昌，用不盡其學，至今學者尊敬，真有太山北斗之望，可謂不負親擢矣。

公之次子逵，能繼世科，恪守家法，仕爲吏部尚書、太子詹事，博學多識，綽有父風。一日謂臣鑰曰：「先公所試策問，思陵御墨既傳于外，得爲私藏。禁中裝演，亦非人間所及，是殆天錫以爲家寶也。其爲逵識之。」臣再拜，聳觀歎仰，驚眩前所未覩。切惟國家三年一廷試，士子固必有首選。惟此舉策問，既出奎畫，下寵多士，雲漢昭回，照耀簡編。而某以一代真儒魁天下，今其嗣又得真蹟，藏以詔將來。光昭俊偉，未有如此者。其家法書甚富，此特爲希世之遇，雖夏之琱戈，商周彝鼎，義甚高古者，亦當在下風矣。謹識於後而歸之。公少名師閔，故字孝伯。既得賜名，丞相趙鼎字之以聖錫云。

宋汪文定公傳

汪應辰字聖錫，信州玉山人。幼凝重異常童，五歲知讀書，屬對應聲語驚人，多識奇字。家貧無膏油，每拾薪蘇以繼晷。從人借書，一經目不忘。十歲能詩，游鄉校，郡博士戲之曰：「韓愈十二而能文，今子奚若?」應辰答曰:「仲尼三千而論道,惟公其然。」

未冠,首貢鄉舉,試禮部,居高選。時趙鼎爲相,延之館塾,奇之。紹興五年,進士第一名,年甫十八。御策以吏道、民力、兵勢爲問,應辰答以爲治之要以至誠爲本,在人主反躬而已。上覽其對,意其爲老成之士,及唱第,乃年少子,引見者掖而前,上甚異之。鼎出班特謝。舊進士第一人賜以御詩,及是,特書《中庸》篇以賜。初名洋,與姓字若有語病,特改賜應辰。上欲即除館職,鼎言:「且令歷外任,養成其材。」乃授鎮東軍僉判。故事,殿試第一人無待次者,至是,取一年半闕以歸。舍人胡寅制詞曰:「屬者延見多士,問以治道,爾年未及冠,而能推明帝王躬行之本,無曲學阿世之態。」

應辰少受知於喻樗,既擢第,知張九成賢,問之於樗,往從之游,所學益進。初任,趙鼎爲帥,幕府事悉諮焉。小旱,命應辰禱雨名山即應,越人語之曰:「此相公鼎雨,不然乃狀元雨也。」

召爲秘書省正字。時秦檜力主和議,王倫使還,金人欲以河南地歸我。應辰上疏謂:「和議不諧非所患,和議諧矣,而因循無備之可畏。異議不息非所患,異議息矣,而上下相蒙之可畏。今雖通和,疆埸之上宜各戒嚴,❶以備他盜。今方且肆赦中外,褒寵將帥,以爲休兵息民自此而始。縱忘積年之耻,獨不思異時意外之患乎?此因循無備之所以可畏也。方朝廷力排羣議之初,大則竄逐,小則罷黜,至有以言迎合則不次擢用,是以小人窺見間隙,輕躁者阿諛以希寵,畏懦者循默以備位,而忠臣正士乃無以自立於羣小之間,

❶「埸」,原作「場」,今據文義改。

此上下相蒙之所以可畏也。臣願勿以和好之可無虞，而思患預防，常若敵人之至。」疏奏，秦檜大不悦，出通判建州，遂請祠以歸。寓居常山之永年院，蓬蒿滿逕，一室蕭然，饘粥不繼，人不堪其憂，處之裕如也，益以脩身講學爲事。自是凡三主管崇道觀，雖在隱約時，胸中浩然之氣凛然不可屈。

張九成謫邵州，交游皆絶，應辰時通問。及其喪父，言者猶攻之，而應辰不遠千里往吊，人皆危之。通判袁州，凡所予奪，人無異詞。始至，或以其書生易之，已乃知吏師所不能及。丞相趙鼎死朱崖，扶喪過郡，應辰爲文祭之曰：「惟公兩登上宰，皆值艱危之時；一斥南荒，遂爲死生之别。莫非命也，豈有他哉！事已定於蓋棺，恩特容於歸骨。」吏付之火。其子借三十兵以歸，道出衢州，章傑爲守，希檜意，指應辰爲阿附，爲死黨，符移訊鞠，徧搜行橐，求祭文不可得。時胡寅遺檜書，謂此事不足竟，事乃寢。

通判静江府，踰期不得代，乃沿檄歸省其母。繼差通判廣州。時檜所深忌者趙鼎、張浚，鼎既死而浚獨存，未快其意。江西運判張常先箋注前帥張宗元與浚詩，言于朝，其詞連逮者數十家，將誣以不軌而盡去之。獄既具，檜死，應辰幸而免。

明年，召爲吏部郎官，遷右司。母老乞外，丞相苦留之曰：「方進，未應爾。」應辰曰：「親老矣，不可緩。」乃出知婺州。郡積欠上供十三萬緡，朝廷命憲漕究治，應辰謂急則擾民，乃與諸邑蠲宿逋，去苛斂，定期會，窒滲漏，悉爲補發。尋丁内艱去，廬於墓側。

服闋，除秘書少監，遷權吏部尚書。李顯忠冒具安豐軍功賞五千餘人，應辰奏駁之。權户部侍郎兼侍講。應辰獨員當劇務，節冗費，嘗奏：「班直轉官三日，而堂吏增給食錢萬餘緡；工匠洗濯器皿僅給百餘千，而堂吏食錢六百千；塑顯仁神御，半年功未及半，而堂吏食錢已支三萬、銀絹六百匹兩。他皆類此。」上驚其費冗，命吏部裁之。

金渝盟，詔求足食足兵之策，應辰奏曰：「陸贄有云：『將非其人，兵雖多不足恃；操失其柄，將雖才不爲用。』臣之所憂，不在兵多，在乎軍政之不脩。自講和以來，將士驕惰，兵不閲習，敵未至則望風逃遁，敵既退則謾列戰功，不惟佚罰，且或受賞。方時無事，詔令無所不行，一旦有急，誰能聽命，赴國家之難？望發英斷，賞善罰惡，使人人洗心易慮，以聽上命，然後號令必行矣。」

三十二年建儲，以孝宗名與唐廬江王、晉楚王同，詔改作爲「瑋」，應辰以爲與唐昭宗同，白左相陳康伯，遂改今名。集議秀王封爵，應辰定其稱曰「太子本生之親」。議入，内降曰：「皇太子所生父，可封秀王。」暨内禪，議於傳立日降赦，❶應辰言：「唐太宗受禪於高祖，明年正月始改元。」乃從其説。又議改元「重熙」，應辰謂契丹嘗以紀年，遂改「隆興」。一朝大典禮，多應辰所定。

議太上尊號，李燾、陳康密議以「光堯壽聖」爲稱。及集議，或謂：「尊號始自開元，罷於元豐，今不當復，況太上視天下如棄敝屣，豈復顧此？」應辰主之尤力。或又言：「主上奉親，烏得援元豐自却爲此？」於是議狀書者半，不書者半。明日，應辰復與金安節等十二人各陳所見，大概謂「光堯」近乎「神堯」，「聖壽」乃英宗誕節，嘗以名寺。御史周必大亦以爲問，應辰答以「堯豈可光」？是語有聞之德壽者，高宗因上過宫，

❶「日」，原作「曰」，今據文義改。

云：「應辰素不樂吾。」於是有詔：尊號之意，已嘗奏知，不容但已。安節等遂奉詔。

應辰連乞補外，遂知福州。未幾，升敷文閣待制，舉朱熹自代。在鎮二年，會朝廷謀蜀帥，乃以敷文閣直學士爲四川制置使、知成都府。陛辭，特降詔撫諭。入境，以書與宣撫使吴璘，令以撫諭詔申嚴號令。既至，免利路民運，徙沿邊戍兵就糧内郡，縱保勝義士復業，存左藏所解白契二百萬以備不虞，悉奏行之。有謂蜀中綱馬驛程由梁、洋、金、房，山路峻嶮，宜浮江而下，詔吴璘措置。執政、大將皆主其説，應辰與夔師王十朋力言其不便，隨得中止。二税勘合，每貫取二十錢，乾道詔旨嘗減三之一，有欲增之者，應辰與兩漕臣列奏，言：「勘合不以鈔計，而以貫、石、匹、兩計，是陽爲減而陰取之也。以成都一路計之，歲入三十萬，以今所增爲六十萬，計以四路，不知幾倍。雖非興利者所便，而民受其賜多矣。」璘時駐蜀口武興，精兵爲天下冠，既老且病，應辰密奏以關陝大將係國安危，所當預圖。於是執政傳旨，若璘不起，令制司暫領其任。暨璘死，應辰遂攝宣撫之職，蜀道晏然。

虞允文尋以知樞密院事宣撫四川，應辰援張浚例，乞罷制司，不許。總所牒委官覆四川匿税契，應辰奏：「其不便者四，曰妨農廢業，曰縱吏擾民，曰違法害教，曰長奸起訟。比户部已令人自首，州縣收併已不少，其未盡者，有見行法令，不宜爲此煩擾。」上曰：「論極有理，速罷止之。」

蜀大旱，詔問救荒之策，應辰奏：「利、閬、縣、梓軍馬糧料，隨民力軍敷，官雖支要錢，民不得便價，若隨官就歲熟糴之，可以寬民力，第無錢束手，乞給度牒。」上曰：「應辰治蜀甚有聲，且留意民如此。」給度牒四百，永爲糴本賑濟，遂移文諸路漕臣，亟救荒，且以緜、劍和糴告之，而全蜀蒙惠。

劉珙拜同知樞密院事，進言：「汪應辰、陳良翰、張栻學行才能，臣所不及。」已，有旨詔還。邛之安仁年饑，挺起爲盜，害及旁郡，即具奏，且檄茶馬使招捕。旬月間，誅其渠魁，餘悉撫定。或白之虞允文曰：「汪帥得匿掩盜事不上聞乎？」宣司乃密奏，使人給應辰曰：「邛寇事未敢奏，不審制司如何？」應辰以奏檢報之，允文内愧。將行，代納成都一府激賞絹估三萬三千九百八十四疋。

冬，入覲，陛對，以畏天愛民爲言。上曰：「卿久在蜀，寬朕西顧憂，軍政民事革弊殆盡，蜀州除虚額，民間當被實惠。」應辰奏：「虚額去則州縣寬，尚有兩事，曰預借，曰對糴。預借乃州縣累歲相仍，對糴則以補州縣闕乏，民輸米一石，即就糴一石，或米價，或不支，且多取贏。陛下近捐百萬，除預借之弊，對糴患止數州，願并除之，則弊革無餘矣。」

除吏部尚書，尋兼翰林學士并侍讀。論愛民六事，廟堂議不合，不悦者衆。一日，陳良祐登對，上以「應辰言卿在蜀多言誕」。良祐奏：「臣與應辰昨同從班，應辰請外，得衢州，臣惜其去，同奏留之。時邊奏方急，臣不知應辰將爲便私計也。奏既上，應辰以此大憾，乃爲是説以中臣耳。」上曰：「乃爾邪！」

應辰在朝多革弊事，中貴人皆側目。德壽宫方甃石池，以水銀浮金鳧魚於上，上過之，高宗指示曰：「水銀正乏，此買之汪尚書家。」上怒曰：「汪應辰力言朕置房廊與民争利，乃自販水銀邪？」應辰知之，力求去。會復出發運均輸之旨，歎曰：「吾不可留矣，但力辯羣枉，則補外之請自得。」乃力論其事有害無利，遂以端明殿學士知平江府。

韓玉被旨揀馬，過郡，應辰簡其禮。玉歸，譖之於上曰：「臣所過州縣，未有若平江之不治者。」上怪之。

平江米綱至，有拆閲，事上，連貶秩。力疾詞請，自是卧家不起矣，以淳熙二年十二月十二日卒于家。

應辰接物温遜，遇事特立不回，流落嶺嶠十有七年。檜死，始還朝，剛方正直，敢言不避。少從吕居仁、胡安國游，張栻、吕祖謙深器許之，告以造道之方。嘗釋克己之私如用兵克敵，《易》懲忿窒慾，《書》剛制于酒，懲窒、剛制皆克勝義，可不常審察乎？其義理之精如此。好賢樂善出於天性，尤篤友愛，嘗以先疇遜其兄衢，雖無屋可居不顧也。子逵，繼登進士第，仕至吏部尚書、端明殿學士。

黄洽　汪應辰　王十朋　吴芾　陳良翰　杜莘老

論曰：黄洽渾厚有守，應辰學術精醇，尤稱骨鯁。十朋、吴芾、陳良翰、莘老相繼在臺府，歷詆奸倖，直言無隱，皆事上忠而自信篤，足以當大任者，惜不盡其用焉。

敕　命

敕汪應辰授右朝議大夫依前充敷文閣待制

敕班聯次對，已酧方面之勳；法應陟明，此特彝章之舊。爰頒新命，奚復限員？左朝請大夫、充敷文閣待制、知福州軍州事、提舉學事、兼管内勸農使、充福建路安撫使、馬步軍都總管、玉山縣開國男、食邑三百户、賜紫金魚袋汪應辰，學到古人之心，文追作者之妙，整暇每見於職業，議論特出於緒餘。爰自甘泉，往鎮閩嶠。獄訟衰止，恩威流行。靡人不稱，豈獨郡政？有德者進，宜在朝廷。兹因積勞，適當會課。下此贊書之寵，爲爾從橐之光。毋替遠猷，益隆美譽。可特授左朝議大夫，依前充敷文閣待制、知福州軍州事、提舉學事、兼管内勸農使、充福建安撫使、馬步軍都總管，封賜如故。

敕汪應辰爲吏部尚書

敕應辰省所奏辭免除吏部尚書兼侍讀恩命事具悉。朕務求治道，思見良臣。俾虔召節之趨，亟賜燕朝之對。得聞其語，良副所期。度其明足以知人，故付之銓部；謂其論足以析理，故處之經帷。選用既精，聽聞自服。胡爲騰奏，姑欲守謙。嘗思難遇之時，益勵有爲之志。攄而素藴，體我至懷。所請宜不允，故兹詔示，想宜知悉。

敕汪應辰復充端明殿學士玉山開國伯乾道六年

敕朕臨照庶工，弗淫於罰。然跡狀不可没，刑書不可容，則雖甘泉近侍之臣不貸也。端明學士、左中奉大夫、提舉江州太平興國宫、玉山縣開國伯、食邑九百户、賜紫金魚袋汪應辰，久冠法從，出殿大邦。乃者輸粟于王，僚佐不行，而以群不逞董之，慢法不虔，於焉可見。遂使所輸之粟，公爲奪攘，所董之人，連陷刑戮。靖言至此，職爾之由。夫定罪必推夫本原，而行法當先乎貴近。肆覽成獄，重鐫文階。朕豈少恩於爾哉？爾則自貽，尚充内省。可特降朝請大夫，依前充端明殿學士、提舉江州太平興國宫，封賜如故。

勑汪應辰復充端明殿學士上饒郡開國侯淳熙二年

勑君子而知止知足，仕必懷歸；王者之進人退人，動皆以禮。粤惟荷紫之傑，丐遂懸車之安。酌古語之憫勞，涣新恩而錫命。某官才全而不器，德孚而可尊。試之中外而俱宜，蔚有聲猷之可化。少而建白，已非老生之能言；積久誠身，蓋皆諸大夫之矜式。方賜奉祠之式，忽驚謝事之堅。稍進官階，以光退逸。張良厭事，雖超物外以從游；仲舒居家，尚可朝疑之就問。益自顧保，以綏壽祺。可特授中奉大夫，依前充端明殿學士致仕，封賜如故。

祭　文

張宣公栻

嗚呼！　公之盛名，蓋四十餘年，有如黄鍾大吕，巋然在懸。使未考擊，人之望之，亦知其爲衆樂之先。惟平日之所履，每務做乎昔賢。不與世以交鶩，不絶俗而孤騫。獨好義以欵欵，而懷忠之拳拳。苟片言之可取，必挽後而推前。或所趍之有違，敢妄假於色言。顧規摹之若是，真斯世之其然。昔棲遲於下僚，窮師友之淵源。逮顯用於王朝，論據經而不偏。寔衆芳之所宗，蔚佩蘭而握荃。屢敷政於藩方，亦惠澤之究宣。晚卧柯山，静觀其旋。方玩心於羲經，不自放而日虔。隱聲實之逾隆，竚側席之招延。何天命之止斯，歎莫返於逝川。痛易簀於簫寺，無居宅之一椽。嗚呼！前輩風流，于今藐焉。典刑云亡，後生孰傳？念言愚蹤，公所知憐。義篤金石，久而彌堅。書猶在手，人隔九泉。厲拘印綬，奔走莫緣。孰知予悲，涕泗漣漣。嗚呼哀哉，尚饗！

朱文公熹

從表姪某官朱熹，謹以香茶清酌致祭于近故端明殿學士、尚書汪公之靈。曰：嗚呼！惟公學貫九流而不自以爲足，才高一世而不自以爲名，道尊德備而不自以爲得，位高勢重而不自以爲榮。蓋玩心乎文武之未墜，抗志乎先民之所程。巍乎其若嵩岱之雄峙，浩乎其若滄海之涵停。自秀發於妙齡，冠倫類而獨立。中委棄於諸侯，實天脱其羈馽。迨壯歲之來歸，曰良時之儻吾。及曾墨突之未黔，復吾行之汲汲。洎東閩而西蜀，亘萬里以周流。騰茂實而愈偉，膺聖神之改求。既銓綜於天官，又潤色乎皇猷。謂朝夕之疇咨，即進陪於廟謀。何猥媚之狡夫，獻便利之浮説。公抗疏而指陳，請昭奸而塈絶。事乃繆而不然，吾何爲乎並列？寧隱屏而就閑，彌長婺之遐轍。粤退司於閒舘，遂遄反乎丘林。託僧廬以静處，或獨往而孤尋。眷塵編而寄懷，若與世乎無心。衆徒嘆公何其樂之獨，而孰知公爲有憂之深？伊有識之望公，釋東山而再起。以卒究其所施，俾斯人之咸喜。胡彼蒼之不可信，曾不一老之憖遺？忽堂堂而逝去，興殄瘁之悲詩。某也孤生，叨塵末契，辱教我之殊常，殆相期於國士。雖不見於十年，亦音書之相繼。不鄙謂其庸虚，每咨詢而弗置。兹遜聞於訃告，悵失聲於永號。巾素車以即路，越閩嶺之崇高。行踽踽以凉凉，孰有如予心之鬱陶？跽敷詞以侑奠，痛人師之難遇。嗚呼哀哉，尚饗！

吕成公祖謙

嗚呼！開之大者，若將有屬：聚之粹者，其不徒生。猗衆萬之弗齊，公取數之獨羸。培之以嶽，鎮之渾厚；淪之以潤，瀌之清明。其任重則軼財絶識不能足其志，其道遠則貴名顯仕不能留其行。既予其資，又乘其會。蓋南渡羣賢皆在之時，而北方餘論未哀之際。❶欵門牆而偏歷，躋堂奥而獨詣。合諸老之規模，而融其同異；總一代之統紀，而鑑其精粹。更侍從於兩朝，凛大節而弗踰。慮先本根則或以爲緩，動據憲章則或以爲拘，奮發諫義則或尤其亟，彌綸藏用則或咎其徐。少而論和，既不詭隨於小人之黨；晚而議戰，復不苟同於君子之徒。雖屢起而屢仆，守常度而自如。外屏衛於藩翰，亦大體之可識。明振毫末，而終出於恕；智兼僚寀，而各付以職。外視高雅，而中實密察；外視寬舒，而中實肅給。鎮撫經遠，不求歲月之效；幗幅務實，不事耳目之飭。雖權脅而勢摇，屹巋然而山立。晚進後出，自相長雄。廣坐衆席，舊人罕逢；大雅之音，尚聞於公。學則正統，文則正宗。樂易平曠，前輩之風；崇深簡重，前輩之容。士駭未見，或姍長功。以身存法，獨殿其衝。典刑不墜，緊公之功。嗚呼！進退有義，弛張有時。其用其舍，我不敢知。至於濩落叢祠之秩，所取者甚狹；荒寒簫寺之屋，所處者甚卑。假十數年之壽考，作二三子之指歸。共簞

---

❶「哀」，據文義當作「衰」。

瓢之澮薄，緝簡編之缺遺。於造物其何費，乃一朝而奪之！然則開之大者，竟復何意；聚之粹者，抑亦何爲？瞻天運之鴻濛，非小夫之所闚。譆蒼昊而上愬，則匪公之素期。嗚呼！自今以往，鎮定大事，顧盼繫輕重者不復嗣矣；敷建大論，呼吸判成敗者不復聞矣。百年未明之心亦不復究其實矣，羣籍未辨之真僞不復審其是矣。斯文將安所寄，而斯民將安所仰？祖謙佩韘趍隅，歲行兩周。録其世舊，教育綢繆。肝膈洞照，泯然相投。大何理之不講，細何事之不諏。幸二邦之接畛，謂卒業之可酬。聞謦欬其未幾，忽赴車之停輈。函宿春而聽役，淚淋浪而莫收。炯話言之如在，策蹇步而敢媮！繫此心而明薦，夫何有乎醪羞！

周益公必大

嗚呼！景德、祥符之際，嘉祐、治平之前，紛羣才之卓犖，端聖世之聯翩。皆學由於少壯，而名重於回旋。人望之而莫敢輕，國恃之而罔所愆。迄鞏固於丕基，豈不賴乎儒先？逮南渡之中興，嘉此風之寖還。雖議論其或殊，咸望道以勉旃。公纔鄰於弱冠，已接武於英躔。惟聞一而知十，故人百而己千。學日茂而名日尊，志彌厲而操彌堅。宜受知於兩朝，更六卿與十連。既主盟於斯文，遂斡旋於化甄。倏淪没於砥柱，空嘆悼於逝川。嗚呼哀哉！天之生公，謂無意耶，何逢之早而降才之全？謂有意邪，何初若成就而終於棄捐？嗟彼蒼之難問，徒傷心而涕漣。公既心知我之愚，我豈不知公之賢。蓋經世之慮至遠，抑愛君之心甚專。皇皇乎，惟恐一夫之失所；汲汲乎，惟恐一士之或偏。爲善急於饑渴，排奸甚於鷹鸇。寧見嫉乎斯世，終守道而不遷。人之知經，攻傳註者遺意義，公則説衆説之拘攣。人之觀史，究成敗者略同異，公則兼二者而磨研。在朝廷，則居今而行古；臨藩鎮，則守經而與權。暨食於家，益全其天。舉嗜好以咸無，惟羣書之貫穿。凡本朝人物議論之邪正，暨歷代禮樂刑政之革沿，紛紜如百氏之異學，叢脞如故家之遺編，無一事之不考，無一書之不傳。位已躋於二品，居未謀於隻椽。豈常情之能測度，而世利之所拘牽。縱弗登於耄期，寧不及於華顛？奚精明之未減，乃遇疾而沉綿。雖間親於藥石，猶日舒於簡編。甫占書以貽我，俯隱几而終焉。觀學力之如斯，信古人之與肩。嗚呼哀哉！自公之退也，有毀有譽，而是非可以考矣。及公之没也，無愛無惡，而莫不爲之悽然。乃知公論固已著於今日，所爲好惡亦何待夫百年？寄悲悰於一奠，耿千慮而莫宣。

右諸公祭文所述遺事後叙，今附載于此。公雖交遊遍天下，而心知莫逆者，蓋亦可數。少年首知公者喻子才，遂爲世孏。其初所師事，則張無垢、吕紫微；其所從游，則胡致堂、五峰昆季；同學於無垢而爲友者，則樊光遠茂實、凌景夏季文也。仕於越也，事趙忠簡公；倅於袁也，尚書王與道公時爲洪師；於静江也，徽猷陳國壽公爲帥，皆相推重。如李仁伯、王龜齡、尤延之、周子充、劉文潛，則皆以臭味相投者也。其他修潔俊偉之士不可勝數。而張敬夫、朱元晦、吕伯恭又至交也。公之没，爲文以致奠者數十人，而能道公之德行，知公之出處者，惟四夫子爲最，蓋所謂見而知之者。其次則尤延之、周子充、李仁伯，亦能言之士也。而陳明仲則國壽之子也，實爲公僚，述公遺事。今録其文而考之，惟南軒之言温粹渾融，辭不迫切，而意已獨至。晦菴之言則諒直頓挫，句句事實，至憤正士之不見容，尤爲激切。東萊之言則密察敷暢，所以狀公之體，參伍而觀，則大體得矣。蓋公之行已足信於人，而數君子者亦立誠而脩辭，無一言之溢美也。

謚議

太常寺博士牟子才

議曰：故端明學士汪公應辰之殁，年逾七十有三矣。朝廷始從郡太守之請，下禮部奉常命之謚。按道德博文曰文，純行不爽曰定，請以是易公名。惟公挺生昭代，毓秀玉山，天才最高，識見孔卓。而又培之嶽鎮之渾厚，瀹之澗瀍之清明。其樂易平曠，有前輩之風。其崇深簡重，有前輩之體。蓋開之者既極其大，而聚之者又極其粹。故鎮定大事，顧盼係輕重；敷建大論，呼吸判成敗。信卓卓乎，其不可及也。嗚呼！公在紹興，蔼倫魁之譽，聯獻納之班。在乾道，掌書命之職，都紫殿之名。亦云顯矣。而家無行實、㐬誌以考其文學行義，國無正傳、附傳以究其立朝大節，誠爲缺典。然聲名在天下，義理在人心，人誰不知之？宜不待歷數以合「文定」之謚者，請粗陳其略。

南渡之初，群賢皆在。北方之學，餘論未衰。公欵其門牆，請益殆徧，躋其堂奥，造詣獨深。合諸老之議論而齊其同異之偏，總一代之統紀而攬其精微之會。故蓄而爲學，則宏博深淳，包括融會，明吾道之正統；發而爲文，則粹明温厚，平正典重，卓爲斯文之正宗。涇時流之渭，韶人心之蛙者如此。蓋不與世而交騖，不絶俗而孤騫者也。可不謂之文乎？公歷事兩朝，周旋四紀。或慮先根本，或動據憲章，或奮發諫議，或彌綸藏用。先後緩急，不失其宜。始而議和，既不詭隨以附小人之黨；終而論戰，復不苟同以阿君子之徒。雖權勢相攻，利欲交薰，而不以得喪累其心；雖三倅司馬，洊鎮藩方，而了無幾微見於色。濩落叢祠之秩，荒寒蕭寺之居。所處爲甚畢，所取爲甚狹。玩羲經而高情澹泊，企騷賦而静觀簡書。又欲蟬蜕利欲之場，春融天理之妙矣。可不謂之定乎？

自後世去古甚邈，綴文之士誘之鞶帨，諧其音節，不出乎風雲月露之狀，道日益靡，文則文矣，非所謂道德博文之文也。清談之士高説性命，闊視斯世，以天下事爲不屑爲，若枯木死灰然，定則定矣，非所謂純行不爽之定也。而公則異於是，信有力於聖學，有功於世道也。「文定」之懿，今合辭以謚公，議者又何辭？謹議。

覆謚議

議曰：昔龜山楊文靖公倡道宣和間，一見無垢張公意合，相與締交。紫微呂公躬受中原文獻之傳，載而之南，閩士宗之。玉泉喻公講明伊洛之學，轉受其徒，遂窮其淵源，見古人之大體。故端明殿學士汪公應辰，師無垢，親紫微，壻於玉泉之門，則學貫九流，道尊德備。融諸老之規模，攬一代之統紀。如朱文公、呂成公所言，信乎有本者如是。太常易公名曰「文定」，宜哉！

自王氏穿鑿其説，簧鼓乎學者，人人同是，莫或非焉。公獨辭而闢之，群雅正理賴以復明。妙年冠多士，誰不屬目？方且束書裹糧，往海昌而就學。法從帥一道，誰不斂衽？猶且移書具禮，舍延平而質疑。此其道德博文所以謂之文也。方秦氏專國柄，軒輊乎士大夫，嗜進者競趨焉。公獨敬遠之，寧三佐神州，耻涉牆廡。舉世瘖默，以言爲戒。遷客之殁而歸也，親以文奠，不顧睨者梯禍。晚年出鎮之奏牘，入朝之論疏，玉堂之詔命，金華之講説，讀之詞嚴氣直，凜凜前輩風骨。雖當時見憚者衆，而是志終不可磨。此純行不爽，所以謂之定也。

或曰：紹興執政嘗謚斯矣，公奮其議，今以謚公，可乎？切以爲不然。夏文莊初謚「文正」，駁之者温公也，其後還以謚温公，至今無有議之者。公何歉乎哉？非博士之私也。謹議。

端明書院記

元蘇天爵

故宋端明殿學士汪文定公諱應辰，信州玉山人也。年未冠，擢紹興五年進士第一人。方其少也，遇事則正色危言，數忤權姦而無悔。迨其中年，多識前言往行，藴之爲德，而見之行事。歷官外郡，專務安靖息民而不擾；入侍朝署，惟欲引君當道而不阿。是以民懷其惠，士宗其學，中外賴其用。卒也，朱文公誄之以文曰：「公學貫九流而不自以爲足，才高一世而不自以爲名，道高德備而不自以爲得，位高勢重而不自以爲榮。蓋玩心乎文武之未墜，而抗志乎先民之所程。」嗚呼！朱子推許若此，真可謂一代之碩儒，天下後世皆當景仰也。公殁蓋百餘年，丘墓隔於異縣，里社無所尸祝。縫掖之徒過其邑者，孰不爲感慨思慕乎！考之《禮經》，鄉有道德先生，没則祭之於社，無則猶得合而祭之。若文定公德業老成，材器簡重，可以丕變風化，作興賢才，玉山之人祠而事之，孰曰不宜哉？我國家至正庚寅，監縣壽安以名家之子來領是邑，爲政之暇，鋭意斯文。考之文定公，邑之賢人也，乃訪求公之世孫衍祖，得遺文一襲。于是移文申達，復邑之舊學基，創爲書院。既成，率同官縣尹朱□，主簿阿剌温沙，及僚吏諸生祀之。邑之義士共施田若干畝，儒學又獻會文莊田以供粢盛。有司優其子孫丁役奉祀事。時江東憲使答不台嘉其義舉，實爲政體，復表之曰「汪文定公書院」，請於江淛行省，以司其教，遣使奉書求于天爵記之。蓋聞時有古今，道無古今之異；地有遠近，人才無遠近之别。此古者以友天下爲未足，又尚論古之人。誦其詩，讀其書，論其世也。昔宋南渡之初，文治亦盛，縉紳儒者磊落相望。其議論足以裨時政，風采足以勵學徒，文詞足以傳後世。一州一邑，尊崇景仰，寧無可以尸祝者乎？不有尊賢好古之君子，則亦孰知表章風勵以爲鄉人之儀表者乎？此文定之祠，監縣壽安之所由作也。方今朝廷崇尚文化，開設貢舉，網羅賢俊，庠序所以育材也。三年大比，多士聿興，玉山之人豈無懷材抱藝出應有司之選者乎？豈無忠君愛國若汪公之有用於世者乎？相與欽慕，興起於無窮。是則克副監縣建書院、教邑士之盛心，非徒致欽慕以脩故事而已也。又明年秋七月朔記。

重建端明書院記

弋陽李奎

端明書院，舊爲宋狀元汪公應辰也。公爲信之玉山人，官至端明殿學士，封玉山伯，進爵上饒侯，謚文定。院之遺址在公故邑，廢爲荆棘久矣，莫有能復而興之者。景泰壬申，四明姚公彦容來守。政暇，遍閲郡誌，嘆曰：「我皇上撫中興之運，治化更新。都憲韓公雍膺巡撫之寄，衆務畢舉。大江以西，弊無不革，廢無不興，獨兹委廢壤可乎？」適憲副山陰韓公陽按行至郡，嘉公鋭意興復，偉而是之，遂命通判余公慶往詢故址。已莫辨其處，乃得吉壤於城隍廟，傍高敞爽塏，厥位西南，宜爲書院。僉謀既協，諏吉興工，具材及資。聞風樂助者，不約而同。中爲堂以棲神主，兩傍翼以齋，講習俊髦；直前搆以門，四周繚以崇墉堦墀，堂廡俱甃以石。未半載，秩秩馮馮，增乎舊觀。肄業其地者，風舞雲集。仍以端明揭其扁，往來觀者莫不怵心駭目，嘆成功之甚速，聆絃誦之琅琅，低回不能去。僉曰：「此皆守之功，倅判協贊之力，不可無文以記其實。」徵爲記。竊嘗考夫端明之詳矣。公初諱洋，以第一人傳臚。上改今名，欲其與王拱辰相應，爲上之所眷遇期待至矣。及觀議論當世之務，力斥秦檜之奸，忤之而不顧，觸之而不懼，其直節勁氣，固已雄當世，碌視權貴矣。兩任通判，雖志弗伸，一無所撓。中歷學省，連鎮蜀閩。召爲侍從，終於端明。雖用之未盡，處之裕如，非信道篤、操履堅、無往而不得者能之乎？歷數百載，崇名美謚，與懷玉之山並其高，與冰溪之水相爲不息，輝煌赫奕，照耀鄉邦。此郡守汲汲以興復爲任，蓋欲闡其幽光，崇其道學，嚴祀事之禮，使後人知所景仰。興起亦爲政之先務也，凡邑俊髦游息其間者，可不奮勵焉、討論焉、相規相誨焉？明其道，不計其功；正其誼，不謀其利。鋭焉奮志事功，以求無忝所生乎。雖然，世道有升降，人才無古今。川岳炳靈，風氣融結，瑞不歸於麟鳳，寶不在於金玉。偉人端士羣生以爲國家之用，接武稱爲上瑞，至寶者正在今日。予非能爲文者，然久仰遺風餘烈，東望祠宇，興悠悠千載之嘆，於是不辭爲之記。

題《汪文定公集鈔》

新安程敏政

《玉山汪文定公集》五十卷，舊有刻本，今亡，而秘閣獨存。嘗請閲之，力不足盡鈔也，手摘鈔爲十二卷如右。公諱應辰，字聖錫。其先自新安徙玉山，舉紹興五年進士第一，官至端明殿學士，於朱子爲前輩，而講于朱子。朱子極重其爲人。其任敷文閣待制日，嘗舉朱子自代。蓋其所見之高，所立之卓，所得之粹，誠一時碩儒。惜世未有知之者。然誦其詩，讀其書，當心得其爲人，殆未可以言語相曉也。弘治癸丑冬長至日。

刻《汪文定公集》序

夏浚

此宋《玉山汪文定公集》也。全集五十卷，今亡，兹刻僅十二卷，蓋學士篁墩程公摘抄自閣本者云，乃冠以廷試策，附以遺事若傳，總爲十四卷。雖不盡刻，然知言者，足以知其人矣。公天資近道，生當盛宋，合中原諸老之規模，攬一代儒碩之精粹。吕伯恭稱其學則正統，文則正宗，非阿所好也。公少學於喻子才，弱冠登紹興五年進士第一人。復師事張無垢、吕紫微，與胡仲明、仁仲昆季同學焉。既而與張敬夫、朱元晦、伯恭諸賢友也。道尊德備，所謂玩心文武之未墜，抗志先民之所程。太常議以文定謚公，宜哉！何者？道德博文之謂文，純行不爽之謂定。自王氏新經之誣人也而學術壞，公獨辭而闢之，不令其殺天下後世。卒業海昌，信道不回；有味延平，澄心立本。而要以反身自得以入於聖賢之域，文不在兹乎！自秦相之主議也而國見亂，公始而議和，不詭隨於小人；終而論戰，不苟同於君子。曰：「禦戎以自治爲本。能治其國家，以戰則勝，以守則固，以和則久。不然，無説也。」更閲夷險，特立不懼。信乎，有本者如是，非誠定之效乎！太常謂公爲有功於吾道世道。然哉！然哉！公嘗言：「自漢尊用儒術，而士或飾詐取容。至於能爲國重，則又未必儒者。故世遂以儒相蚚。」於乎！若公所立，謂之真儒，非邪？公先世自新安徙玉山，遂世爲玉山人。浚於公爲鄉後進，梓公之文，俾世有知公者，吾道、世道尚亦有賴哉！嘉靖丙午月正上日。

《儒藏》精華編選刊
即出書目(二〇二三)

白虎通德論
誠齋集
春秋本義
春秋集傳大全
春秋左氏傳賈服注輯述
春秋左氏傳舊注疏證
春秋左傳讀
道南源委
桴亭先生文集
復初齋文集
廣雅疏證

龜山先生語録
郭店楚墓竹簡十二種校釋
國語正義
涇野先生文集
康齋先生文集
孔子家語　曾子注釋
禮書通故
論語全解
毛詩後箋
毛詩稽古編
孟子正義
孟子注疏
閩中理學淵源考
木鐘集
群經平議

三魚堂文集　外集
上海博物館藏楚竹書十九種校釋
尚書集注音疏
詩本義
詩經世本古義
詩毛氏傳疏
詩三家義集疏
書疑　東坡書傳　尚書表注
書傳大全
四書集編
四書蒙引
四書纂疏
宋名臣言行録
孫明復先生小集　春秋尊王發微
文定集

五峰集　胡子知言
小學集註
孝經注解　温公易説　司馬氏書儀　家範
揅經室集
伊川擊壤集
儀禮圖
儀禮章句
易漢學
游定夫先生集
御選明臣奏議
周易口義　洪範口義
周易姚氏學